Persönliche Ziele, Erfolg und Wohlbefinden

Untersuchung an Unternehmensberatern

von

Kirsten Weerda

Tectum Verlag
Marburg 2004

Weerda, Kirsten:
Persönliche Ziele, Erfolg und Wohlbefinden.
Untersuchung an Unternehmensberatern.
/ von Kirsten Weerda
- Marburg : Tectum Verlag, 2004
Zugl.: Erlangen-Nürnberg, Univ. Diss. 2003
ISBN 978-3-8288-8626-1

Tectum Verlag
Marburg 2004

Danke!

Insbesondere möchte ich mich bei Prof. Dr. Andrea Abele-Brehm für die umfassende Betreuung der Arbeit bedanken. Sie hat mich nicht nur inhaltlich immer wieder mit neuen Anregungen weiter gebracht, sondern mir durch ihre einzigartig schnellen und flexiblen Reaktionen geholfen, die Arbeit in der vorgesehenen Zeit fertig zu stellen. Unterstützt hat mich außerdem Dr. Mahena Stief, die mir gerade in der Einarbeitungsphase eine sehr kompetente und geduldige Ansprechpartnerin war.

Bedanken möchte ich mich auch bei der Unternehmensberatung, dir mir die Umfrage ermöglicht hat. Weiterhin habe ich mich natürlich über das Engagement der Berater selbst gefreut, die sich an der Umfrage beteiligt und sich über die Befragung hinaus in vielen Diskussionen mit dem Thema auseinander gesetzt haben. Im Speziellen möchte ich hier meine Münchner Kollegen hervorheben, die mich tagtäglich aufgemuntert und mir oft geholfen haben.

Meine ganz besondere Dank aber gilt meiner Familie und meinen Freunden. Meinen Eltern danke ich dafür, dass sie mir so selbstverständlich meine Ausbildung ermöglicht haben und mir in allen Lebenslagen beistehen. Schließlich danke ich meinen lieben Freundinnen für die tatkräftige Unterstützung, für die vielen Aufmunterungen und dafür, dass sie einfach immer für mich da sind: „Herzlichen Dank, Anne, Marietta, Ulla und Silke!"

Inhaltsverzeichnis

Abbildungsverzeichnis

Tabellenverzeichnis

Zusammenfassung

Welchen Einfluss haben persönliche Ziele auf das subjektive Wohlbefinden und den Berufserfolg? Ausgehend von dem Konstrukt der persönlichen Ziele (z.b. Emmons, 1986) und einem Modell zur beruflichen Laufbahnentwicklung (Abele, 2002) wird diese Frage untersucht. Das Modell stellt eine umfassende Theorie über den Einfluss persönlicher Ziele auf die berufliche, aber auch die private Entwicklung dar. Persönliche Ziele, die durch ihre Stellung zwischen Motiven und konkreten, alltäglichen Handlungen ein geeignetes Konstrukt zur Erklärung von Verhalten bieten, stehen im Mittelpunkt des Modells. Im Rahmen des Modells wurde bisher überwiegend der Einfluss von Zielen auf den Berufserfolg, weniger aber auf das subjektive Wohlbefinden untersucht. Die vorliegende Arbeit deckt darüber hinaus einige bisher noch nicht betrachtete Facetten wie z.b. die Unterstützung der Ziele durch den Partner ab. Untersuchungen aus anderen Bereichen stützen sich meist auf studentische Stichproben. Diese Untersuchung basiert auf einer Befragung von 233 Unternehmensberatern einer internationalen Beratungsgesellschaft. Da die Berater nach klassischen Kriterien als beruflich erfolgreich eingestuft werden können, lassen sie einen ganz speziellen Blick auf die Determinanten des Berufserfolgs zu. Die Ergebnisse zeigen, dass sich verschiedene Facetten von Zielen gemäß dem Modell sowohl auf das subjektive Wohlbefinden so wie auf den Berufserfolg auswirken. Im Einzelnen gibt es Zusammenhänge zwischen dem Zielinhalt, den Zielmerkmalen Schwierigkeit und Erreichbarkeit und der sozialen Unterstützung des Ziels durch den Partner mit dem subjektiven Wohlbefinden. Darüber hinaus zeigen auch demographische Merkmale einen signifikanten Einfluss auf das Wohlbefinden. Die Partnerschaft und vor allem die Berufstätigkeit des Partners sind hier als positive Einflussfaktoren zu nennen. Etwas weniger ausgeprägt sind dagegen die Zusammenhänge zwischen Zielen und Berufserfolg. Nur der Zielinhalt und die Zielschwierigkeit beeinflussen den Erfolg signifikant. Gestützt werden die Befunde zudem durch den Vergleich der Berater-Stichprobe mit einer Auswahl an weniger erfolgreichen Akademikern, gemessen am Gehalt, aus der Stichprobe des BELA-E-Projektes (Berufliche Laufbahnentwicklung-Erlangen). Insgesamt macht die Untersuchung deutlich, wie wesentlich die Einbeziehung des bisher oft vernachlässigten Zielinhalts ist, der nicht nur Wohlbefinden und Berufserfolg beeinflusst, sondern auch die Ausprägung anderer Variablen wie z.B. Zielmerkmale oder Zielkonflikte determiniert.

Abstract

What influence do personal goals have on subjective well-being and professional success? This question is the subject of investigation starting with the construct of personal goals (e.g., Emmons, 1986) and a model for occupational career development (Abele, 2002). The model illustrates a comprehensive theory regarding the influence of personal goals on occupational but also personal development. Personal goals that offer an appropriate construct to explain behavior based on their positioning between motives and concrete, everyday behavior lie at the core of the model. Up to now the model framework has predominantly investigated the influence of goals on career success into account, but less so subjective well-being. Furthermore, this actual work covers several facets that had not yet been analyzed, like for example, the analysis of the support of the goals by one's partner. In addition, analyses in related areas are usually based on random samples of students. This investigation is based on a survey of 233 management consultants of an international consulting firm. Since the consultants can be classified as professionally successful according to classic criteria, they allow a very special look at the determinants of career success. The results of this study show that different facets of goals have influence on both subjective well-being and career success according to the model. Specifically, there are correlations between goal content, the goal characteristics difficulty and achievability, and social support of the goal by one's partner with subjective well-being. Demographic characteristics also influence well-being significantly. The partnership and foremost the partner's professional life can be specified as positive influence factors. Somewhat less distinct in contrast are the correlations between goals and career success. Only goal content and goal difficulty influence success significantly. The findings are supported by the comparison of the consultant sample with a selection of less successful university graduates measured by salary from the sample generated in the BELA-E project ("Berufliche Laufbahnentwicklung – Erlangen"). Overall, this investigation shows how essential it is to include goal content – an aspect often neglected to date – which not only influences well-being and career success, but also determines the level of other attributes like for example goal characteristics or goal conflicts.

1. Einleitung

In welchem Ausmaß bestimmen Ziele unser Leben? Welchen Einfluss haben Ziele auf unsere berufliche, und darüber hinaus auch auf unsere private Entwicklung? Dies sind die Kernfragen, die in der vorliegenden Arbeit behandelt werden.

Fragt man einen Menschen nach seinen persönlichen Zielen, also nach Plänen, und Vorhaben, die er tagtäglich verfolgt (Brunstein, 1995; vgl. Kapitel 2.1.1), so werden sehr unterschiedliche Antworten kommen. Während sich eine Person vielleicht zum Ziel gesetzt hat, einen Marathon zu laufen, geht es einer anderen Person um die nächste Beförderung, oder vielleicht um soziales Engagement. Persönliche Ziele zeigen somit an, was uns wichtig ist. Sie spiegeln die Motivation für unser Verhalten wieder. Gleichzeitig zeigen sie aber auch in welcher Lebenssituation wir uns befinden. Während sich eine junge Mutter beispielsweise fünf Stunden Schlaf am Stück wünscht, so wird ein Berufseinsteiger sich vielleicht das Ziel eines erfolgreichen ersten Projektes setzen. Persönliche Ziele erlauben also die Beschreibung einer Person in ihrem jeweiligen situativen Kontext (vgl. Gollwitzer, 1995). Sie eignen sich daher sehr gut, um interindividuelle Unterschiede in der beruflichen und privaten Entwicklung zu untersuchen.

Betrachtet man die berufliche Entwicklung, so stellt sich die wesentliche Frage, wie sich die Ziele von allgemein als erfolgreich betrachteten Personen im Vergleich zu weniger erfolgreichen Personen unterscheiden.

„Nicht das woher, sondern das wohin trägt mich auf den nächsten Berg und über mich selbst hinaus" (Reinhold Messner, 2003).

Ob erfolgreicher Spitzensportler oder Unternehmenslenker, sie alle werden auf die Frage nach ihrem Erfolg von Zielen sprechen, die sie sich setzen und die sie verfolgen. Wie genau sehen diese Ziele aber aus, die tatsächlich zum Erfolg führen? Gerade in der heutigen Zeit, in der häufiger der Arbeitsplatz gewechselt wird und es insgesamt mehr Optionen für einen erfolgreichen Weg zu geben scheint, ist die Klärung der Fragen nach den „richtigen" Zielen besonders interessant. Welche Antworten kann die Psychologie hier geben? In der Organisationspsychologie ist die Wirkung von Zielen und Zielsetzung im Beruf Thema vieler Untersuchungen. Hier hat v.a. die Zielsetzungstheorie (Locke & Latham, 1990) einen großen Beitrag geleistet. Darin stehen die Wirkung von konkreten aufgabenbezogenen Zielen auf die Leistung im Vordergrund. Erkenntnisse wie beispielsweise die positive Wirkung schwieriger und konkreter Ziele und der Einfluss von „commitment" und Feedbackprozessen gehen beispielsweise hierauf zurück (vgl. Locke & Latham, 1990). Kaum thematisiert wurde bisher dagegen der Einfluss von persönlichen Zielen auf den gesamten Berufsverlauf. Erst neuere Untersuchungen z.b. von Abele (2002c) beschäftigen sich damit. Fragen wie z.b. welche Ziele sich positiv auf den Berufserfolg auswirken, wie Ziele gesetzt sein müssen, damit sie sich positiv auswirken, oder ob der Konflikt zwischen den Zielen einen negativen Einfluss auf den Berufserfolg hat, sind bisher nur teilweise behandelt worden. Die vorliegende Arbeit soll zur weiteren Aufklärung beitragen.

Bei der Betrachtung der privaten Entwicklung steht das Wohlbefinden im Vordergrund und somit die Frage, ob und in welchem Ausmaß Ziele das Wohlbefinden beeinflussen.

„There is a widespread belief in our culture that possessing and progressing towards meaningful life goals is a prerequisite for subjective well-being" (Emmons, 1986, p.1058).

Diese Aussage ist eine mögliche Antwort auf die Frage, welcher Zusammenhang zwischen Zielen und dem eigenen Wohlbefinden besteht. Aber auch viele andere Aspekte wurden schon untersucht. So konnte beispielsweise festgestellt werden, dass erreichbare Ziele (z.b. Brunstein, 1993) oder Ziele, die unseren Motiven entsprechen (z.b. Brunstein, Schultheiss & Grassman, 1998), unsere Zufriedenheit beeinflussen. Ein weiterer interessanter Aspekt ist die Wirkung der Interaktion der unterschiedlichen Ziele, die gleichzeitig verfolgt werden. Besonders in der jüngeren Generation, die durch wirtschaftliche und gesellschaftliche Veränderungen wie z.b. die Globalisierung und Gleichberechtigung der Geschlechter mehr Möglichkeiten für die eigene Lebensgestaltung hat, ist dies ein wesentlicher Aspekt. Hinzu kommt der hohe Anspruch, der gleichzeitig an diese Generation gestellt wird, zumindest wenn man den in der Gesellschaft herrschenden Idealen entsprechen will. Es wird erwartet, dass man nicht nur beruflich erfolgreich ist und sich dieser Erfolg schließlich auch in materiellem Besitz ausdrückt, sondern auch, dass man sportlichen Idealen entspricht, dass die kulturelle Bildung einer vielfältig orientierten Gesellschaft genügt und, dass man einen umfangreichen Freundeskreis und eine harmonische Partnerschaft vorweisen kann. Diese angestrebte Vielseitigkeit erfordert das Verfolgen vieler Ziele.

Dabei taucht die Frage auf, ob die Verfolgung vieler Ziele gleichzeitig zu Konflikten und daher zu weniger Zufriedenheit führt? Steigern berufliche Ziele oder eher private Ziele das Wohlbefinden? Dies sind Fragen, die in diesem Zusammenhang beispielsweise relevant sind und in der vorliegenden Arbeit untersucht werden. Einige dieser Fragen wurden bereits im Zusammenhang mit der Forschung zu persönlichen Zielen untersucht (z.b. Brunstein, 1993; Emmons, 1986; Palys & Little, 1983). Viele Zusammenhänge bleiben dennoch offen und sollen durch die vorliegende Arbeit abgeklärt werden.

Neben den Fragen, wie Ziele die berufliche und private Entwicklung beeinflussen, werden auch Fragen zur Rolle des sozialen Umfelds, im Speziellen zur Rolle des Partners untersucht.

„People report greater well-being if their friends and families support their goals by frequently expressing interest and offering help and encouragement" (Myers, 1999, p. 378).

Die Vereinbarung von Berufs- und Privatleben ist heutzutage ein häufig diskutiertes Thema. Auf Grund der angespannten Arbeitsmarktsituation und gestiegener Anforderungen an Arbeitnehmer stellt die sogenannte „Work-Life-Balance", also das Gleichgewicht zwischen dem Beruf und dem Privatleben, für viele Menschen eine wesentliche Herausforderung dar. Welche Rolle spielt hierbei der Partner, der ja meist direkt durch diesen Konflikt zwischen Berufs- und Privatleben betroffen ist? Ist er hinderlich für den Erfolg, da er zusätzliche Zeit und Energie abverlangt, oder fördert er den Erfolg, da er der Person Halt und Energie gibt, so wie es in einigen Untersuchungen postuliert wird (z.B. Pfeffer & Ross, 1982; Theranou, 1999)? Welche Rolle spielt hierbei die Unterstützung der Ziele durch den Partner für den Berufserfolg, aber auch für das Wohlbefinden? Auf viele dieser Fragen gibt es bisher noch keine Antworten.

Die vorliegende Arbeit ist, wie schon erwähnt, nicht die erste Untersuchung, die sich mit dem Einfluss persönlicher Ziele auf die berufliche und die private Entwicklung beschäftigt. Was ist also das Besondere an der Untersuchung? Um den Einfluss der persönlichen Ziele festzustellen, wurde eine spezielle Stichprobe betrachtet: Unternehmensberater einer internationalen Beratungsgesellschaft. Mit dieser Stichprobe gehen zugleich zwei Besonderheiten einher. Zum einen können die befragten Unternehmensberater auf Grund klassischer Kriterien, z.B. Gehalt (vgl. Stief, Renner & Abele, 2002), als beruflich erfolgreich betrachtet werden. Zum anderen ist auch der Einsatz und das Engagement, das in der Beratung gefordert wird, sehr groß. Unter der Woche müssen sich die Berater meist bei ihrem Kunden vor Ort und damit auch in einer anderen Stadt aufhalten. Lange Arbeitszeiten sind zudem keine Seltenheit. Ein ausgeprägtes Berufsleben, das besondere Qualitäten und Verhaltensweisen erfordert, wird hier sichtbar. Auf Grund dieser Merkmale eignet sich die Gruppe hervorragend Erfolg näher zu beleuchten, aber auch die angesprochenen Zielkonflikte zwischen Berufs- und Privatleben zu untersuchen.

Die Untersuchung orientiert sich dabei an dem Modell der beruflichen Laufbahnentwicklung von Abele (2002c). Das Modell beschreibt den Einfluss persönlicher Ziele und Erwartungen auf die berufliche Entwicklung, v.a. den Berufserfolg, bezieht aber auch die private Entwicklung mit ein, hier v.a. das Wohlbefinden einer Person. In einer Längsschnittstudie wurden im Rahmen der Untersuchungen des Modells Hochschulabsolventen über mehrere Jahre hinweg in ihrer beruflichen Entwicklung beobachtet. Dadurch konnte ermittelt werden, was erfolgreiche von weniger erfolgreichen Personen unterscheidet. Neben demographischen und situativen Faktoren standen wie bereits beschrieben hierbei v.a. die persönlichen Ziele der Person im Mittelpunkt.

Im Theorieteil der Arbeit (**Kapitel 2**) wird zuerst ein Überblick über die verschiedenen Konzepte, die in der vorliegenden Arbeit thematisiert werden, gegeben und anschließend das beschriebene Modell zur beruflichen Laufbahnentwicklung eingeführt, das alle Konzepte in sich vereint. Der erste Abschnitt (Kapitel 2.1) gibt einen Überblick über das Konstrukt der persönlichen Ziele. In Kapitel 2.2 wird anschließend das subjektive Wohlbefinden beschrieben, das die kognitive und die subjektive Komponente des Wohlbefindens abdeckt. Des Weiteren wird der Berufserfolg (Kapitel 2.3) und die soziale Unterstützung definiert (Kapitel 2.4). Nach der separaten Einführung in die einzelnen Konstrukte wird das Modell zur beruflichen Laufbahnentwicklung von Abele (2002c) vorgestellt, unter das sich die vorher dargestellten Konzepte subsumieren lassen.

Persönliche Ziele wurden gerade in der jüngeren Zeit häufiger untersucht (vgl. Gollwitzer, 1995). Welche Erkenntnisse zu den hier betrachteten Parametern bereits vorliegen, wird in **Kapitel 3** dargestellt. Hierbei wird der Einfluss der verschiedenen Zieldimensionen wie z.B. Zielinhalt auf das Wohlbefinden und den Berufserfolg thematisiert, gesicherte Befunde werden dargestellt und Widersprüche aufgedeckt.

Ausgehend von den in Kapitel 3 dargestellten Zusammenhängen werden in **Kapitel 4** die Hypothesen formuliert.

Kapitel 5 beschreibt die Methode der Untersuchung. Das Vorgehen und die Stichprobe werden vorgestellt und die verschiedenen Messinstrumente eingeführt.

Der Ergebnisteil (**Kapitel 6**) gliedert sich in drei Bereiche. In Kapitel 6.1 werden die gewonnenen Ergebnisse deskriptiv beschrieben. Demographische Unterschiede werden aufgezeigt und die Besonderheiten der Stichprobe diskutiert. Kapitel 6.2 beschäftigt sich anschließend mit der Darstellung der Hypothesentestung. Abschließend wird in Kapitel 6.3 ein Vergleich zwischen den Daten der Unternehmensberater und ausgewählter Daten der Erlanger Längsschnittstudie vorgenommen. Eher explorativ werden hierbei noch einmal Unterschiede zwischen erfolgreichen und weniger erfolgreichen Berufseinsteigern in einem „Extremvergleich" aufgezeigt.

Die abschließende Diskussion (**Kapitel 7**) beginnt mit der Behandlung der Qualität der Studie. Anschließend werden die Einflussfaktoren auf das Wohlbefinden und den Berufserfolg einzeln diskutiert, bevor dann die wesentlichen Erkenntnisse zum Modell der beruflichen Laufbahnentwicklung zusammengefasst werden. Praktische Implikationen der Befunde schließen die Arbeit ab.

2. Theorie

Im folgendem Kapitel werden zuerst verschiedene Konstrukte wie persönliche Ziele, subjektives Wohlbefinden, Berufserfolg und soziale Unterstützung einzeln beschrieben und anschließend unter einem Modell zur beruflichen Laufbahnentwicklung zusammengefasst.

2.1. PERSÖNLICHE ZIELE

„Ein neues Auto", „mehr Zeit für Freunde", „Gehaltserhöhung" oder „eine Weltreise" könnten mögliche Antworten auf die Frage danach sein, welche Ziele eine Person gerade verfolgt. Jede Person wird hierbei ganz unterschiedliche Ziele nennen. Die Ziele verschaffen einen Eindruck über die Person aber auch über die momentane Lebenssituation in der sich die Person befindet. Diese individuellen Ziele einer Person, werden auch als persönliche Ziele bezeichnet. Was sich hinter dem Konzept der persönlichen Ziele verbirgt und in welchen Dimensionen diese Ziele beschrieben werden können, wird im folgenden Kapitel dargestellt.

2.1.1. Das Konzept der persönlichen Ziele

In diesem Abschnitt wird das Konzept der persönlichen Ziele erst definiert und anschließend der Nutzen des Konzepts für die Erforschung von Verhalten dargestellt.

2.1.1.1. Definition

Ziele werden als angestrebte Endzustände verstanden, die dem Verhalten Richtung, Energie und Zweck verleihen (z.B. Locke, 1997; Pervin, 1989). Endzustände können nach Heckhausen & Kuhl (1985) Aktionen selbst, Ergebnisse der Aktionen oder Konsequenzen der Ergebnisse sein.

Die Frage, wie die Ziele eines Menschen sein Verhalten beeinflussen, ist in der Psychologie seit jeher ein Thema. Hierbei können mehrere Richtungen unterschieden werden, die sich mit dem Einfluss von Zielen auf das Verhalten beschäftigen. Gollwitzer (1995) teilt die verschiedenen Theorien in vier Kategorien ein, die zwar nicht überschneidungsfrei sind, aber den Fokus der jeweiligen Ansätze aufzeigen. Zum einen gibt es Theorien, die sich mit den tatsächlichen Inhalten der Ziele beschäftigen wie z.B. die Zielsetzungstheorie von Locke & Latham (1990). In dieser stehen beispielsweise die Schwierigkeit oder die Konkretheit der tatsächlichen Zielinhalte im

Vordergrund. Andere Theorien betrachten Ziele im Zusammenhang mit motivationa-
len (z.b. Rubikonmodell der Handlungsphasen; Heckhausen, 1989) oder kognitiven
Prozessen (z.b. Selbstregulationsmodell des Leistungshandelns; Bandura, 1989). Vielen neueren Untersuchungen liegt die Theorie der persönlichen Ziele zu Grunde. Diesen Ansatz ordnet Gollwitzer (1995) in seiner Einteilung den Persönlichkeitstheorien
zu. Hierbei werden die Ziele eines Menschen dazu genutzt, individuelle Unterschiede
der Person zu erklären. Persönliche Ziele werden hierbei vielfältig als „Personen-
deskriptoren in persönlichkeits-, sozial - und motivationspsychologischen Arbeiten
eingesetzt" (Brunstein & Maier, 1996, S. 147).

Die sogenannten persönlichen Ziele sind selbst gesetzte Ziele und stehen damit nach
Locke & Latham (1990) im Gegensatz zu vorgegebenen Zielen. Kennzeichnend für
persönliche Ziele ist die Alltagsnähe (Brunstein & Maier, 1996) und die individuelle
Ausrichtung (Emmons, 1989) oder, wie Brunstein & Maier (1996) es definieren,
„...dass persönliche Ziele Handeln und Erleben im Alltag strukturieren und ihm persönliche Bedeutung geben" (S. 147).

In der Literatur werden vier vorherrschende Konzepte beschrieben (z.b. Emmons,
1989; Austin & Vancouver, 1996; siehe Abbildung 1), auf die sich auch die Studien in
diesem Feld konzentrieren (Brunstein & Maier, 1996): „current concerns" (Klinger,
1975), „personal projects" (Little, 1983), „life tasks" (Cantor, 1994) und „personal
strivings" (Emmons, 1986). Die vier Konzepte haben unterschiedliche Schwerpunkte.
Das Konzept der „life tasks" ist beispielsweise stark auf die Bewältigung von Lebensaufgaben und somit den jeweiligen Kontext einer Person ausgerichtet (z.b. Cantor &
Langston, 1989). Wohingegen Emmons in seinem Konzept der „personal strivings"
eher für eine Person charakteristische und überdauernde Zielsetzungen betrachtet und
somit den situativen Kontext weniger berücksichtigt (z.b. Emmons, 1989). Insgesamt
sind die tatsächlichen Inhalte persönlicher Ziele, die in den Untersuchungen der Autoren erhoben werden, dennoch sehr ähnlich.

Konzepte persönlicher Ziele

	Autor	Definition	Beispiele
Current Concerns	Klinger, 1975	• Internaler Zustand, der zwischen der Bindung an ein Ziel und der Erreichung bzw. Loslösung von diesem Ziel liegt • „Persönliche Anliegen" beschreiben ganz konkrete Ziele	• „do the laundry" • „get closer to god"
Personal Projects	Little, 1983	• Zusammenhängende Handlungsabfolgen, die darauf abzielen, individuelle Ziele zu erreichen • „Persönliche Projekte" sind im sozialen Kontext der Person zu sehen • „Persönliche Projekte" beschreiben ganz konkrete Ziele	• „clean up my room" • „study history"
Life Tasks	Cantor, 1994	• Probleme, mit denen sich eine Person in ihrem Alltag beschäftigt • „Lebensaufgaben" fallen je nach Lebens-abschnitt und Person unterschiedlich aus	• „make friends" • „become a good person"
Personal Strivings	Emmons, 1986	• Langfristige Bestrebungen, die beschreiben, was ein Mensch typischerweise versucht zu tun • Eine „persönliche Bestrebung" kann sich in verschiedenen Zielen wiederspiegeln	• „try to be noticed by others"

Quelle: Cantor, 1994; Cantor & Langston, 1989; Emmons, 1986; 1989; 1997; Klinger, 1975; 1987; Little, 1983; 1989; 1999; Maier & Brunstein, 1996

Abbildung 1: Wesentliche Konzepte persönlicher Ziele

Warum sich gerade persönliche Ziele gut zur Untersuchung und Erklärung von Verhalten eignen, wird im nächsten Abschnitt beschrieben.

Persönliche Ziele sind selbst gesetzte Ziele, die alltägliches Handeln strukturieren und damit individuelle Unterschiede beschreiben. Vier verschiedene Konzepte liefern bereits eine gute theoretische und empirische Grundlage für weitergehende Untersuchungen.

2.1.1.2. Nutzen

Persönliche Ziele sind Gegenstand vieler jüngerer Untersuchungen (vgl. Brunstein & Maier, 1996). Warum sind ausgerechnet persönliche Ziele gut geeignet, um Verhalten zu untersuchen und zu erklären? Zur Klärung der Frage ist es hilfreich, Ziele im Rahmen der oben bereits angeschnittenen Motivationstheorien[1] (vgl. Gollwitzer, 1995) zu betrachten und daraus den Nutzen für den Einsatz der persönlichen Ziele in der Forschung abzuleiten.

Bei der Betrachtung der Ziele innerhalb der Motivationstheorie sollte zwischen der Zielwahl und dem Zielstreben unterschieden werden. Zielwahl beschäftigt sich mit der Entscheidung für bestimmte Ziele, die weiter verfolgt werden. Mit diesem Gebiet be-

---

[1] Brunstein (1995) ordnet das Konzept der persönlichen Ziele gleichermaßen der Persönlichkeits- und der Motivationspsychologie zu.

schäftigen sich Theorien wie z.B. Risikowahlmodell nach Atkinson (1957). Bei der Betrachtung des Zielstrebens stehen dagegen der Einsatz und die Anstrengung bei der Umsetzung des Zieles im Vordergrund. Frühere Theorien konzentrieren sich eher auf einen der beiden Vorgänge, ohne dies allerdings deutlich zu machen (Gollwitzer, 1987). Erst später, z.B. im Rubikonmodell zu den Handlungsphasen des Motivationsprozesses von Heckhausen (1987a,b) werden diese Vorgänge explizit getrennt. Heckhausen unterscheidet hierbei zwischen Motivation, der Phase der Zielwahl und Volition, den Phasen des Zielstrebens. In der von Heckhausen beschriebenen Motivationsphase werden die Ziele je nach Erwartung und Wert ausgewählt. Gollwitzer (1991) bezeichnet die Phase daher auch als „Abwägen". Mögliche Quelle, aus der Ziele hierbei entstehen können, stellen die Motive einer Person dar[2]. Nach der Auswahl des Ziels kommt es dann in den Volitionsphasen zur Umwandlung des Ziels in eine Intention (Planungsphase) und im Anschluss daran zur Handlung (Phase des Handelns). Ob ein Ziel tatsächlich in eine Handlung umgesetzt wird, hängt von dem Ausmaß ab, in dem das Ziel „gewollt" wird (Volitionsstärke) und welche Situation sich bietet (Gollwitzer, 1991).

Zusammenfassend werden persönliche Ziele gemäß der Motivationstheorie in der Motivationsphase je nach Motiven gewählt und in der Volitionsphase nach Bildung der Intention in Handlungen umgesetzt. Persönliche Ziele liegen demnach zwischen Motiven und Intentionen[3] bzw. konkreten Handlungen. Cantor & Zirkel (1990) beschreiben persönliche Ziele daher auch als „middle level units". Diese Position zwischen Situation und Person macht persönliche Ziele zu einem wertvollen Konstrukt zur Erklärung von Verhaltensunterschieden, sogar von Unterschieden in überdauerndem Verhalten und damit auch der Persönlichkeit (Dweck, 1992; Omodei & Wearing, 1990).

Des Weiteren liegt der Vorteil von persönlichen Zielen darin, dass sie im Gegensatz zu beispielsweise Motiven Zugriff auf kognitive Ressourcen haben, die wiederum Planung möglich machen (McClelland, Koestner & Weinberger, 1989). Damit sind sie der Befragung von Personen auch eher zugänglich als Motive, die aus diesem Grund gewöhnlich mit projektiven Methoden erhoben werden.

Durch ihre Stellung zwischen Motiven und konkreten, alltäglichen Handlungen stellen persönliche Ziele ein geeignetes Konstrukt zur Erklärung von Verhaltensunterschieden dar.

---

[2] Emmons & McAdams (1991) zeigen in einer Studie, dass persönliche Ziele und Motive thematisch zusammenhängen. Persönliche Ziele werden dementsprechend auch als idiosynkratische Ausdrucksformen von Motiven (Brunstein, 1995) oder als „idiomotives" (Emmons, 1989) bezeichnet. Die Umsetzung der Motive in persönliche Ziele kann sich je nach Person und Situation unterscheiden. Im Gegensatz zu Motiven, die sich nur in der Ausprägung, nicht aber inhaltlich unterscheiden (Weinberger & McClelland, 1990), bilden persönliche Ziele durchaus individuelle Unterschiede ab.

[3] Die verschiedenen Konzepte der persönlichen Ziele liegen dabei durch ihre Definition teilweise näher an Motiven wie z.B. die personal strivings oder näher an Intentionen wie z.B. current concerns.

2.1.2. Beschreibungsdimensionen persönlicher Ziele

Persönliche Ziele können anhand verschiedener Dimensionen beschrieben werden. In der Vielzahl der bisher gewonnen Erkenntnisse zu persönlichen Zielen spielen sowohl der Inhalt der Ziele als auch bestimmte Merkmale und die Struktur, in der Ziele angeordnet sind, eine Rolle. Unter Zielinhalt werden hier die tatsächlichen Zustände, die jemand erreichen möchte, verstanden wie z.b. ein beruflicher Aufstieg. Zielmerkmale dienen dazu, Ziele anhand verschiedener Dimensionen vergleichbar zu machen wie z.b. die Schwierigkeit des Ziels beruflich aufzusteigen. Zielhierarchie betrachtet im Sinne von Emmons (1989) die hierarchische Struktur oder Organisation (Austin & Vancouver, 1996) der Ziele. Im Mittelpunkt stehen hierbei die Zielkonflikte, die innerhalb der Zielstruktur entstehen können wie z.b. der Konflikt zwischen dem Ziel beruflich aufzusteigen und dem Ziel viel Zeit mit seiner Familie zu verbringen.

2.1.2.1. Zielinhalt

„The content of a consciously held goal (purpose) is the end the person wants to achieve" (Locke, 1997, p. 377). Persönliche Ziel können ganz unterschiedliche Inhalte haben wie z.b. im Falle abgefragter „personal strivings" „trying to persuade others that one is right", (Emmons, 1989, p. 96) oder im Falle der „life tasks" „getting good grades", (Cantor & Fleeson, 1991, p. 352). Insgesamt konnte gezeigt werden, dass der Zielinhalt stark durch die momentane Lebenssituation beeinflusst wird (vgl. Cantor, 1994). So weisen Studenten beispielsweise eher Ausbildungsziele (Salmela-Aro & Nurmi, 1997), Personen kurz nach ihrem Berufseintritt vorwiegend berufs- und familienbezogene Ziele (Stief, 2001; Wiese, 2000), verheiratete Personen oder Personen in fester Bindung eher familienbezogene Ziele im Vergleich zu Singles auf (Samela-Aro & Nurmi, 1997).

Um den individuellen Unterschieden in den Ziele bei der Erhebung gerecht zu werden, hat sich das sogenannte idiographisch-nomothetische Verfahren (Klinger, 1987) durchgesetzt. Beim idiographisch-nomothetischen Verfahren werden die Ziele zuerst offen von den Befragten selbst formuliert, indem sie z.b. gebeten werden, Dinge, an denen sie in ihrem Leben arbeiten (Cantor & Langston, 1989) oder „...ihre derzeitigen persönlichen Ziele, die sie in den nächsten zwei Jahren intensiv verfolgen wollen, aufzulisten" (Abele, Stief & Krüsken, 2002, S. 11). Dadurch erhält man eine Liste persönlicher Ziele, die Aufschluss über die individuelle Lebenssituation der Person geben. Wie aus den oben beschriebenen Beispielen an Zielen zu erkennen ist, können persönliche Ziele sehr unterschiedlich sein. Sie können sich beispielsweise im Umfang unterscheiden, z.b. ein guter Mensch sein vs. eine gute Note bekommen, oder in der Dauer, auf die sie ausgerichtet sind, z.b. heiraten vs. nach Intimität suchen (Cantor &

Langston, 1989). Um die Ziele dennoch inter- und intraindividuell vergleichbar zu machen, werden die genannten Ziele im zweiten Schritt klassifiziert[4].

In der umfangreichen Literatur über Ziele können die unterschiedlichsten Zielklassifikationen gefunden werden. Insgesamt werden Lebensbereiche, Motive oder sonstige duale Klassifikationen wie z.B. Lern- vs. Ergebnisziele (z.B. Dweck, 2000), verwendet, um Ziele in überschaubare Klassen einzuordnen.

Am häufigsten nutzen Studien zu persönlichen Zielen, unabhängig von Stichprobe und Fragestellung, zentrale Lebensbereiche als Klassifikationssystem (Abele, Albert & Stief, 2001). Auch wenn sich die Anzahl und die Formulierung der gewählten Kategorien meist leicht unterscheiden (Emmons, 1997), so werden übergreifend folgende sechs Bereiche verwendet: Beruf/Ausbildung, Familie/Partnerschaft, Freunde, Freizeit/Hobbies, Materielles und Selbst/persönliches Wachstum (vgl. Abele et al., 2001; Stief, 2001). Um im Detail auf die einzelnen Bereiche einzugehen, können diese weiter unterteilt werden. So bildet Wiese (2000) aus den offenen Zielangaben 14 Unterkategorien zu Beruf wie z.B. Weiterbildung, Erfolg, bestimmte Positionen oder zu Familie wie z.B. eigene Kinder, Treue und Beständigkeit, etc.

Einige Autoren stützen sich bei der Zielklassifikation auf Motive. Pöhlmann und Brunstein (1997) entwickelten beispielsweise ein Klassifikationssystem für Lebensziele, das den Fragebogen „GOALS" bestimmt. Es werden die Motive Macht, Leistung, Intimität, Altruismus, Affiliation und Abwechslung erhoben. Diese Vorgehen steht in Einklang mit der von Emmons (1989) skizzierten Zielhierarchie, in der Motive den Ursprung von Zielen darstellen.

Darüber hinaus gibt es weitere duale Klassifikationssysteme wie z.B. die Einteilung nach intrinsischen und extrinsischen Zielen (Sheldon & Kasser, 1995). Im Folgenden wird die Einteilung nach Lern- und Ergebniszielen (z.B. Dweck, 2000) detaillierter dargestellt. Diese Einteilung wird als Zielorientierung bezeichnet und bei Gollwitzer (1995) als eigenes theoretisches Modell innerhalb der Inhaltstheorien verstanden. Obwohl die Zielorientierung häufig Gegenstand von Untersuchungen ist, bleiben viele Zusammenhänge offen (vgl. Kapitel 3). Daher wird dieser spezielle Aspekt des Zielinhalts in die vorliegende Arbeit einbezogen und im Folgenden detaillierter dargestellt.

Zielorientierung

Unter Zielorientierung werden „dispositions toward developing or demonstrating ability in achievement situations" (VandeWalle, 1997, p. 996) verstanden. Es stehen hierbei Ziele im Vordergrund, die in Leistungssituationen wie z.B. Beruf oder Studium

---

[4] Die Klassifikation wird teilweise durch die Person selbst durchgeführt (z.B. Harlow & Cantor, 1995; Brunstein & Schultheiss, 1996), teilweise aber auch im Nachhinein durch einen externen Beurteiler vorgenommen (z.B. Stief, 2001; Wiese, 2000).

auftreten. Vor allem Dweck und Mitarbeiter (z.B. Dweck, 1992; 2000; Dweck & Leggett, 1988; Elliott & Dweck, 1988) haben die Kategorien Lern- und Ergebniszielorientierung geprägt. Was unterscheidet Lern- und Ergebniszielorientierung? Kurz gefasst definiert Dweck (1992) diese beiden Begriffe als „seeking to *prove* one's competence vs seeking to *improve* one's competence" (p. 165). Lernzielorientierung beschreibt das Streben nach der Verbesserung eigener Fähigkeiten und der Bewältigung neuer Aufgaben (Elliott & Dweck, 1988). Abele (2002c) bezeichnet Ziele dieser Orientierung daher auch als „Wachstumsziele", die auf inhaltliche Weiterentwicklung ausgerichtet sind. Barron & Harackiewicz (2001) beschreiben die Orientierung mit „learning as much as they can" (p. 706). Erfolg bedeutet für eine Person mit Lernzielorientierung ein Problem gelöst und die eigenen Fähigkeiten damit weiterentwickelt zu haben. Dementsprechend dient ein persönlicher Standard zur Einschätzung der eigenen Leistung. Das bedeutet lernzielorientierte Personen beurteilen die Güte ihres Ergebnisses mit Leistungen, die sie vorher erbracht haben (Farr, Hofmann, Ringenbach, 1993). Ergebniszielorientierung bedeutet soviel wie „performing as well as they can compared to others" (Barron & Harackiewicz, 2001, p. 706). Vergleichbar dazu führen Abele et al. (2001) im beruflichen Kontext die Zielkategorie des ergebnisbezogenen Karriereziels ein, in dem „der zu erreichende berufliche Status betont wird" (S. 7). Personen, die ergebniszielorientiert sind, beurteilen sich als erfolgreich, wenn sie besser waren als andere Personen (Barron & Harackiewicz, 2001) und somit ihre Fähigkeiten unter Beweis stellen konnten. Sie verwenden normative Standards für die Bewertung der eigenen Leistung, indem sie ihren Erfolg anhand der Ergebnisse Anderer definieren.

Inhalte persönlicher Ziele geben hierbei Aufschluss über die tatsächlichen Bestrebungen einer Person. Einen speziellen Faktor bildet hierbei die Unterscheidung zwischen Lern- und Ergebniszielorientierung.

2.1.2.2. Zielmerkmale

Neben dem tatsächlichen Inhalt werden, wie oben beschrieben, vor allem Zielmerkmale herangezogen, um Verhaltensunterschiede zu erklären. In der Literatur zu Zielen und Zielsetzung gibt es unterschiedliche Auffassungen darüber, was unter Zielmerkmalen zu verstehen ist, die in verschiedene Strukturierungsansätze eingebettet sind. Austin & Vancouver (1996) fassen Zielmerkmale beispielsweise als Teil der Zielstruktur auf. Sie definieren Merkmale als Kategorien, in denen sich Ziele und Zielprozesse unterscheiden können. Locke & Latham (1990) führen Zielmerkmale als einen wesentlichen Bestandteil ihrer Zielsetzungstheorie an. Sie beschreiben Inhalt und Intensität als die wesentlichen Merkmale, die ein Ziel beschreibbar machen. Inhalt „specifies what has to be accomplished" (Lee, Locke & Latham, 1989, p. 299). Darunter fällt beispielsweise die Schwierigkeit eines Ziels. Intensität beschreibt den Prozess der Zielsetzung und -erreichung und betrachtet dabei Variablen wie z.b. „commitment".

Im Folgenden werden Zielmerkmale als Eigenschaften von Zielen verstanden, die je nach Ausprägung Verhalten beeinflussen. Diese können unabhängig von dem eigentlichen Zielinhalt untersucht werden und zur Aufklärung von Verhalten beitragen (Roberson, 1989).

In der Literatur werden verschiedenste Merkmale thematisiert wie z.b. Schwierigkeit, Konkretheit, „commitment", Wert, Erwartung, Wahrscheinlichkeit, Aufwand, Zeit, Fortschritt, Komplexität, etc. (z.b. Austin & Vancouver, 1996 ; Emmons, 1997; Roberson, 1989). In neueren Untersuchungen bemüht man sich um eine Reduktion der Vielzahl von Merkmalen, indem Faktoren gebildet werden, die unterschiedliche Merkmale abbilden (Austin & Vancouver, 1996; Brunstein, 1993; Little, 1989). Häufig untersuchte Merkmale sind Zielschwierigkeit, Erreichbarkeit, „commitment" und Konkretheit (vgl. Locke & Latham, 1990). In einigen Untersuchungen wird auch der Zielfortschritt betrachtet (z.b. Brunstein, 1993), der hier allerdings nicht weiter dargestellt werden soll[5].

Zielschwierigkeit

Zielschwierigkeit gibt den Grad der angestrebten Fähigkeit oder Leistung an (Locke, Shaw, Saari & Latham, 1981). Ob ein Ziel als schwierig oder leicht bezeichnet wird, hängt von dem Vergleichsstandard ab, der angesetzt wird. Meist wird die momentane Fähigkeit oder Leistung der untersuchten Personen als Vergleichsmaßstab verwendet. Die Schwierigkeit beruflicher Ziele ist meist extern gesetzt (Austin & Vancouver, 1996), beispielsweise durch eine Stellenbeschreibung, die Aufgaben und Ziele der Stelle beschreiben oder Zielvereinbarungen, die dem Mitarbeiter Ziele für das Jahr vorgeben und an die nicht selten die Vergütung gebunden ist. Emmons (1989) und Ruehlman & Wolchik (1988) nennen diesen Faktor „ease" bzw. „project strain".

Erreichbarkeit

Unter Erreichbarkeit werden im Sinne von Brunstein (1999) „günstige oder ungünstige Bedingungen zur Realisierung" (S.60) der Ziele verstanden. Ein Ziel wird demnach als erreichbar wahrgenommen, wenn die nötigen Ressourcen zur Zielerreichung zur Verfügung stehen. Ressourcen können beispielsweise eher externale Faktoren, wie Zeit, Unterstützung und nötige Gelegenheiten oder eher internale Faktoren, wie die eigenen Fähigkeiten sein (Brunstein, 1993). Ruehlman & Wolchik (1988) nennen einen vergleichbaren Faktor „project mastery", der zusätzlich die Freude und den Zielfortschritt einbezieht. Zielfortschritt wiederum nennt Brunstein (1993) als eigenständigen Faktor.

---

[5] Der Zielfortschritt wird als Teil des Handlungsergebnisses (vgl. 2.5.2), also als Kriteriumsvariable verstanden und daher nicht als Zielmerkmal in die Untersuchung einbezogen.

Entschlossenheit

„Commitment"[6] (Entschlossenheit) wird in der Literatur sehr unterschiedlich definiert (Donovan & Radosevich, 1998), z.b. „commitment" (Brunstein, 1993), „degree of striving" (Emmons, 1989) oder „self-involvement" (Ruehlman & Wolchik, 1988). In der vorliegenden Arbeit wird Entschlossenheit in Anlehnung an Brunstein (1993) als Ausmaß der Bereitschaft, ein Ziel zu verfolgen, gesehen. Zeigt eine Person hohe Entschlossenheit für ein Ziel, so wird sie es hartnäckig verfolgen, auch wenn sich Hindernisse ergeben (Tubbs, 1993). Maier (1996) nennt Entschlossenheit daher auch den energetisierenden Aspekt von Zielen. Auch Locke & Latham (1990) verstehen Entschlossenheit als Ausdruck der Intensität eines Ziels. Hohe Entschlossenheit könnte sich beispielsweise in mehrmaligen Versuchen, ein Ergebnis zu erreichen, niedrige Entschlossenheit in einer schnellen Beendigung einer Aufgabe ausdrücken. Um Entschlossenheit für ein Ziel zu entwickeln, muss es wichtig erscheinen (Hollenbeck, Williams & Klein, 1989). Nach Locke und Mitarbeitern können verschiedene Faktoren die Wahrnehmung von Wichtigkeit herbeiführen. Legitimierte Autorität, Druck durch Kollegen und Gruppen, Ergebniserwartung, Selbstwirksamkeit (im Sinne Banduras, z.B. 1986) und Belohnung unter bestimmten Umständen (z.B. Lee et al., 1989; Locke & Latham, 1990).

Konkretheit

„Degree of quantitative precision required by the goal" (Lee et al., 1989, p. 299) beschreibt die Konkretheit eines Ziels. Konkrete Ziele beinhalten quantitative Angaben über die Dauer bis zur geforderten Zielerreichung und die Bezifferung des inhaltlichen Ziels wie z.B. „eine Kostensenkung um 5% innerhalb des nächsten Jahres". Unkonkrete Ziele sind meist eher qualitativ formuliert wie z.B. „eine beachtliche Kostensenkung in der nächsten Zeit". Konkretheit hat den Vorteil der Messbarkeit und damit Überprüfbarkeit des Ziels. In der Zielsetzungstheorie wird Konkretheit alleine allerdings als weniger wirkungsvoll angesehen als die Zielschwierigkeit. Daher wird Konkretheit nahezu immer im Zusammenhang mit Zielschwierigkeit untersucht und keinen Zielen oder sogenannten „Do-your-best-Zielen" gegenübergestellt (vgl. Locke & Latham, 1990).

---

6 „Commitment" wird in deutschen Veröffentlichungen häufig auch als Zielbindung bezeichnet (z.B. Abele et al. 2002; Kleinbeck & Schmidt, 1996). Hier wird auf Grund der besseren Abgrenzbarkeit zur „Erreichbarkeit" in Anlehnung an Brunstein und Mitarbeiter (z.B. Brunstein, & Schultheiss, 1996; Maier, 1996) der Begriff „Entschlossenheit" verwendet.

Zielmerkmale lassen den inter- und intraindividuellen Vergleich von sich inhaltlich unterscheidenden Zielen zu. Häufig betrachtete Merkmale sind die Schwierigkeit, Erreichbarkeit, Entschlossenheit und Konkretheit von Zielen.

2.1.2.3. Zielstruktur

Da ein Mensch immer über eine Vielzahl an verschiedenen Zielen verfügt, ist auch von Interesse, wie sich die Ziele einer Person untereinander verhalten. Hierzu wird erst die hierarchische Anordnung der Ziele beschrieben und anschließend die Auswirkung von Interdependenzen zwischen den Zielen innerhalb der Zielstruktur, also den Ziel-konflikten, beleuchtet.

Zielhierarchie

Wie in der Diskussion um die verschiedenen Konzepte persönlicher Ziele bereits an-gedeutet, können persönliche Ziele unterschiedliche Abstraktionsgrade aufweisen. So können Ziele wie „ich will nächstes Jahr zum Abteilungsleiter aufsteigen" oder aber „ich will der Beste sein" gleichermaßen genannt werden. Ziele können je nach Abs-traktionsgrad in eine hierarchische Struktur eingeordnet werden (z.b. Carver, 1996; Emmons, 1989). Emmons (1989) beschreibt vier Ebenen. Ganz oben stehen Motive, z.b. „Leistungsmotiv". Darunter sind die „personal strivings", z.b. „ich will der beste sein" angesiedelt. „Life tasks/personal projects/current concerns", z.b. „ich will in ei-nem Jahr zum Abteilungsleiter aufsteigen" bilden die dritte, konkrete Handlungen, z.b. „ich werde ein Gespräch mit meinem Vorgesetzten führen" die vierte Ebene.

Auch Winell (1987) beschreibt eine ähnliche Zielhierarchie, in der Ziele nach unten hin konkreter werden und zeitlich näher rücken. Er betont zudem, dass sich Zielhierar-chien im Alter verändern können.

Eine ähnliche Zielhierarchie stellen Hoff & Ewers (2002) vor. Die Autoren kommen von der handlungstheoretischen Seite im Gegensatz zu Emmons, der die motivations-theoretischen Aspekte betont. Sie verstehen persönliche Ziele als Überbegriff für Ziele mit unterschiedlichstem Abstraktionsgrad. Unterschiede liegen in Handlungsfolgen, im Zeithorizont und in der Relevanz für die Biographie der Person. Die unterste Ebene beschreibt Ziele auf der Ebene des Alltagshandelns, die täglich zu beobachten sind. Darüber liegen Ziele auf der Ebene des alltagsübergreifenden Handelns. Darunter ver-stehen die Autoren Ziele, die entweder häufiger wiederkehren, oder mehrere Ziele, die zu Projekten gebündelt sind. Diese Ebene entspricht damit den „life tasks/personal projects/current conerns" in Emmons Modell. Eine Ebene höher werden Ziele einge-ordnet, die auf der Ebene des biographisch bedeutsamen Handelns liegen. Biogra-phisch bedeutsame Ziele umfassen Ziele mit weitreichenden Folgen für die Biographie der Person, indem sie entweder an kritische Lebensereignisse oder an biographische Weichenstellungen gebunden sind. An Stelle der Motive in Emmons Modell ist die oberste Ebene die Identität, die durch die Reflexion der Gesamtheit der Ziele gekennzeichnet ist. Das besondere an dem Modell ist die zusätzliche Einführung zweier Lebensbereiche, Berufsleben und Privatleben, auf die sich die Ziele beziehen.

Zusammenfassend lassen sich Ziele je nach Abstraktionsgrad, nach Bedeutung oder zeitlicher Spanne in einer hierarchischen Struktur anordnen, die von oben nach unten hin zunehmende Bewusstheit und Konkretheit abbildet und sich innerhalb einer Ebene nach Lebensbereichen unterscheiden kann. Basierend auf der Zielhierarchie werden im Folgenden Konflikte, die zwischen Zielen entstehen können, beschrieben.

Zielkonflikte

Fördern sich Ziele zwischen den beschriebenen Ebenen einer Zielhierarchie, so charakterisieren Sheldon & Kasser (1995) dies als horizontale Kohärenz. Die Passung von Zielen zwischen verschiedenen Ebenen wird als vertikale Kohärenz bezeichnet[7]. Maier (1996) spricht in diesem Zusammenhang auch vom Grad der Integration des Zielsystems.

Zielkonflikte entstehen, wenn Ziele auf vertikaler oder horizontaler Ebene nicht zusammenpassen und sich gegenseitig hemmen (Emmons, 1989; 1996[8]). Ein Zielkonflikt auf vertikaler Ebene könnte beispielsweise entstehen, wenn eine Person das Oberziel[9] „ich will ein liebevoller Familienvater sein" aufweist gleichzeitig die Arbeitssituation aber Ziele wie „ich will das Projekt erfolgreich abschließen" oder „ich will meinen Vorgesetzten durch die schnelle Abgabe des Abschlussberichtes beeindrucken" ergibt. Der Zielkonflikt entsteht hier durch die schlechte Vereinbarkeit des Oberziels, das erfordern würde, Zeit mit den Kindern zu verbringen mit den konkreten Unterzielen, die vermehrte Arbeit bewirken. Ein horizontaler Zielkonflikt könnte im Sinne von Hoff & Ewers (2002) ein Konflikt zweier konkreter Ziele zwischen den Lebensbereichen Berufs- und Privatleben sein wie z.B. „ ich will eine Stunde Sport machen" und „ich will einen Kunden für ein Verkaufsgespräch treffen". Zur Beschreibung konkreter Ursachen für entstehende Konflikte geben Greenhaus & Beutell (1985) drei Kategorien von Konflikten an: „time-based conflicts" bzw. „strain-based conflicts", bei denen Belastungen in einem Lebensbereich zu Beeinträchtigungen in anderen Lebensbereichen

---

7 Die Autoren führen zudem den Begriff Kongruenz ein. Als kongruente Ziele bezeichnen die Autoren Ziele, die intrinsisch motiviert sind. Dieser Aspekt geht in die Richtung der von Emmons beschriebenen Ambivalenz und wird hier nicht weiter betrachtet.

8 Den Konflikt innerhalb eines Ziels bezeichnet Emmons als Ambivalenz. Ambivalenz steht meist in Zusammenhang mit wechselnden positiven und negativen Gefühlen gegenüber einem Ziel. In der vorliegenden Arbeit liegt die Konzentration auf den Konflikten zwischen verschiedenen Zielen.

9 Oberziel steht hier für ein Ziel auf höherer Ebene wie z.B. ein „personal striving" im Sinne von Emmons (1989) oder ein Ziel der Ebene des biographisch bedeutsamen Handelns im Sinne von Hoff & Ewers (2002).

führen und „behavior-based conflicts", die auf Grund von unvereinbaren Handlungen im familiären und beruflichen Bereich entstehen.

Insgesamt wurde der Zielkonflikt bisher eher selten betrachtet. Untersuchungen im Rahmen der Zielsetzungstheorie beschäftigen sich beispielsweise überwiegend mit singulären Zielen, die auf eine bestimmte Aufgabe gerichtet sind (vgl. Locke & Latham, 1990). Nur vereinzelt werden hier mehrfache Ziele untersucht, indem man beispielsweise Quantität und Qualität als Ziel vorgibt (z.B. Kernan & Lord, 1990; Locke, Smith, Erez, Chah & Schaffer, 1994) und somit horizontale Zielkonflikte innerhalb eines Lebensbereiches schafft. Im Zusammenhang mit den persönlichen Zielen wurde bisher entweder der Zielkonflikt direkt betrachtet (z.B. Emmons, 1986; Emmons & King, 1988), oder indirekt über die Multiplizität der Ziele einer Person untersucht (z.B. Stief, 2001; Wiese, 2000). Multiple Ziele beschreiben hierbei Ziele einer Person, die verschiedenen Lebensbereichen zuzuordnen sind. Verfolgt eine Person beispielsweise gleichzeitig berufliche Ziele und private Ziele, werden diese als multiple Ziele bezeichnet.

Unterschiedliche Ziele einer Person lassen sich in einer hierarchischen Zielstruktur darstellen. Interdependenzen zwischen den dort angeordneten Zielen können zu Zielkonflikten führen.

FAZIT: Persönliche Ziele stellen ein geeignetes Konstrukt zur Aufklärung von Verhaltensunterschieden dar. Hierbei können thematische Besonderheiten, Unterschiede in Zielmerkmalen oder durch das Zusammenspiel verschiedener Ziele erstehende Zielkonflikte einen wesentlichen Beitrag zur Aufklärung von Verhalten leisten.

2.2. SUBJEKTIVES WOHLBEFINDEN

„Jede bewusste Handlung und in gewisser Weise sogar unser ganzes Le-
ben, das wir uns unter den gegebenen Beschränkungen einrichten, lässt
sich als Antwort auf die große Frage auffassen, die uns alle beschäftigt:
Wie werde ich glücklich?" (Dalai Lama, 1999).

Glück - ein Thema mit dem sich auch die Psychologie eingehend beschäftigt. Glück
wird dabei als ein Bestandteil des übergreifenderen Konstrukts „subjektives Wohlbefinden" verstanden. Das subjektive Wohlbefinden hat sich als gängigstes Konstrukt in
der Forschung durchgesetzt. Im folgenden Abschnitt wird subjektives Wohlbefinden
definiert, die Erhebung und die Quellen subjektiven Wohlbefindens aufgezeigt.

2.2.1. Definition

Subjektives Wohlbefinden (SWB) wird von Diener & Lucas (1999) als „people's own
evaluations of their lives" (p. 213) definiert. Emmons, Cheung & Tehrani, (1998) bezeichnen das SWB auch als „long-term levels of happiness" (p. 391). Die beiden Definitionen spiegeln die wesentlichen Aspekte des SWBs wieder. Das SWB beschreibt,
wie Menschen ihr eigenes Leben einschätzen. Hierbei geht es einerseits um die kognitive Bewertung des gesamten Lebens, andererseits aber auch um den emotionalen Zu-
stand oder die Stimmung einer Person (z.b. Diener, 1984; Emmons, 1986; Mayring,
1991). Diese beiden Aspekte werden als kognitive und affektive Komponenten des
SWBs verstanden. Beide Komponenten korrelieren zwar miteinander, sind aber unabhängige Konstrukte (Diener & Lucas, 2000; Lucas, Diener & Suh, 1996). Eine Person,
die beispielsweise zufrieden auf ihr Leben blickt, kann trotzdem im Moment der Befragung schlechter Stimmung sein. Im Folgenden werden der kognitive und der affektive Aspekt näher beleuchtet.

2.2.1.1. Kognitive Komponente: Lebenszufriedenheit

Die kognitive Komponente des SWBs wird als Lebenszufriedenheit bezeichnet. Lebenszufriedenheit gibt Auskunft darüber, wie zufrieden jemand mit seinem bisherigen
Leben ist. Damit beinhaltet dieses Maß einen Vergleich von Lebenszielen mit dem
bisher Erreichten. Es werden beispielsweise Fragen wie „wenn ich mein Leben noch
einmal leben könnte, würde ich fast nichts anders machen" gestellt (vgl. Diener,
Emmons, Larson & Griffin, 1985). Lebenszufriedenheit kann als globales Maß erho-

ben, oder aber auf einzelne Lebensbereiche bezogen werden (Diener, Suh, Lucas & Smith, 1999). Im ersten Fall versucht man zu erheben, wie jemand sein bisheriges Leben als Ganzes einschätzt. Im zweiten Fall wird die Zufriedenheit in verschiedenen Lebensbereichen wie z.b. Familie, Arbeit und Finanzen untersucht (z.b. Fahrenberg, Myrtek, Schumacher & Brähler, 2000).

2.2.1.2. Affektive Komponente: positive und negative Stimmung

Positive und negative Gefühlszustände geben Aufschluss über die affektive Komponente des SWBs. Die affektive Komponente wird häufig auch als „happiness" bzw. Glücklichsein (Ryan & Deci, 2001) oder aber als Stimmung oder Emotion[10] (Fisher, 2000) bezeichnet. Nach Diener et al. (1999) ist Stimmung die aktuelle Einschätzung der „events that occur in their lives" (p. 277). Die Stimmung lässt sich noch einmal in positive und negative Stimmung unterteilen. Mehrere Untersuchungen konnten belegen, dass diese beiden Dimensionen zwar korrelieren, aber insgesamt unabhängig voneinander sind (z.b. Diener & Emmons, 1984; Diener, Smith & Fujita,1995; Watson, Clark & Tellegen, 1988). So kann es beispielsweise Menschen geben, die eine hauptsächlich positive Stimmung und nur wenig negative Stimmung angeben. Diese würde man als glückliche Menschen bezeichnen. Es sind aber auch Fälle vorstellbar, die zwar häufig positive Stimmung, gleichzeitig aber auch oft negative Stimmung aufweisen. In diesem Fall würde man eher von sehr emotionalen Menschen sprechen (Diener & Lucas, 1999). Um die Stimmung zu erheben, werden meist verschiedene Adjektive wie z.b. glücklich, ausgeglichen, etc. vorgegeben. Diese werden danach untersucht, ob sie auf eine Person in einer gewissen Zeitspanne zutreffen (z.b. Watson et al., 1988).

Das SWB betrachtet, wie zufrieden Menschen mit ihrem eigenen Leben sind. Hierbei spielen sowohl kognitive Bewertungsprozesse wie auch emotionale Empfindungen eine Rolle.

2.2.2. Messung von subjektivem Wohlbefinden

Am häufigsten wird das SWB mit Hilfe eines Fragebogens erhoben, in dem die befragte Person Auskunft über die eigene Lebenszufriedenheit und Stimmung gibt (z.b. Diener et al., 1999; Mayring, 1991). Was aber wird tatsächlich gemessen, wenn eine Person auf die Frage „alles in allem, wie zufrieden sind Sie mit Ihrem Leben?" auf einer Skala von eins bis fünf eine fünf, also „sehr zufrieden", ankreuzt? Kann diese Einschätzung mit der fünf einer anderen Person verglichen werden? Kann von dieser fünf auf das generelle Wohlbefinden einer Person geschlossen werden, oder muss man annehmen, dass die Person einfach nur einen guten Tag hatte? Um diese Fragen zu klä-

---

10 Stimmung und Emotion bezeichnen eigentlich leicht unterschiedliche Konstrukte, werden aber häufig austauschbar verwendet (vgl. Morris, 1999).

ren, hilft es, sich näher anzusehen, wie die Einschätzung der eigenen Zufriedenheit eigentlich zustande kommt. Ross, Eyman & Kishchuck (1986) fanden heraus, dass die Einschätzung des eigenen Wohlbefindens am häufigsten durch die momentane Stimmung, gefolgt von den Zielen für die Zukunft beeinflusst wird. Vergangene Erfahrungen und der Vergleich mit anderen Personen spielen dagegen in dieser Untersuchung eine kleinere Rolle, wenn es darum geht zu beurteilen, ob man glücklich und zufrieden mit dem eigenen Leben ist. Alle genannten Faktoren können dennoch dazu beitragen, dass die in der Befragung erhobenen Daten nicht valide und reliabel sind (für einen detaillierten Überblick vgl. Schwarz & Strack, 1999). Die Stimmung kann beispielsweise durch kurzfristige situative Einflüsse, wie das Wetter oder einen Streit mit dem Nachbarn beeinflusst sein. Welche vergangenen oder zukünftigen Ereignisse zur Einschätzung des eigenen Wohlbefindens herangezogen werden, ist davon abhängig, welche Informationen gerade am einfachsten zugänglich sind. So kann sich beispielsweise der Kontext der Befragung auf die Bewertung der eigenen Vergangenheit auswirken. Der Zusammenhang zwischen Zufriedenheit mit der Ehe und der generellen Lebenszufriedenheit wird beispielsweise größer, wenn erst die Frage nach der Ehe und anschließend die Frage nach der generellen Zufriedenheit gestellt wird. Stellt man die Fragen dagegen in umgekehrter Reihenfolge, so fällt der Zusammenhang deutlich kleiner aus. Die Frage nach der Ehe setzt also den Rahmen für die folgende Frage nach der generellen Lebenszufriedenheit (Schwarz, Strack & Mai, 1991). Der Kontext kann auch eine Rolle spielen, wenn die Einschätzung des eigenen Wohlbefindens auf Grund eines Vergleichs mit anderen Personen zustande kommt. Die Anwesenheit eines behinderten Menschen steigerte in einem Experiment von Strack, Schwarz, Chassein, Kern & Wagner (1990) beispielsweise die Einschätzung des eigenen Wohlbefindens. Darüber hinaus kann auch eine Antwort im Sinne der sozialen Erwünschtheit das Ergebnis verfälschen.

Trotz der genannten Effekte stellt das in Befragungen gewonnene SWB ein valides und reliables Maß dar. So ist das SWB über Jahre hinweg relativ stabil (vgl. Diener & Lucas, 2000; Diener & Suh, 2000). Das gilt sowohl für die Lebenszufriedenheit als auch für die positive und negative Stimmung. Suh, Diener & Fujita (1996) konnten beispielsweise nachweisen, dass sich die meisten Lebensereignisse nicht länger als zwei Monate auf das SWB auswirken. Darüber hinaus hängen die SWB-Maße mit anderen Indikatoren wie z.B. geringere Selbstmordrate, häufigeres Lächeln, längeres Leben oder auch die Einschätzung von Freunden als glücklich zusammen (vgl. Clark & Oswald, 2002; Diener & Diener, 2000; Diener et al., 1999). Daher greifen auch die meisten Studien auf die Befragung mit einem Fragebogen zurück. Alternativmethoden wie z.B. Beobachtung der Mimik, Messung der Muskelkontraktionen im Gesicht oder sonstige physiologische Kennwerte werden dagegen seltener eingesetzt (Larsen &

Frederickson, 1999). Allerdings versucht man neuerdings die Erhebung des Wohlbefindens weiter zu objektivieren (Kahneman, 1999). Hierzu wird mehrmals am Tag die Stimmung abgefragt. Über die Zeit erhält man dann ein stabileres Bild des Wohlbefindens.

Das SWB wird meist mit Hilfe von Fragebögen erhoben. Obwohl verschiedene Einflüsse wie z.b. situative Gegebenheiten auf die Einschätzung des eigenen Wohlbefindens wirken, stellt das SWB insgesamt dennoch ein relativ reliables und valides Maß dar.

2.2.3. Quellen subjektiven Wohlbefindens

Was macht uns eigentlich glücklich? Macht Geld glücklich? Ist Zufriedenheit genetisch veranlagt? Dies sind Fragen, denen sich Untersuchungen zum SWB[11] widmen und auf die es verschiedene Antworten gibt. Man könnte sogar fast sagen, dass mit jeder Untersuchung ein neuer Erklärungsansatz hinzukommt. So unterscheiden Ökonomen beispielsweise zwischen demographischen, ökonomischen und politischen Einflüssen auf das SWB (z.B. Frey & Stutzer, 2002), Psychologen aus dem Bereich Organisationspsychologie untersuchen den Einfluss der Arbeit (z.b. Warr, 1999; Zapf,1991), zudem werden verschiedenste andere Einflüsse wie z.b. externe und demographische Einflüsse (z.b. Stutzer & Frey, 2003), Persönlichkeit (z.b. Diener & Lucas, 1999; Schwenkmezger, 1991), Ziele (z.b. Emmons, 1986), Kultur (z.b. Diener & Suh, 2000), tägliche Lebensereignisse (z.b. Cantor & Sanderson, 1999), Anpassung (z.b. Suh, Diener & Fujita, 1996) und vieles mehr untersucht. Im Folgenden werden die wesentlichen Erklärungsansätze kurz skizziert. Obwohl die einzelnen Ansätze getrennt voneinander beschrieben werden, muss man doch von Wechselwirkungen zwischen ihnen ausgehen (vgl. Diener & Lucas, 2000). So kann beispielsweise eine extravertierte Persönlichkeit per se Grund für die höhere Lebenszufriedenheit sein. Gleichzeitig können die Persönlichkeitseigenschaften aber auch dazu führen, dass diese Person mehr Freunde hat, oder in höherem Maße positive Informationen verarbeitet und auf Grund dessen zufriedener ist. Bisher gibt es kaum Aussagen über die tatsächlichen Ursache-Wirkungszusammenhänge.

---

11 Nicht alle Untersuchungen beziehen sowohl die Lebenszufriedenheit als auch die Stimmung mit ein. Es werden im Folgenden dennoch sowohl Untersuchungen zum gesamten SWB als auch Ergebnisse, die nur einen der beiden Bestandteile, Lebenszufriedenheit oder Stimmung, betreffen, in die Betrachtungen integriert.

2.2.3.1. *Persönlichkeit*

Persönlichkeit ist nach Diener et al. (1999) ein durchaus aussagekräftiger Prädiktor für das SWB. Auch DeNeve & Cooper (1998) fanden in einer Metaanalyse einen engen Zusammenhang zwischen Persönlichkeit und SWB. Ein weiteres Indiz hierfür ist zudem die bereits erwähnte Stabilität des SWBs (vgl. Diener & Lucas, 1999).

Als Grund dafür werden genetische Prädisposition, also das so genannte Temperament und Zusammenhänge zwischen Persönlichkeitseigenschaften und dem SWB genannt (Diener & Lucas, 1999). Nach Tellegen, Lykken, Bouchard, Wilcox, Segal & Rich (1988) können 40% der Varianz von positiven und 55% der Varianz von negativen Emotionen genetisch erklärt werden. Baker, Cesa, Gatz & Mellins (1992) berichten dagegen nur einen signifikanten Vererbungseffekt hinsichtlich negativem Gefühlszustand. Inwieweit das SWB als Eigenschaft verstanden werden kann und in welchem Ausmaß das SWB durch die Persönlichkeit beeinflusst wird, bleibt demnach immer noch offen (Ryan & Deci, 2001).

Sicher ist allerdings, dass ein großer Zusammenhang zwischen bestimmten Persönlichkeitsfaktoren und dem SWB besteht. Mehrere Studien liefern beispielsweise den Nachweis, dass Extraversion und Neurotizismus einen Zusammenhang mit positiven bzw. negativen Gefühlszuständen aufweisen (z.B. Costa & McCrae; 1980). Auch Optimismus korreliert mit dem SWB (Carver & Scheier, 1990; Lucas, Diener & Suh, 1996). Hier bleibt allerdings wie immer die Frage offen, ob der Zusammenhang direkt oder indirekt durch Einfluss der Persönlichkeit auf die Umwelt zustande kommt. So konnten Magnus, Diener, Fujita & Pavot (1993) nachweisen, dass Persönlichkeitseigenschaften zur Wahl bestimmter positiver oder negativer Situationen führen. Diese Situationen beeinflussen dann wiederum das SWB. Zu einem ähnlichen Schluss kommen auch Diener et al. (1999). Die Autoren gehen davon aus, dass das SWB eigenschafts- und situationsbezogene Anteile aufweist. Es wird angenommen, dass affektive Reaktionen sowohl durch die Persönlichkeit beeinflusst werden als auch durch Lebensereignisse immer wieder verändert werden können. Um sowohl den stabilen als auch den situativen, kurzfristigen Einflüssen auf das SWB Rechnung zu tragen, unterscheidet Becker (1991) bei der Definition von Wohlbefinden zwischen aktuellem und habituellem Wohlbefinden. Aktuelles Wohlbefinden beschreibt das momentane Erleben einer Person, wohingegen habituelles Wohlbefinden über eher kognitiv gesteuerte, längerfristige Gefühle des Wohlbefindens Auskunft gibt.

2.2.3.2. Demographische Einflüsse

Anders als häufig erwartet scheinen demographische und situative Faktoren wie z.b. Geschlecht, Alter, Aussehen, Ausbildung, Klasse, Bildung und Religion nur geringfügige Auswirkungen auf das SWB zu haben. Man nimmt an, dass diese Einflüsse zwischen 5-20% der Varianz des SWBs aufklären (Argyle, 1999; Diener et al., 1999; Kahneman,1999). Bei einigen dieser Merkmale, v.a. bei Religion und Klasse wird der gefundene Zusammenhang außerdem eher mit unterschiedlichem Verhalten, das aus diesem Merkmal resultiert, begründet (vgl. Argyle, 1999; Diener et al., 1999).

Ein Versuch, die wesentlichen Einflüsse in monatlichen Geldbeträgen auszudrücken, die diese Einflüsse abbilden, ergab im Wesentlichen die in Abbildung 2 dargestellten Beträge[12] (Clark & Oswald, 2002). Obwohl es insgesamt unterschiedliche Untersuchungsergebnisse zur genauen Proportionalität der dargestellten Einflüsse gibt, spiegelt diese Grafik dennoch recht gut die Erkenntnisse anderer Untersuchungen wieder (vgl. Argyle, 1999). Im Folgenden werden einige Faktoren kurz beschrieben.

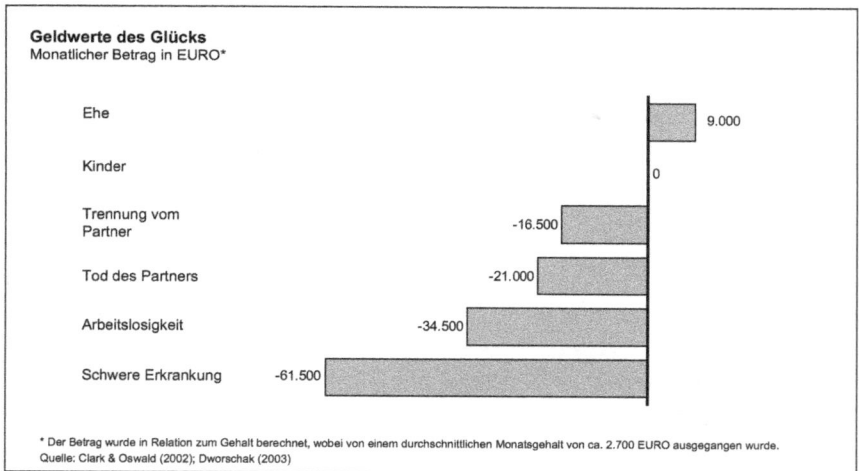

Geldwerte des Glücks
Monatlicher Betrag in EURO*

Ehe	9.000
Kinder	0
Trennung vom Partner	-16.500
Tod des Partners	-21.000
Arbeitslosigkeit	-34.500
Schwere Erkrankung	-61.500

* Der Betrag wurde in Relation zum Gehalt berechnet, wobei von einem durchschnittlichen Monatsgehalt von ca. 2.700 EURO ausgegangen wurde.
Quelle: Clark & Oswald (2002); Dworschak (2003)

Abbildung 2: Einflussfaktoren auf das Glück, ausgedrückt in monatlichen Beträgen

Familie

Eine Ehe ist unter den situativen Faktoren der beste Prädiktor für das SWB (Myers, 1999). Verheiratete Personen sind demnach zufriedener und lücklicher als unverheira-

---

12 Die Beträge sind im Verhältnis zum monatlichen Einkommen einer Person erhoben worden. Berechnet wurden die Beträge mit Hilfe einer Regressionsgleichung, die das vorhandene Merkmal oder Ereignis, z.B. verheiratet sein, mit dem nicht vorhanden Merkmal oder Ereignis, z.B. Single sein, vergleicht (vgl. Clark & Oswald, 2002).

tete Personen und hier v.a. Singles, die geschieden oder verwitwet sind (z.B. Gove, Style & Hughes, 1990; Myers, 1999). Der Unterschied zwischen der Zufriedenheit verheirateter und nicht verheirateter Paare wird allerdings zusehends geringer (Stutzer & Frey, 2003). In einer Ehe ist das tatsächliche SWB von weiteren Faktoren wie z.B. der Phase der Ehe (Argyle, 1999) und der Qualität der Ehe (Myers, 1999) abhängig. So zeigen mehrere Untersuchungen, dass sich die Zufriedenheit in der Ehe, betrachtet im zeitlichen Verlauf, gemäß einer U-Form verhält. Sie ist nach Beginn der Ehe hoch, in der Mitte lässt sie nach und später, wenn die Kinder das Haus verlassen haben, steigt sie wieder an (Argyle, 1999).

Oft wird über die Kausalität der beschriebenen Zusammenhänge diskutiert. Ist das SWB durch die Ehe oder umgekehrt die Ehe durch das SWB bedingt? Man könnte schließlich annehmen, dass zufriedene und glückliche Menschen eher heiraten, als unzufriedene, unglückliche Menschen. Stutzer & Frey (2003) stellen in ihrer über 17 Jahre angelegten Längsschnittstudie mit über 15.000 Personen beide Effekte fest.

Kinder scheinen dagegen erstaunlicherweise einen kaum messbaren Effekt auf das SWB zu haben. Der Grund dafür könnte sein, dass sie sowohl zu sehr guter als auch zu sehr schlechter Stimmung, z.B. durch Zunahme der Sorgen, beitragen können (Argyle, 1999).

Arbeit und Geld

Im Zusammenhang mit der Arbeit wird meistens die Arbeitszufriedenheit und weniger die generelle Lebenszufriedenheit betrachtet. Die Arbeitszufriedenheit und die Lebenszufriedenheit hängen allerdings zusammen (z.B. Bamundo & Kopelman, 1980; Diener, 1984). Im Folgenden werden zwei gut untersuchte Einflussfaktoren der Arbeit auf das SWB im Detail beschrieben.

Gesichert ist in jedem Fall der in Abbildung 2 dargestellte negative Einfluss von Arbeitslosigkeit auf das SWB (z.B. Frey & Stutzer, 2002; Paul & Moser, 2001). Dieser würde selbst dann bestehen, wenn Personen weiterhin gleiches Gehalt bekämen (Frey & Stutzer, 2002). Helliwell (2002) konnte in seiner Längsschnittstudie an mehr als 85.000 Personen in 46 Ländern sogar einen Abfall von mehr als einem halben Skalenpunkt, bezogen auf eine Fünfer-Skala, messen. Personen, die einmal arbeitslos waren, scheinen sich davon auch nicht mehr zu erholen. Das SWB fällt bei diesen negativer aus als bei Personen, die noch nie arbeitslos waren (Lucas, Clark, Georgellis & Diener, 2002).

Die Wirkung des Gehalts ist dagegen nicht eindeutig auszumachen. Untersuchungen auf internationaler, nationaler und personenbezogener Ebene geben hier Aufschluss. Vergleicht man das SWB zwischen verschiedenen Nationen, so können durchaus Unterschiede zwischen ärmeren und reicheren Ländern gefunden werden (Diener & Oishi, 2000). Reichere Länder haben ein höheres SWB. Allerdings muss hier berücksichtigt werden, dass dieses Ergebnis auch von anderen Faktoren wie z.b. Demokratie und Menschenrechte, (Diener, Diener & Diener, 1995; Frey & Stutzer, 2002) beeinflusst wird. Untersucht man den Zusammenhang zwischen Einkommen und SWB innerhalb eines Landes, so findet man zwar auch einen Zusammenhang, dieser fällt allerdings deutlich geringer aus (Argyle, 1999; Diener et al., 1999), v.a. in reichen Ländern wie z.b. den USA (Oswald, 1997), Deutschland (Ferrer-i-Carbonell, 2002) und Schweden (Gerdtham & Johannesson, 1997) im Vergleich zu ärmeren Ländern (z.b. Namazie, C. & Sanfey, P. 1998). Untersuchungen darüber, ob der Anstieg des Lebensstandards über die Zeit innerhalb eines Landes einen Einfluss auf das SWB zeigt, ergeben keine klaren Ergebnisse. Wenn überhaupt, so scheint der Effekt eher gering zu sein (Argyle, 1999). Der Effekt eines höheren Einkommens auf das SWB einer Person ist relativ gering und abhängig von der Höhe des tatsächlichen Gehalts (Helliwell, 2002) und von dem Gehalt der Vergleichsgruppen (Ferrer-i-Carbonell, 2002). Je höher das Gehalt, desto geringer fällt die Auswirkung einer Steigerung auf das SWB aus. Das Gehalt der Vergleichsgruppe hat zudem den gleichen Einfluss auf das SWB wie das tatsächliche Gehalt (Ferrer-i-Carbonell, 2002). Allerdings gibt es auch Untersuchungen, die gar keinen Effekt einer Gehaltssteigerung auf das SWB feststellen konnten (z.b. Diener, Sandvik, Seidlitz & Diener, 1993). Vermutet wird hier ein Anpassungseffekt, der dazu führt, dass man sich auf das neue Gehaltsniveau einstellt und es somit keinen Unterschied mehr für das SWB macht (Argyle, 1999). In diesem Sinne werden auch langfristig eher geringe Effekte von Lotteriegewinnen auf das SWB interpretiert (vgl. Diener et al., 1999), die allerdings kurzfristig durchaus einen Effekt auf das SWB zeigen (z.b. Gardner & Oswald, 2001).

Sonstige Einflussfaktoren

Die Gestaltung der Freizeit und soziale Beziehungen haben auch einen Einfluss auf das SWB. Freunde (z.b. Myers, 1999) und Sport (z.b. Csikszentmihalyi, 2002) stehen beispielsweise in positiver Beziehung zu Glück.

2.2.3.3.   Sozialer Vergleich

Wie schon in der Betrachtung des Einflusses von Gehalt auf das SWB angeklungen ist, scheint der Vergleich mit anderen Personen auch eine Rolle dabei zu spielen, wie glücklich und zufrieden man sich selbst einschätzt (z.b. Diener & Lucas, 2000; Diener et al., 1999). Allerdings gibt es die verschiedensten Ausprägungen dieses Effekts (vgl. Diener & Lucas, 2000). So können sich beispielsweise sowohl der Abwärts- als auch der Aufwärts-Vergleich auf das SWB auswirken. Daher scheint die wesentliche Frage „when and where social comparison produces which types of effects" (Diener et al., 1999, p. 283). In welcher Situation vergleicht eine Person sich eher mit besseren, oder schlechteren Vergleichspersonen? Wie wirken sich Persönlichkeitseigenschaften auf diesen Zusammenhang aus? Dies sind Fragen, die es in zukünftigen Untersuchungen zu klären gilt.

2.2.3.4. Ziele

Eine weitere Theorie besagt, dass Ziele einen wesentlichen Einfluss auf das SWB haben (z.b. Brunstein, Schultheiss & Maier, 1999; Diener, 1984; Emmons, 1986). Für Emmons (1996) liegt der Grund für den Einfluss der Ziele auf das SWB in der Tatsache begründet, dass Ziele unser Leben strukturieren und demnach unsere Gedanken und Gefühle beeinflussen. Untersucht werden verschiedenste Aspekte von Zielen und deren Auswirkung auf das SWB. Beispielsweise wird betrachtet, ob und welche Ziele vorhanden sind, in welchem Ausmaß Fortschritte gemacht werden und ob sie erreicht werden (vgl. Diener et al.,1999). Die wesentlichen Studienergebnisse zu dem Einfluss von Zielen auf das SWB werden in Kapitel 3.1 beschrieben.

Viele verschiedene Faktoren scheinen Einfluss auf das Glück und die Zufriedenheit einer Person zu haben. Sowohl Persönlichkeitsmerkmale, z.B. Extraversion wie auch demographische Einflüsse wie z.B. Partnerschaft. Ein vollständiges Bild ergibt sich aber nur, wenn man darüber hinaus das Zusammenspiel der situativen und personalen Faktoren mit psychologischen „Mechanismen" wie z.B. der Zielsetzung oder des sozialen Vergleichs betrachtet.

FAZIT: Subjektives Wohlbefinden deckt Facetten des menschlichen Wohlbefindens umfassend ab und kann als valider Indikator für affektives und kognitives Wohlbefinden eingesetzt werden. Als etabliertes Konstrukt wird es häufig auch im Zusammenhang mit persönlichen Zielen eingesetzt.

2.3. BERUFSERFOLG

Fragt man Menschen nach einem Beispiel für eine beruflich erfolgreiche Person, so fallen die Antworten sehr unterschiedlich aus. Während der eine vielleicht den Vorstandsvorsitzenden eines Weltkonzerns nennt, wird ein anderer den innerhalb eines Jahres zum mehrfachen Millionär gewordenen 23-jährigen Gründer von alando (jetzt ebay) anführen. Der Bundeskanzler könnte in dieser Aufzählung ebenso wie ein Professor oder aber ein namhafter Künstler erwähnt werden. Die genannten Beispiele zeigen, dass Berufserfolg unterschiedlich definiert werden kann, je nachdem, welche Bewertungskriterien angelegt werden. Auch die Wissenschaft liefert hier leider keine einheitliche Definition und Operationalisierung von „Berufserfolg" (vgl. Stief et al., 2002). Um den Begriff dennoch einzugrenzen, wird Berufserfolg im nächsten Abschnitt anhand verschiedener Dimensionen definiert. Im Anschluss daran werden Determinanten des Berufserfolgs aufgezeigt.

2.3.1. Definition

Laut „Duden" wird Erfolg als „positives Ergebnis einer Bemühung, das Eintreten einer beabsichtigten, erstrebten Wirkung" definiert. Diese Definition beinhaltet verschiedene Komponenten, die mit Erfolg einherzugehen scheinen. Demnach gibt es ein Ziel, ein Ergebnis und die Beurteilung des Ergebnisses als „positiv". Diese Bestandteile sind auch in den Definitionen zu „Berufs-Erfolg" enthalten. Allerdings setzen die Definitionen hierbei unterschiedliche Schwerpunkte. Crites (1969, S. 414) beschreibt Berufserfolg („vocational success") beispielsweise als relativ konkretes Ergebnis eines gesetzten Ziels: „the probability that a worker's behaviour will achieve a particular goal in a given environment". Judge, Cable, Boudreau & Bretz (1995) sehen Berufserfolg dagegen eher als längerfristigen Prozess und bringen den Aspekt der subjektiven Bewertung des Ergebnisses in ihre Definition „the positive psychological or work-related outcome or achievements one has accumulated as a result of one's working experiences" (p. 486) ein. Während es bei Crites um die Bewertung eines konkreten Ziels geht, fokussieren Judge et al. auf die längerfristigen Ergebnisse, die zudem auch subjektiver Art („psychological") sein können. Die beiden Definitionen spiegeln damit auch die zwei wesentlichen Dimensionen wieder, anhand derer „Berufserfolg" unterschieden werden kann (vgl. Stief et al., 2002). Zum einen kann man zwischen objektivem und subjektivem Berufserfolg (z.B. Judge et al., 1995) und zum anderen zwischen kurzfristigem Leistungserfolg und längerfristigem Karriereerfolg (z.B. Stief et al., 2002) unterscheiden. Darüber hinaus kann auch der Bezugsrahmen, in dem der Berufserfolg betrachtet wird, unterschiedlich gewählt werden. In Abhängigkeit der betrachteten Dimensionen lässt sich Berufserfolg schließlich operationalisieren (siehe Abbildung 3).

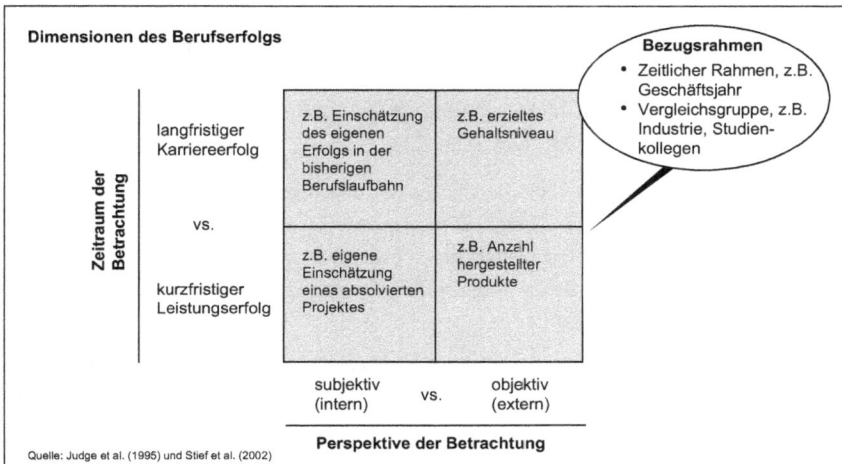

Abbildung 3: Dimensionen des Berufserfolgs und mögliche Operationalisierungen

2.3.1.1. Objektiver vs. subjektiver Berufserfolg

Judge et al. (1995) unterscheiden den Berufserfolg („career success") nach objektivem und subjektivem, oder wie sie es auch nennen, nach extrinsischem und intrinsischem Berufserfolg (Judge, Higgins, Thoresen & Barrick, 1999). Mit Hilfe dieser Einteilung werden zum einen die Bewertungskriterien und zum anderen die Quelle der Bewertung eingegrenzt. Objektiver Berufserfolg beschreibt den von außen beurteilten Erfolg. Dieser wird dabei durch messbare Kriterien wie z.B. das Gehalt oder den Aufstieg, bestimmt. In den meisten Untersuchungen wird das Gehalt, gefolgt von der Hierarchieebene als Maßstab verwendet (Stief et al., 2002)[13]. Der subjektive Berufserfolg wird dagegen von der Person selbst eingeschätzt „as an individual's subjective reactions to his or her own career" (Judge et al., 1999, p. 622). Hierbei wird entweder eine Einschätzung des eigenen Erfolgs („career success") oder der Arbeitszufriedenheit („job satisfaction") abgegeben. Beide Variablen korrelieren zwar, werden aber von unterschiedlichen Faktoren beeinflusst. Während „career success" in höherem Maße durch den tatsächlichen objektiven Berufserfolg determiniert wird, fällt der Zusammenhang zwischen Arbeitszufriedenheit und objektivem Erfolg eher geringer aus (Judge et al.,

---

13 Stief et al. (2002) vergleichen 51 Studien, die Karriereerfolg zum Thema hatten. In ca. 80% dieser Studien wurde der objektive Berufserfolg anhand von zwei oder mehr Kriterien erhoben.

1995). Passend dazu kommen auch Stief et al. (2002) zu dem Schluss, dass die Arbeitszufriedenheit als Berufserfolgsmaß die weniger valide Alternative darstellt. Aber auch zwischen dem objektiven Berufserfolg und der subjektiven Einschätzung des Erfolgs werden nur Zusammenhänge in mittlerer Höhe festgestellt. Die beiden Maße sind daher insgesamt dennoch nicht gleichzusetzen (z.b. Bommer, Johnson, Rich, Podsakoff & MacKenzie, 1995; Stief et al., 2002).

Beide Dimensionen werden aber gleichermaßen durch gesellschaftliche Wertvorstellungen geprägt (vgl. Watson, Hough & Hayes, 1973). In welchem Maße beispielsweise neben dem Aufstieg und Gehalt die sogenannte „Work-Life-Balance" oder die Selbstverwirklichung in die Bewertung des Erfolgs einbezogen wird, ist auch abhängig von den Werten der Gesellschaft.

Studien zum Thema persönliche Ziele im beruflichen Kontext betrachten sowohl objektiven (Roberson, 1989; Stief, 2001) als auch subjektiven Berufserfolg (Maier, 1996; Sujan, Barton & Kumar, 1984).

2.3.1.2.   *Kurzfristiger Leistungserfolg vs. längerfristiger Karriereerfolg*

Nutzt man beispielsweise den Umsatz eines Vertriebsmitarbeiters als Indikator für Berufserfolg, so ist dies ein sehr kurzfristiges Maß und drückt eher den Leistungserfolg, „d.h. kurzfristige positive berufliche Handlungsfolgen" des Mitarbeiters aus (Stief et al. 2002, S. 4). Dieses Maß hat den Vorteil, dass es eindeutig bestimmbar ist, da es auf konkrete Arbeitsaufgaben angewendet werden kann (z.B. Jex, 1998). Karriereerfolg spiegelt dagegen beruflichen Erfolg in einem größeren zeitlichen Horizont wieder. Karriere wird hierbei im Sinne von Osipow & Fitzgerald (1996) und Isaacson & Brown (1997) als die berufliche Entwicklung über eine längere Zeit verstanden.

In den bisherigen Untersuchungen zu persönlichen Zielen wurde Erfolg meist im Sinne der Leistungsmaße gemessen, die an eine spezifische Aufgabe gebunden sind (z.B. Brunstein, 1993; Maier, 1996; Roberson, 1989), selten wurde der längerfristige Karriereerfolg erhoben (z.B. Stief, 2001; Sujan et al., 1984).

2.3.1.3.   *Bezugsrahmen*

Unabhängig davon, ob man nun den subjektiven oder objektiven Berufserfolg, den kurzfristigen Leistungs- oder längerfristigen Karriereerfolg betrachtet kann für die Operationalisierung des Erfolgs ein Bezugsrahmen, also ein Vergleichsmaßstab, gewählt werden.

Beispielsweise können Gehalt, Hierarchie oder Beförderungen in Abhängigkeit von Zeit bewertet werden. Die Dimension kurzfristiger Leistungs- oder langfristiger Karriereerfolg gibt zwar einen groben Zeitrahmen vor, setzt aber keine konkrete Zeitspanne fest. So kann der Karriereerfolg beispielsweise durch die Anzahl der Berufsjahre der kurzfristige Leistungserfolg durch Umsatz pro Quartal ermittelt werden. Die

Eliten Deutschlands wurden bei einer Studie der „Wirtschaftswoche" beispielsweise in Abhängigkeit des Alters und der Berufsjahre ermittelt (Bierach, 2002).

Möglich wäre auch der Vergleich von Personen in einer bestimmten Gruppe wie eine bestimmte Branche, eines Abiturjahrgangs oder eines Studienfachs. Durch eine solche Einschränkung können externe Einflüsse wie z.b. Marktgegebenheiten, die auf eine bestimmte Branche wirken, oder branchenübliche Gehälter konstant gehalten werden.

Der Begriff Berufserfolg ist nicht klar definiert. Um dennoch ein einheitliches Verständnis davon zu bekommen, was Berufserfolg bedeutet, sollte zwischen subjektivem und objektivem Berufserfolg und zwischen kurzfristigem Leistungs- und längerfristigem Karriereerfolg unterschieden werden. Zur weiteren Klärung des Begriffs können Vergleichsstandards wie z.B. Zeit oder bestimmte Vergleichsgruppen definiert werden.

2.3.2. Determinanten des Berufserfolgs

Wen man von den oben beschriebenen Personen nun als am erfolgreichsten einschätzt, hängt, wie eben beschrieben, davon ab, welche Dimensionen des Berufserfolgs man betrachtet. Ginge es beispielsweise um die objektive Beurteilung des längerfristigen Karriereerfolgs auf Grundlage des Gehalts und der Hierarchiestufe, würde wahrscheinlich der Vorstandsvorsitzende des Weltkonzerns am besten abschneiden. Wie aber hat er es geschafft, so erfolgreich zu werden? Das ist eine häufig gestellte Frage, für die es jedoch wenige eindeutige Antworten gibt. Einige der Determinanten werden im Folgenden aufgeführt. Die dargestellten Zusammenhänge beziehen sich auf den objektiven, längerfristigen Karriereerfolg, der in den meisten Studien mit Hilfe des Gehalts oder der Hierarchieebene bestimmt wurde. Ebenso wie in Kapitel 2.2.3 können die einzelnen Variablen nicht separat betrachtet, sondern müssen in Interaktion gesehen werden.

2.3.2.1. Demographische Faktoren

In der Untersuchung an mehr als 1000 amerikanischen Führungskräften von Judge et al. (1995) kristallisieren sich die demographischen Variablen als die wesentlichen Einflussfaktoren auf den objektiven Berufserfolg heraus. Der wohl am besten und häufigsten nachgewiesene Einflussfaktor auf den Berufserfolg ist dabei das Geschlecht. Frauen sind weniger erfolgreich als Männer (vgl. z.B. Abele, 2002b; Dienel, 2002). Chenevert & Tremblay (1998) weisen in ihrer Untersuchung an kanadischen Managern nach, dass auch einige der weiteren Einflussfaktoren wie z.B. das Humankapital (s.u.), bei Frauen geringeren Einfluss auf den Berufserfolg haben als bei Männern.

Zudem bestimmt auch immer noch der sozioökonomische Status, also die Herkunft, ob eine Person mehr oder weniger erfolgreich ist (z.B. Hartmann, 2001; 2002). Neben der Herkunftsfamilie spielt auch die eigene Familie eine Rolle. Der Familienstand klärt nach einer Untersuchung von Gattiker & Larwood (1990) bis zu 7% der Varianz des Berufserfolgs auf. So zeigen einige Studien beispielsweise, dass verheiratete Männer, deren Frauen nicht arbeiten, erfolgreicher sind als nicht verheiratete Männer, oder verheiratete Männer, deren Frauen arbeiten (z.B. Judge et al., 1995; Pfeffer & Ross, 1982).

2.3.2.2. *Persönlichkeit und Intelligenz*

Auch Persönlichkeitseigenschaften[14] wirken sich auf den Berufserfolg aus (z.B. Judge et al., 1999; Mount, Barrick & Stewart, 1998; Salgado, 1998; Tett, Jackson, Rothstein & Reddon, 1999). Am stärksten und unabhängig vom spezifischen Beruf scheint der positive Einfluss der Gewissenhaftigkeit, also von Eigenschaften wie Leistungsorientierung, Zuverlässigkeit und Ordnungsliebe auf den Berufserfolg zu sein (z.B. Judge et al., 1999; Tett et al., 1999). Gewissenhaftigkeit besitzt zudem auch die stabilste Vorhersagekraft (Judge et al., 1999). In einer Längsschnittstudie, in der Personen schon als Kinder auf ihre Persönlichkeitsmerkmale getestet wurden, konnte festgestellt werden, dass Gewissenhaftigkeit bei Kindern den besten Indikator für den späteren Berufserfolg bildet. Aber auch der Neurotizismus und die Extraversion werden immer wieder als Einflussfaktoren auf den objektiven Berufserfolg ausgemacht. Wie stark Erfolg von Persönlichkeitseigenschaften beeinflusst wird, hängt allerdings vom jeweiligen Berufsbild ab (vgl. Tett et al. 1999). Judge, Erez & Bono (1998) bringen zudem die Eigenschaft des positiven Selbstkonzepts in Verbindung mit dem Berufserfolg. Hinter dem positiven Selbstkonzept verbergen sich verschiedene Faktoren wie z.B. Selbstbewusstsein, Selbstwirksamkeitserwartung, etc. (vgl. auch Abele 2002c).

Einer der am besten nachgewiesenen Einflussfaktoren auf die Leistung im Beruf ist die Intelligenz (vgl. Schmidt, Ones & Hunter, 1992). Intelligenz trägt demnach eindeutig zum längerfristigen objektiven Berufserfolg bei (Judge et al., 1999). Keinen oder teilweise sogar einen negativen Einfluss hat die Intelligenz dagegen auf den subjektiven Berufserfolg, gemessen an der Arbeitszufriedenheit. Es wird vermutet, dass intelligente Personen kritischer sind und sich daher auch weniger zufrieden über ihren Arbeitsplatz äußern (Judge et al., 1999).

---

14 In den meisten Untersuchungen wurde das Fünf-Faktoren-Modell, oder auch „Big Five der Persönlichkeit" benutzt. Die Faktoren sind Extraversion, Neurotizismus, Verträglichkeit, Gewissenhaftigkeit und Offenheit (z.B. Costa & McCrae, 1992).

2.3.2.3. Motivation und Ziele

Motivation für den Beruf hat erwartungsgemäß ebenfalls einen Einfluss auf den Berufserfolg (z.B. Judge et al., 1995; Whitley, Dougherty & Dreher, 1991). Hierbei wird Motivation meist durch die Anzahl von Arbeitsstunden und der Stellung, die Arbeit im Leben einnimmt („work centrality"), operationalisiert.

Gerade in dem Bereich des eher kurzfristigen Leistungserfolgs gibt es mit der Zielsetzungstheorie (Locke & Latham, 1990) gute Erkenntnisse über die positive Wirkung von Zielen. Aber auch im Bereich Karriereerfolg wurde durch die Forschung von Abele und Mitarbeitern (z.B. Abele, 2002c) der Einfluss von Zielen nachgewiesen. In Kapitel 3.2 wird ein detaillierter Überblick über den bisherigen Erkenntnisstand geliefert.

2.3.2.4. Unterstützung im beruflichen Umfeld

Unterstützung wird hier im Sinne von Wayne, Liden, Kraimer & Graf (1999) als „form of sponsorship" (p. 582), die Personen durch Vorgesetzte oder andere Mentoren erhalten, verstanden. Insgesamt wird dieser Effekt von Wayne et al. (1999) höher eingeschätzt als der Einfluss von Motivation und Humankapital. Die unterstützende Beziehung sowohl zwischen Vorgesetzten (z.B. Wayne et al., 1999) als auch Mentoren und Mitarbeitern (Chao, 1997; Wayne et al., 1999) haben einen positiven Effekt auf den Berufserfolg. Hinsichtlich der Mentoren grenzen Chao, Walz & Gardner (1992) den positiven Einfluss allerdings auf informelle Mentoren „which grow out of informal relationships and interactions between senior and junior organizational members" ein. Zudem konnte gezeigt werden, dass v.a. das Karrierecoaching durch Mentoren Einfluss hat, weniger dagegen das persönliche Coaching.

2.3.2.5. Sonstige Determinanten

In der Literatur werden noch mehr Einflussfaktoren genannt. Immer wieder wird beispielsweise auf das sogenannte „Humankapital" hingewiesen. Die Fähigkeiten, die eine Person durch Ausbildung, Training und Berufserfahrung erlangt hat, werden als Humankapital bezeichnet, also als geplantes Investment, das sich später am Arbeitsmarkt wieder auszahlt (Becker, 1975). Gemäß Beckers Theorie bestätigen mehrere Untersuchungen den positiven Effekt des Humankapitals auf den Berufserfolg (z.B. Aryee, Chay & Tan, 1994; Judge et al., 1995). Rosenbaum (1984) grenzt die Wirkung des Humankapitals allerdings zeitlich ein. Er findet heraus, dass Humankapital v.a. in früheren Stadien des Berufserfolgs, weniger aber in späteren Stadien wirkt.

Als weiterer wesentlicher Faktor müssen hier außerdem strukturelle Gegebenheiten einbezogen werden (Chenevert & Tremblay, 1998). So können beispielsweise das Marktumfeld, die Branche oder die Region einen wesentlichen Einfluss auf den Berufserfolg haben. Judge et al. (1995) stellt beispielsweise fest, dass Führungskräfte, die in kleineren privaten Unternehmen arbeiten, weniger verdienen als Führungskräfte in großen Unternehmen, die an der Börse gehandelt werden.

Rosenstiel (1997) nennt außerdem den Faktor „Wertrationalität". Hierunter versteht er religiöse oder politische Einstellungen, die in manchen Berufen über den Erfolg entscheiden können.

Der berufliche Erfolg einer Person wird von vielen Faktoren beeinflusst. Hier spielen v.a. demographische- und Persönlichkeitsfaktoren, aber auch situative Gegebenheiten wie z.B. die Beziehung zum Vorgesetzten und das strukturelle Umfeld eine Rolle.

FAZIT: Berufserfolg kann mit Hilfe unterschiedlicher Dimensionen beschrieben werden. Man unterscheidet im Wesentlichen zwischen objektivem bzw. subjektivem und kurzfristigem bzw. längerfristigem Erfolg. Verschiedene Determinanten wie z.B. demographische Variablen, Persönlichkeit oder Humankapital beeinflussen den Berufserfolg.

2.4. SOZIALE UNTERSTÜTZUNG

Jeder hat wohl eine gewisse Vorstellung davon, was „Unterstützung" bedeutet. Gerade daher ist es wichtig einzugrenzen, was genau in der Literatur darunter verstanden wird, welche Arten von Unterstützung man unterscheiden, von wem Unterstützung ausgehen und wie sich Unterstützung auswirken kann, oder in den Worten von House: „...*who* gives *what* to *whom* regarding *which* problems..." (House, 1981, p. 22).

2.4.1. Definition

Zusammengefasst beschreibt soziale Unterstützung die Hilfestellung von anderen, meist nahestehenden Personen zur Bewältigung verschiedenster Anforderungen (z.b. Hobfoll & Stephens, 1990; Sarason & Sarason, 1985). Unterschiedlich wird hierbei die Rolle der unterstützenden Personen gesehen. Definitionen reichen von dem reinen Vorhandensein von Beziehungen (Leavy, 1983) über zwischenmenschliche Interaktionen (Dunkel-Schetter & Bennett, 1990; Lakey, McCabe, Fisicaro & Drew, 1996) bis hin zur Integration und Bindung an wichtige Personen (Sarason, Pierce & Sarason, 1990a). Die letzte Definition geht allerdings auch mit einer generell anderen Auffassung von sozialer Unterstützung einher. Für Sarason et al. (1990a) bedeutet soziale Unterstützung, angelehnt an Cobb (1976), sich von anderen Personen akzeptiert und geliebt zu fühlen. Die Autoren bezeichnen wahrgenommene soziale Unterstützung daher auch als „sense of acceptance" (p. 109). House (1981) kritisiert die Einschränkung sozialer Unterstützung auf den emotionalen Anteil. Die vorliegende Arbeit orientiert sich an seiner Einschätzung.

Soziale Unterstützung beschreibt die Hilfestellung von anderen Personen zur Bewältigung von eigenen Herausforderungen.

2.4.2. Beschreibungsdimensionen sozialer Unterstützung

In der Definition wurde soziale Unterstützung als Hilfestellung beschrieben. Hilfestellung kann dabei auf verschiedenste Art geleistet werden. Im Wesentlichen lassen sich drei Dimensionen unterscheiden, in denen soziale Unterstützung beschrieben und untersucht werden.

Generelle vs. spezifische Unterstützung

Soziale Unterstützung kann genereller oder spezifischer Art sein (z.b. Cohen & Wills, 1985; Sarason et al., 1990a). Im Gegensatz zur generellen Unterstützung, in der es nur darum geht, ob Unterstützung vorhanden ist, betrachtet die spezifische Unterstützung verschiedene Bereiche, in denen eine Person Unterstützung erfährt. House (1981) unterscheidet in diesem Zusammenhang beispielsweise emotionale, wertschätzende, informative und instrumentelle Unterstützung. Andere Autoren wählen ähnliche Kategorien (vgl. Cutrona & Russell, 1990). Neuere Untersuchungen unterscheiden meist nur noch die zwei Kategorien emotionale und instrumentelle Unterstützung[15] (z.b. Harlow & Cantor, 1996; Rosenbaum & Cohen, 1999; Scheck, Knicki & Davy, 1997). Emotionale Unterstützung dreht sich um das Gefühl, dass andere für einen da sind. Instrumentelle Unterstützung behandelt dagegen konkrete Hilfestellung, die in Form von Informationen oder tatkräftiger Unterstützung bereitgestellt wird. Viele Studien zeigen einen ausgeprägten Zusammenhang zwischen den verschiedenen Kategorien der Unterstützung. Daher liegt es nahe, soziale Unterstützung als ein Gesamtkonstrukt zu betrachten. Cutrona & Russell (1990) schlagen dementsprechend vor, soziale Unterstützung ähnlich wie „Intelligenz" als einen übergeordneten Faktor zu begreifen, dem sich die verschiedenen Arten der Unterstützung, z.b. emotionale und instrumentelle Unterstützung, zuordnen lassen.

Emotionale und instrumentelle Unterstützung können, obwohl sie miteinander korrelieren, je nach Situation unterschiedliche Wirkung haben. Cutrona & Russel (1990) beschreiben in diesem Zusammenhang, welche Art der Unterstützung in welcher Situation die größte positive Wirkung hat. Sie stellen fest, dass die Kontrollierbarkeit einer Situation hierbei der ausschlaggebende Faktor ist. Hat eine Person das Gefühl, die Situation kontrollieren zu können, so zeigt instrumentelle Unterstützung eine positive Wirkung. Bei unkontrollierbaren Situationen wirkt dagegen die emotionale Unterstützung am besten.

Struktur vs. Funktion der Unterstützung

Die Struktur der Unterstützung betrachtet das soziale Netzwerk einer Person, während die Funktion die tatsächliche Art der Unterstützung einer oder mehrerer Personen im Netzwerk beschreibt (Cohen & Wills, 1985). Um die Struktur zu erheben, würde man beispielsweise abfragen, wie viele Freunde, Verwandte, etc. jemand hat, auf die er zurückgreifen kann. Um die Funktion zu erheben, würde man dagegen fragen, ob es eine Person gibt, die Hilfestellung, sei es genereller oder spezifischer Art, leistet.

---

15 Autoren verwenden teilweise den Begriff informative und teilweise instrumentelle Unterstützung, wenn sie diese Kategorie aufzählen. Nach House (1981) beinhaltet instrumentelle Unterstützung direkte tatkräftige Hilfestellung, wohingegen informative Unterstützung Informationen bereitstellt, die teilweise nur Hilfe zur Selbsthilfe bieten (House, 1981). In der vorliegenden Arbeit werden instrumentelle und informative Unterstützung als eine Kategorie aufgefasst. Hierbei stellt instrumentelle Unterstützung den Oberbegriff und informative Unterstützung einen Teil davon dar.

Die ausschließliche Betrachtung des Netzwerkes hat allerdings nur geringe Aussage-kraft (Sarason, Sarason & Pierce, 1990b). In jedem Fall sollte bei der Erhebung der sozialen Unterstützung daher auch die Qualität der Beziehungen und der Unterstüt-zung einbezogen werden.

Erhaltene vs. verfügbare Unterstützung

Eine weitere wesentliche Unterscheidung in der Untersuchung von sozialer Unterstüt-zung ist die Betrachtung der erhaltenen und der verfügbaren sozialen Unterstützung (Dunkel-Schetter & Bennett, 1990). Erstere wird mit der Frage nach der in der Ver-gangenheit tatsächlich erhaltenen Unterstützung erhoben. Die verfügbare Unterstüt-zung beschreibt dagegen Unterstützung, die eine Person in der Zukunft erwartet. Sie wird häufig auch „perceived support" genannt. Diese beiden Maße hängen zwar mehr oder weniger zusammen, sind aber nicht identisch (Sarason et al., 1990b).

Die verfügbare Unterstützung zeigt in vielen Studien größere Wirkung als die tatsäch-liche, in der Vergangenheit erhaltene Unterstützung. Dunkel-Schetter & Bennett (1990) begründen das mit der mangelhaften Erhebung der tatsächlich erhaltenen Un-terstützung. Nach Meinung der Autoren muss der Kontext, in dem die Unterstützung stattfindet, erhoben werden. Es muss ersichtlich sein, ob die Unterstützung zeitlich, örtlich und inhaltlich zu der Situation passt und ob die Person diese annehmen kann, um eine Aussage über den Effekt treffen zu können. Es könnte beispielsweise sein, dass eine Person instrumentelle Hilfestellung in einem Augenblick erhält, in dem sie dafür nicht aufnahmefähig ist und ihr vielleicht nur emotionale Unterstützung helfen würde. Daher würde diese Unterstützung in der beschriebenen Situation auch keinen Effekt zeigen. Dennoch könnte daraus keine Aussage über die generelle Wirkung der Unterstützung getroffen werden.

Im Wesentlichen wird zwischen emotionaler und instrumenteller Unterstützung unterschieden. Untersucht wird hierbei entweder die bereits erhaltene oder die ver-fügbare Unterstützung.

2.4.3. Quellen sozialer Unterstützung

Nach der oben gegebenen Definition kann jeder, der mit einer Person in Interaktion steht, diese auch unterstützen. In den meisten Untersuchungen zur sozialen Unterstüt-zung werden private Quellen wie z.B. Familie und Freunde (z.B. Brunstein, Dangelmayer & Schultheiss, 1996; Diener & Fujita, 1995) oder Personengruppen aus dem Berufsleben wie z.B. Kollegen, Vorgesetzte und Mentoren (z.B. Maier, 1996; Nelson & Quick, 1991) betrachtet. Welche Quellen untersucht werden hängt stark vom

Untersuchungsgegenstand ab. Im beruflichen Umfeld wurden bisher beispielsweise eher Kollegen und Vorgesetzte, selten dagegen der Einfluss der Familie betrachtet (Adams, King & King, 1996).

Oft geht die größte und effektivste Unterstützung (Brunstein et al. 1996; Peterson, 1989; Ruehlman & Wolchik, 1988) von der „wichtigsten" Person aus. Häufig ist das die Familie bzw. der Partner (vgl. Adams et al., 1996; Myers, 1999; NFO Infratest, 2002).

Generell gilt, dass verschiedene Gruppen von Personen auch unterschiedliche Formen der Unterstützung bieten (Sarason et al., 1990a). Darüber hinaus scheint auch die Beziehung zur unterstützenden Person eine Rolle zu spielen. So bezieht Leavy (1983) beispielsweise in seine Definition von sozialer Unterstützung die Qualität der Beziehung mit ein. Auch Hobfoll & Stephens (1990) befinden es für wichtig, dass die unterstützende Person als wertschätzend wahrgenommen wird. Das könnte sicherlich auch ein wesentlicher Grund für die wichtige Funktion sein, die Familie und Partner in der sozialen Unterstützung einnehmen.

Unterstützung kann von allen Personen kommen, mit denen eine Interaktion besteht. Häufig ist die Unterstützung nahe stehender Personen am wirksamsten.

2.4.4. Wirkungsmechanismen

Untersucht wird die soziale Unterstützung v.a. im Zusammenhang mit psychischer und physischer Gesundheit (Sarason et al., 1990b). Häufig wird hierbei die Wirkung der Unterstützung auf Belastung und Stress untersucht, sowohl im privaten- als auch im beruflichen Bereich. Die Untersuchungen ergeben zwei verschiedene Wirkungsmechanismen (Cohen & Wills, 1985; Kahn & Byosiere, 1992; Viswesvaran, Sanchez & Fisher, 1999). Zum einen kann eine direkte, positive Wirkung der sozialen Unterstützung auf die Gesundheit festgestellt werden. Unterstützung bewirkt also beispielsweise, dass man sich gemocht und akzeptiert fühlt und steigert daher das Wohlbefinden. In diesem Fall wirkt soziale Unterstützung auch, ohne dass eine stressige Situation herrscht. Zum anderen führt die soziale Unterstützung zu einem sogenannten „Buffering-Effekt" (vgl. Cohen & Wills, 1985). Hierbei handelt es sich um einen indirekten Effekt, bei dem soziale Unterstützung den Zusammenhang zwischen Stressoren und Gesundheit beeinflusst. Soziale Unterstützung hilft hier also dabei, mit dem Stress richtig umzugehen, so dass er sich nicht so negativ auf die Gesundheit auswirkt. Sie wird in diesem Zusammenhang wie eine Ressource aufgefasst, die bei der Bewältigung von stressigen Situationen hilft. Wann der direkte und wann der indirekte Effekt der sozialen Unterstützung greift, ist noch nicht endgültig geklärt (Cohen & Wills, 1985; Scheck et al., 1997; Viswesvaran, et al., 1999).

Die Ausprägung der sozialen Unterstützung ist nicht nur durch die unterstützende Person und die jeweilige Situation, sondern auch durch die Person, die unterstützt wird, bedingt (Sarason et al., 1990b). Einige Untersuchungen weisen nach, dass die soziale Unterstützung ein relativ stabiles Merkmal ist, das teilweise im Sinne einer Persönlichkeitseigenschaft wirkt. Sarason, Sarason & Shearin (1986) fanden beispielsweise über mehrere Jahre hinweg einen relativ stabilen Wert der sozialen Unterstützung. Es wird vermutet, dass die Ausprägung dieses Merkmals v.a. durch die Güte der Beziehung zu den Eltern beeinflusst wird (Sarason et al., 1990b). Außerdem konnten Zusammenhänge zwischen einigen relativ stabilen Persönlichkeitsmerkmalen wie z.b. Extraversion und der sozialen Unterstützung festgestellt werden (Sarason & Sarason, 1985).

Soziale Unterstützung hat direkten und indirekten Einfluss auf die psychische und physische Gesundheit. Der indirekte Einfluss wird als „Buffering-Effekt" bezeichnet.

FAZIT: Soziale Unterstützung ist ein anerkanntes Konstrukt, das die Hilfestellung anderer Personen beschreibt. Hierbei können unterschiedliche Arten der Unterstützung von unterschiedlichen Personen aus dem Umfeld des Unterstützten wirken.

2.5. MODELLE ZUM ZUSAMMENHANG ZWISCHEN ZIELEN, BERUFS-ERFOLG UND SUBJEKTIVEM WOHLBEFINDEN

Während in den vorherigen Kapiteln die Konzepte der persönlichen Ziele, des SWBs, des Berufserfolgs und der sozialen Unterstützung im Einzelnen dargestellt wurden, geht es im folgenden Abschnitt um integrierende Modelle, die das Zusammenspiel zwischen den beleuchteten Variablen darstellen. Im ersten Modell von Locke und Mitarbeitern stehen Zielsetzungsprozesse im Vordergrund. Das Modell hat wesentlich zur Aufklärung der Zusammenhänge zwischen Zielen und Leistung beigetragen. Das zweite Modell von Abele legt den Schwerpunkt dagegen auf den Berufsverlauf. Hierbei steht der längerfristige Einfluss von Zielen und Selbstwirksamkeitserwartung auf den Erfolg und das SWB im Vordergrund.

2.5.1. Zielsetzungstheorie

Das Modell von Locke und Mitarbeitern (z.B. Locke & Latham, 1984; 1990; Locke, 1997) beschreibt die Auswirkung von Zielen auf Leistung. Das Modell wurde im Rahmen organisationspsychologischer Überlegungen entwickelt und zum größten Teil auch in diesem Bereich getestet (siehe Abbildung 4).

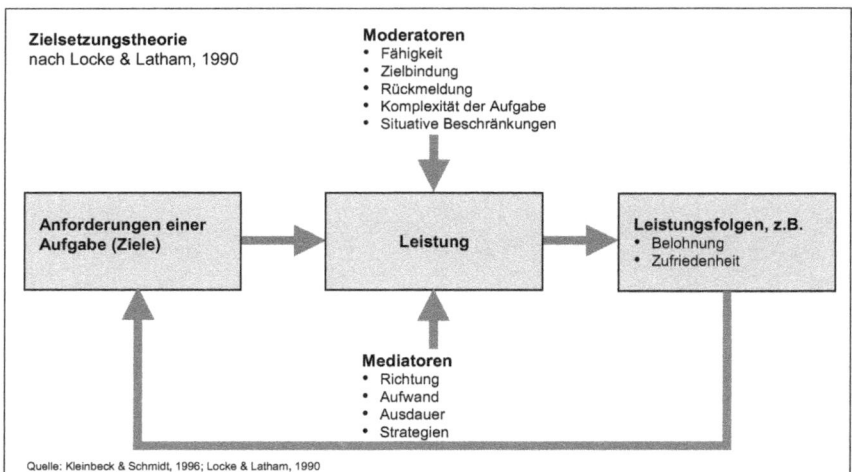

Abbildung 4: Zielsetzungstheorie

Mittelpunkt der Theorie bilden die Ziele, die sich Personen teilweise auf Grund ihrer Persönlichkeit und situativer Faktoren setzen, die aber häufig auch von außen vorgegeben werden. Wichtigste Merkmale der Ziele sind ihre Schwierigkeit und ihre Konkretheit, die in hohem Maße die Leistung der Person beeinflussen (siehe Kapitel 2.5).

Die Leistung wird durch spezifische und schwierige Ziele indirekt durch sogenannte „goals & efficacy mechanisms" (Locke, 1997) oder Mediatoren beeinflusst. Mediatoren können als Richtung, Aufwand, Ausdauer und Strategien, mit denen Aufgaben angegangen werden, aufgefasst werden. Allerdings wird der Grad der Beeinflussung noch durch weitere Faktoren, auch Moderatoren genannt, beeinflusst. Hierzu zählen die oben ausführlich beschriebene Entschlossenheit („commitment"), aber auch Rückmeldung, Fähigkeiten der Person und Komplexität der Aufgabe. Je nach Einfluss der Moderatoren fällt der Ziel-Leistungszusammenhang höher oder niedriger aus. So kann beispielsweise die Komplexität einer Aufgabe gerade bei schwierigen Zielen, eventuell sogar noch unter Zeitdruck und ohne vorheriges Training zur Verhinderung adaequater Strategien führen. Dies wiederum beeinflusst die Leistung negativ (Cervone, Jiwani & Wood, 1991).

Zufriedenheit wirkt nach diesem Modell von Locke und Mitarbeitern entgegen der traditionellen Auffassung (Schmidt & Kleinbeck, 1999) nicht als direkter, leistungssteigernder Faktor. Zufriedenheit wird hier vielmehr als das Resultat guter Leistung gesehen. Gute Leistung führt demnach über intrinsische und extrinsische Belohnung wie z.B. Stolz auf die eigene Arbeit oder einen finanziellen Bonus, zur Zufriedenheit des Mitarbeiters. Zufriedenheit hat wiederum Verbundenheit mit der Organisation zur Folge. Die Verbundenheit mit der Organisation bewirkt wiederum Akzeptanz spezifischer und schwieriger Ziele, die durch die Organisation vorgegeben werden, und trägt somit indirekt zu besserer Leistung bei.

Das beschriebene Modell diente als Anregung für mehr als 400 Studien und trug damit wesentlich zur Aufklärung der Ziel-Leistungszusammenhänge bei (Kleinbeck & Schmidt, 1996; Schmidt & Kleinbeck, 1999). Viele der Studien betrachten hierbei den Ziel-Leistungszusammenhang im Rahmen spezifischer Aufgaben wie z.B. Produktionsabläufe. Das Modell stellt aber nicht den Zusammenhang zu persönlichen Zielen her.

Die Zielsetzungstheorie beschreibt wesentliche Variablen, die Einfluss auf den Ziel-Leistungszusammenhang haben. Hierbei kann sie auf eine breite Basis bestätigter Befunde zurückgreifen. Die Befunde basieren größtenteils auf Untersuchungen mit aufgabenspezifischen Zielen.

2.5.2. Modell zur beruflichen Laufbahnentwicklung (BELA-M)

Ein Modell, das ähnliche Zusammenhänge beschreibt, wurde in anderem Kontext von
Abele entwickelt (Abele, 2002c). Hierbei steht der Berufsverlauf im Vordergrund. Das
Modell deckt Fragestellungen wie z.b. welche Faktoren zum Berufserfolg beitragen,
wie sich die berufliche Entwicklung auf das Wohlbefinden auswirkt, ab. Das Modell
der beruflichen Laufbahnentwicklung (BELA-M) wurde als theoretisches Rahmen-
modell für die Erlanger Längsschnittstudie zur Erforschung beruflicher Entwicklung
nach der Berufsausbildung aufgestellt[16] (Abele, 2002c). Das Modell steht in der Tradi-
tion der psychologischen Berufslaufbahn-Forschung und ist angelehnt an das sozial-
kognitive Modell zur beruflichen Entwicklung von Lent und Mitarbeitern (Lent,
Brown & Hackett, 1994). Lent und Mitarbeiter fokussieren dabei auf die interaktive
Wirkung von Selbstwirksamkeits- und Ergebniserwartung auf Interessen und Ziele.
Das Modell basiert auf der sozial-kognitiven Theorie von Bandura (z.B. Bandura,
1986). Dahinter steht somit die Überzeugung, dass Menschen ihr Handeln im wesentlichen durch die Bewertung der eigenen Kompetenz steuern.

Das BELA-Modell rückt ähnlich wie Lent und Mitarbeiter auch Selbstwirksamkeitserwartung und Ziele in den Vordergrund (siehe Abbildung 5). Es untersucht, inwiefern
sich Ziele und Erwartungen auf Handlungen, also konkrete Aktivitäten und Handlungsergebnisse wie den Berufserfolg und das Wohlbefinden, auswirken. Daneben
werden auch reziproke Einflüsse der Handlungen und Handlungsergebnisse auf Person, Umwelt, Ziele und Erwartungen betrachtet. Das Besondere an diesem Modell ist
zum einen die Integration verschiedenster theoretischer Hintergründe (vgl. Abele,
2000). Neben der sozial-kognitiven Theorie von Bandura werden beispielsweise auch
die Zielsetzungstheorie (z.B. Locke & Latham, 1990) und Handlungsregulationstheo-
rie (z.B. Gollwitzer, 1991) einbezogen. Das Modell betrachtet jedoch auch den privaten Lebensbereich, der in Interaktion mit dem beruflichen Verlauf gesehen wird.
Durch die längsschnittlich angelegte Untersuchung des Modells können außerdem
auch Rückkoppelungsprozesse einbezogen werden. Betrachtet wird die Entwicklung
der Berufslaufbahn, die als ein lebenslanger Entwicklungsprozess gesehen wird (z.B.
Isaacson & Brown, 1997; Osipow & Fitzgerald, 1996).

---

16 Das BELA-Modell besteht aus zwei Modellen: Modell der Lebensplanung und Modell des doppel-
ten Einflusses von Geschlecht (Abele, 2002c). In der vorliegenden Untersuchung wird nur das Modell zur Lebensplanung betrachtet.

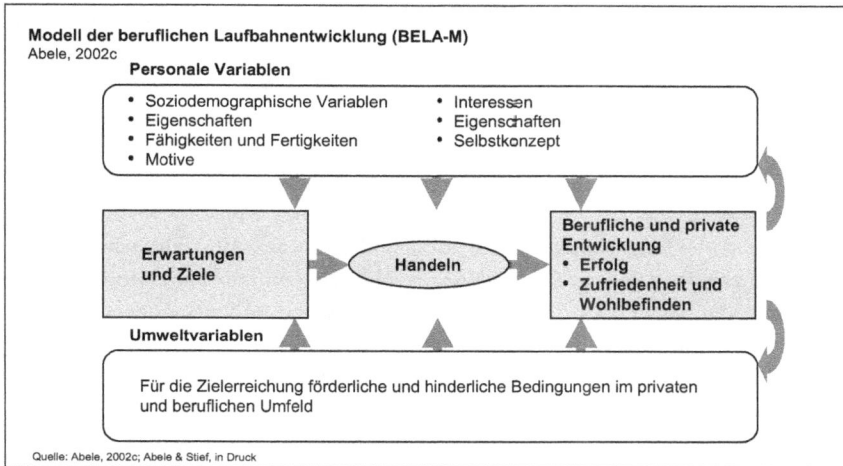

Abbildung 5: Modell zur beruflichen Laufbahnentwicklung

Ziele werden bei Abele und Mitarbeitern im Sinne „persönlicher Ziele" operationalisiert. Die Selbstwirksamkeitserwartung wird gemäß dem sozial-kognitiven Modell von Bandura definiert (z.b. Bandura, 1986) und teilt sich in berufliche Selbstwirksamkeits- und Ergebniserwartung. Der Berufserfolg kann im Sinne der Definition in Kapitel 2.3 sowohl ein objektiv messbares als auch ein subjektiv eingeschätztes Maß sein. Das Wohlbefinden wird, wie in Kapitel 2.2.1 beschrieben, verstanden und ist angelehnt an die hedonische Psychologie (Kahneman, 1999). Die beschriebenen Wirkungszusammenhänge stehen in Interaktion mit personalen Variablen und Umweltvariablen. So beeinflusst beispielsweise die Peergroup einer Person die Berufswahl, gleichzeitig wird die Berufswahl aber wiederum Einfluss auf die Peergroup nehmen. Als personale Variablen fließen z.b. soziodemographische Variablen, Eigenschaften, Motive, Fähigkeiten und Fertigkeiten, Selbstkonzept und Interessen sowie Einstellungen in das Modell ein. Umweltvariablen teilen sich in berufliche und private Variablen. Hier handelt es sich v.a. um die selbst wahrgenommene Einschätzung der Umwelt. Unterschieden werden diese Variablen zudem noch danach, ob sie die Zielverfolgung erleichtern oder behindern. Eine mögliche Variable ist beispielsweise die in Kapitel 2.4 beschrieben soziale Unterstützung, die eine Person zur Bewältigung beruflicher Ziele erhält.

Die ersten Testungen des Modells bestätigen die wesentlichen Zusammenhänge (z.B. Abele, 2002c; Abele & Stief, in Druck; Stief, 2001). Die für die vorliegende Arbeit entscheidenden Erkenntnisse sind in den Empirieteil eingeflossen. Die Selbstwirksamkeitserwartung wird in dieser Arbeit nicht betrachtet.

Das umfassende Modell zur Laufbahnentwicklung geht neben den Zusammenhängen von Zielen und beruflichem Erfolg bzw. SWB auch umfassend auf beeinflussende Personen- und Umweltvariablen ein. Damit deckt das Modell alle in der Untersuchung behandelten Facetten ab und eignet sich sehr gut als theoretische Grundlage für die vorliegende Arbeit.

FAZIT: Sowohl die Zielsetzungstheorie als auch das Modell zur beruflichen Laufbahnentwicklung skizzieren mit unterschiedlichem Fokus ähnliche Zusammenhänge zwischen Zielen, Leistung und Wohlbefinden. Obwohl ersteres Modell etablierter und besser untersucht ist, deckt das Modell zur Laufbahnentwicklung ein breiteres Spektrum an Einflüssen und Zusammenhängen ab und wird daher als wesentliche Grundlage der Untersuchung verstanden.

3. Empirie

In dem vorherigen Kapitel wurden erst die einzelnen Bestandteile des BELA-Modells und schließlich das Modell selbst beschrieben. In erster Linie geht es in dem Modell um Ziele und den Einfluss von Zielen auf verschiedene Variable wie z.b. das SWB und den Berufserfolg. Welche Erkenntnisse zu diesen Zusammenhängen tatsächlich bereits gewonnen wurden, wird im folgenden Kapitel beschrieben.

3.1. ZIELE ALS PRÄDIKTOREN SUBJEKTIVEN WOHLBEFINDENS

Wie wirken sich persönliche Ziele auf das SWB aus? Diese Frage ist bereits relativ detailliert untersucht worden, führt aber nicht immer zu schlüssigen Antworten. Im Folgenden werden die wesentlichen Ergebnisse dargestellt.

3.1.1. Der Einfluss von Zielinhalten auf das subjektive Wohlbefinden

Der Einfluss von Zielinhalten auf das SWB ist mehrfach untersucht worden und zeigt unterschiedliche Ergebnisse auf.

Motiven wird eine wesentliche Rolle bei der Betrachtung von Zielinhalten beigemessen. Emmons (1991) stellt beispielsweise fest, dass Motive (McClelland, 1997), die durch ein Ziel repräsentiert werden, Einfluss auf den Gefühlszustand einer Person haben. So führt die Verfolgung von Machtzielen eher zu negativem, die Verfolgung von Intimitätszielen, dem Streben nach Liebe und Geborgenheit, eher zu positivem Affekt. Auch Halisch & Geppert (1998) finden bei älteren Personen mit Affiliationszielen, dem Streben nach Akzeptiert- und Gemochtwerden (McClelland, 1987), die größte Lebenszufriedenheit. Brunstein, Lautenschlager, Nawroth, Pöhlmann & Schultheiss (1995; Brunstein & Schultheiss, 1996; Brunstein, Schultheiss & Grässmann, 1998) schränken diese Befunde allerdings ein. Sie zeigen, dass höheres SWB von der Motivkongruenz abhängt, nicht von dem tatsächlichen Inhalt des Ziels. Demnach verfügen Personen, deren Ziele an ihren Motiven orientiert sind, über das größte SWB. Eine Person, die beispielsweise eine starke Ausprägung des Intimitätsmotivs hat, würde sich dann besonders wohl fühlen, wenn ihre Ziele sich um Partnerschaft oder andere enge Beziehungen drehen würden.

Als weiterer Einflussfaktor wurden intrinsische vs. extrinsische Ziele identifiziert (Cantor & Sandersen, 1999; Emmons, Cheung & Tehrani, 1998; Kasser & Ryan, 1993; Sheldon & Kasser, 1995; Wheeler, Munz & Jain, 1990). Intrinsische Ziele wie z.B. Streben nach Gemeinschaft oder Selbstverwirklichung, fördern demnach eher das Wohlbefinden als extrinsische Ziele wie z.b. Streben nach Macht, Überlegenheit und materiellen Dingen (Diener & Oishi, 2000).

Roberson (1990) findet im beruflichen Umfeld einen Zusammenhang zwischen positiven Zielen und Arbeitszufriedenheit. Dieses Ergebnis entspringt einer Befragung von 150 Mitarbeitern von Non-Profit-Organisationen über persönliche Ziele im Berufsleben und deren Einfluss auf die Arbeitszufriedenheit. Ein positives Ziel könnte beispielsweise „eine Beförderung erhalten", ein negatives Ziel „die Entlassung vermeiden" sein.

Hinsichtlich der Zielorientierung findet Dykman (1998) heraus, dass Ergebnisziele einen Prädiktor, Lernziele dagegen einen negativen Prädiktor für Depression darstellen. Begründet wird dies v.a. mit der Hilflosigkeitserfahrung, die bei Nicht-Erreichung von Ergebniszielen entsteht. Diese konnte auch in Studien induziert werden und war mit negativem Affekt verbunden (Elliott & Dweck, 1988).

Man geht davon aus, dass Motive, an denen Ziele ausgerichtet sind, einen Einfluss auf das SWB haben. Zudem scheinen intrinsische im Gegensatz zu extrinsischen Zielen das Wohlbefinden positiv zu beeinflussen. Positive Ziele wirken sich darüber hinaus positiv auf die Arbeitszufriedenheit aus. Ergebniszielorientierung wirkt sich negativ auf die Stimmung aus.

3.1.2. Der Einfluss von Zielmerkmalen auf das subjektive Wohlbefinden

Die Zusammenhänge zwischen Zielmerkmalen und dem SWB sind relativ gut untersucht, führen aber nicht immer zu einheitlichen Ergebnissen.

Zu den Merkmalen **Entschlossenheit** und **Erreichbarkeit** gibt es unterschiedliche Aussagen. Einige Untersuchungen weisen einen direkten Effekt von Erreichbarkeit (Brunstein, 1999; Halisch & Geppert, 1998; Roberson, 1990; Ruehlmann & Wolchik, 1988) und Entschlossenheit (Emmons, 1986) auf das SWB nach[17]. Andere Untersuchungen finden dagegen nur einen bedingten Effekt dieser Merkmale. Diese Studien zeigen, dass die Erreichbarkeit nur bei gleichzeitiger hoher Entschlossenheit einen positiven Einfluss auf das SWB hat. Bei geringer Entschlossenheit hat die Erreichbarkeit dagegen keinen Einfluss auf das SWB (Brunstein, 1993; Maier, 1996). Ein ähnliches Ergebnis zeigt eine Studie, in der die Versuchspersonen (Vpn) nur ihre

---

[17] Wie in 2.1.2.2 beschrieben unterscheiden sich die Operationalisierungen von Erreichbarkeit und Entschlossenheit zwischen den Studien. Bei Emmons (1986) setzt sich die Variable Entschlossenheit beispielsweise aus „commitment", „value" und „importance" zusammen, Roberson bezieht nicht direkt Erreichbarkeit, sondern Erfolgswahrscheinlichkeit in seine Untersuchung mit ein. Meist sind die Merkmale der genannten Ergebnisse aber vergleichbar mit den hier genutzten Definitionen dieser Merkmale.

zwei wichtigsten Ziele nennen sollten (Halisch & Geppert,1998). Die Autoren finden einen direkten Effekt der Erreichbarkeit auf das SWB, aber nur einen marginalen Interaktionseffekt zwischen Erreichbarkeit und Entschlossenheit. Sie erklären den eher geringen Interaktionseffekt damit, dass die Einschränkung auf die wichtigsten zwei Ziele eine überwiegend hohe Entschlossenheit mit geringer Streuung zur Folge hat.

Zielschwierigkeit weist dagegen durchgehend einen negativen Zusammenhang mit dem SWB auf. Emmons (1992) findet bei „high-level strivings", schwierigen und abstrakten Zielen, geringeres psychisches Wohlbefinden als bei „low-level strivings". Grund dafür könnte die größere Diskrepanz zwischen Ist- und Sollzustand bei schwierigen Zielen sein, v.a. wenn man Zufriedenheit als Reduktion von Diskrepanz zwischen Ist- und Sollzustand auffasst (vgl. Diener, 1984). Passend zu dieser Annahme differenzieren sich nach Palys & Little (1983) zufriedene von nicht zufriedenen Personen durch weniger schwierige Ziele. Widersprechend erscheinen auf den ersten Blick die Ergebnisse der Metaanalyse zum Thema Arbeitszufriedenheit von Loher, Noe, Moeller & Fitzgerald (1985). Demnach führt höhere Komplexität des Berufs zu größerer Arbeitszufriedenheit. Das trifft allerdings nur auf Personen zu, die ein großes Wachstumsbedürfnis aufweisen. Näher betrachtet muss dieses Ergebnis aber kein Widerspruch zu dem vorher berichteten negativen Zusammenhang zwischen Schwierigkeit und SWB darstellen. Innerhalb eines komplexen Berufs können schließlich wiederum schwierig und leicht zu erreichende Ziele gesetzt werden.

Hinsichtlich der **Konkretheit** der Ziele gibt es keine klaren Aussagen. Emmons (1992) zeigt zwar, dass wenig Konkretheit im Rahmen der „high-level strivings" zu weniger psychischem Wohlbefinden führt, Sheldon & Kasser (1998) konnten diese Ergebnisse dagegen nicht bestätigen. Auch bei Emmons (1992) könnte der Effekt auf die größere Schwierigkeit anstatt auf die fehlende Konkretheit der „high-level strivings" zurückzuführen sein. Somit bleibt der tatsächliche Einfluss der Konkretheit auch hier unklar.

Der Einfluss von Zielmerkmalen auf das SWB lässt unterschiedliche Aussagen zu. Entschlossenheit und Erreichbarkeit wirken meist in Interaktion auf das SWB. Erreichbarkeit kann sich aber auch direkt positiv auf das SWB auswirken. Zielschwierigkeit wirkt sich negativ auf das SWB aus. Der Einfluss von Konkretheit auf das SWB kann nicht eindeutig nachgewiesen werden.

3.1.3. Der Einfluss von Zielkonflikten auf das subjektive Wohlbefinden

Insgesamt gibt es zwar viele Betrachtungen von Rollenkonflikten und der Vereinbarkeit von Beruf und Familie, aber nur wenige Untersuchungen zu tatsächlichen Zielkonflikten. Bestehende Studien zu Zielkonflikten hinsichtlich persönlicher Ziele gehen hauptsächlich auf Emmons und Kollegen zurück und basieren größtenteils auf studentischen Stichproben.

Emmons (1986) und Emmons & King (1988) zeigen einen Zusammenhang zwischen Zielkonflikten und negativem Gefühlszustand bzw. weniger Lebenszufriedenheit. Zielkonflikte werden hierbei mit Hilfe der „striving instrumentality matrix" erhoben. Darin beurteilen die Befragten, inwieweit sich die selbst genannten persönlichen Ziele gegenseitig beeinträchtigen. Auch Palys & Little (1983) konnten in ihrer Befragung von 150 Studenten zum Einfluss von persönlichen Zielen auf die Lebenszufriedenheit einen positiven Zusammenhang zwischen Lebenszufriedenheit und geringen Zielkonflikten feststellen. Ebenso finden Sheldon & Kasser (1995) in ihrer Untersuchung einen positiven Zusammenhang der vertikalen bzw. horizontalen Kohärenz der Ziele (vgl. Kapitel 2.1.2.3) und der Zufriedenheit bzw. Stimmung, wenngleich dieser Zusammenhang relativ gering ist. Winell (1987) berichtet über Trainings zur Veränderung der Zielhierarchie, so dass die Ziele auf den verschiedenen Ebenen besser zueinander passen. Die Teilnehmer der Trainings beurteilen dieses Vorgehen als sehr positiv.

Im beruflichen Kontext wurde bisher eher generell der Konflikt zwischen Arbeit und Familie betrachtet, ohne auf Ziele einzugehen (vgl. Baltes & Dickson, 2001). Eine Metaanalyse zu den Studien, in denen der Konflikt zwischen Arbeit und Familie betrachtet wurde, ergibt insgesamt einen negativen Zusammenhang zwischen dem Konflikt und der Arbeits- sowie Lebenszufriedenheit (Kossek & Ozeki, 1998). Die Autoren stellen aber fest, dass der Zusammenhang zwischen Konflikt und Zufriedenheit je nach Erhebungsinstrumenten und in Abhängigkeit einiger anderer Variablen wie z.B. Geschlecht oder Familienstand differiert.

Ein weiteres Indiz für den negativen Einfluss von Zielkonflikten liefert eine Studie über den Berufsverlauf von Ärzten im Rahmen der Erlanger Längsschnittstudie (Abele, 2002a). Ärztinnen mit der Doppelbelastung Familie und Beruf berichten hierbei über weniger Lebenszufriedenheit als Ärztinnen, die den Beruf aufgegeben haben, um sich nur noch der Familie zu widmen. Bei männlichen Ärzten gibt es keine Unterschiede. Zwar werden hier keine Ziele, sonder konkrete Lebensaufgaben beschrieben, dennoch können die Ergebnisse als Indiz für die oben beschriebenen Zusammenhänge gelten.

Die einzige Studie (Wiese, 2000) zu dem Einfluss von multiplen Zielen (vgl. 2.1.2.3) und Zielkonflikten von Berufstätigen auf das Wohlbefinden ergibt widersprüchliche Ergebnisse. Die Befragung von 200 Berufstätigen zum Thema beruflicher und familiärer Zielstrukturen teilt persönliche Ziele nach beruflichen und familiären Zielen ein. Es kommt heraus, dass Vpn, die gleichzeitig berufliche und familiäre Ziele verfolgen, weniger gute Stimmung aufweisen als Vpn, die sich gegenwärtig nur auf einen der beiden Zielbereiche fokussieren[18]. Überraschend sind dabei die Ergebnisse zum wahrgenommenen Zielkonflikt zwischen den Zielen. Personen, die gegenwärtig nur Ziele aus einem Zielbereich, z.b. nur berufliche Ziele, verfolgen, berichten über größere Zielkonflikte, als Personen, die gleichzeitig familiäre und berufliche Ziele verfolgen. D.h. die Verfolgung von Zielen aus nur einem Lebensbereich wird zwar als konfliktreicher wahrgenommen, führt aber dennoch zu besserer Stimmung. Diese Ergebnisse passen somit nicht zu den vorher berichteten Zusammenhängen zwischen Zielkonflikten und SWB.

Untersuchungen zu Zielkonflikten wurden überwiegend mit Studenten durchgeführt. Insgesamt scheinen sich Zielkonflikte negativ auf das Wohlbefinden auszuwirken. Die einzige Studie, die persönliche Ziele und beruflichen Erfolg kombiniert, lässt allerdings Fragen nach dem Zusammenhang zwischen subjektiver Einschätzung der Konflikthaftigkeit und Wohlbefinden offen.

FAZIT: Der Einfluss von persönlichen Zielen auf das SWB ist gut untersucht. Dabei überwiegen Studien mit studentischen Stichproben. Hinsichtlich der Wirkung von Zielkonflikten steht die Klärung des tatsächlichen Zusammenhangs mit dem SWB noch aus.

3.2. ZIELE ALS PRÄDIKTOREN VON BERUFSERFOLG

Ziele gehören immer häufiger zum festen Bestandteil von Bewertungs- und Vergütungssystemen in Unternehmen. Welchen Einfluss Ziele im Detail auf die Leistung[19], bzw. den Berufserfolg haben, wird in diesem Kapitel beschrieben.

---

18 Wiese (2000) misst die Fokussierung mit Hilfe der Variable „Zielverpflichtetheit". Diese Variable gibt an, wie wichtig das Ziel für eine Person ist und wie sehr das Ziel Denken und Handeln der Person bestimmt.

19 Da viele Studien zu diesem Gegenstand nicht den Berufserfolg, sondern die Leistung in einer spezifischen Aufgabe betrachten, werden im Folgenden beide Begriffe genannt.

3.2.1. Der Einfluss von Zielinhalten auf den Berufserfolg

3.2.1.1. Zielinhalt

Wie bereits angedeutet, gibt es sehr wenige Studien, die den Einfluss von Zielinhalt auf den Berufserfolg untersuchen.

Stief (2001) beschäftigt sich in ihrer Längsschnittstudie mit über 1200 Vpn zum Erlanger BELA-Modell (Abele, 2002c) unter anderem mit dem Einfluss von Zielinhalten auf den Berufserfolg. Demnach sind Vpn, die berufliche Ziele, oder berufliche Ziele in Kombination mit familiären Zielen angeben, sowohl objektiv als auch subjektiv[20] beruflich erfolgreicher als Personen, die nur familiäre Ziele verfolgen. Bei Männern ist dieser Effekt allerdings nicht so stark ausgeprägt wie bei Frauen (siehe unten). Passend dazu konnte auch Abele (2002c) bei beruflich erfolgreichen Vpn in der geschlossenen Abfrage höhere Werte bei Karrierezielen feststellen.

Rosenstiel (1989) findet ähnliche Ergebnisse. In einer Längsschnittstudie erhebt er verschiedene Wertorientierungen von jungen Akademikern. Er unterscheidet dabei drei Typen: karriereorientiert, freizeitorientiert oder alternativorientiert, d.h. Personen mit beruflichem Engagement, aber eher negativer Einstellung zur Arbeit. Karriereorientierung wirkt sich auch hier am besten auf den beruflichen Erfolg aus.

Van der Sluis & Peiperl (2000) fanden heraus, dass das Gehalt von MBA-Absolventen, umso höher ist, je stärker sie sich selbst Ziele für ihre eigene Entwicklung und ihren eigenen Lernprozess setzen.

In einer Untersuchung von Wayne et al. (1999) konnte dagegen kein Einfluss von „Karriereplanung" auf den Berufserfolg gefunden werden. Karriereplanung beinhaltet hierbei sowohl das Vorhandensein von Karrierezielen als auch konkrete Pläne, diese zu erreichen.

3.2.1.2. Zielorientierung

Wie oben beschrieben hat die Zielorientierung Einfluss auf die Wahrnehmung, Interpretation und Reaktion einer Person auf Leistungssituationen. Welchen Einfluss hat Lernziel- oder Ergebniszielorientierung somit auf den Berufserfolg? Bisher gibt es nur wenige Studien, die Zielorientierung im beruflichen Kontext untersucht haben. Diese Untersuchungen führen zu uneinheitlichen Ergebnissen.

Studien aus dem universitären oder schulischen Kontext weisen einen positiven Einfluss der Lernzielorientierung auf die Leistung nach (Ames & Archer, 1988; Elliott & Dweck, 1988; Nicholls 1984; Utman, 1997; Winters & Latham, 1996).

---

20 Der Einfluss auf subjektiven Berufserfolg konnte allerdings nicht bei Geisteswissenschaftlern festgestellt werden.

Ein Teil der Untersuchungen im beruflichen Umfeld ergeben auch einen leistungssteigernden Effekt der Lernzielorientierung (Archer, 1994; Sujan et al., 1994; VandeWalle, Brown, Cron & Slocum, 1999). Alle Studien messen die Zielorientierung als Eigenschaft einer Person, nicht als zielbezogene Dimension. VandeWalle et al. (1999) und Sujan et al. (1994) stellen beispielsweise bei Vertriebsmitarbeitern einen positiven Effekt der Lernzielorientierung auf die Leistung fest. In beiden Untersuchungen wurde dieses Ergebnis allerdings durch eine dritte Variable moderiert. Bei VandeWalle und Mitarbeitern führt Lernzielorientierung zu Selbstregulationstaktiken wie z.b. besserer Planung, die sich wiederum positiv auf die Leistung, gemessen am Umsatz, auswirken. Ähnlich bewirkt auch bei Sujan und Mitarbeitern die Lernzielorientierung hohe Arbeitsintensität und „smarte" Arbeitsweise mit dem Einsatz von guter Planung und Verkaufstaktiken. Dies wiederum bedingt die gute Leistung. Ergebniszielorientierte Personen zeigen dagegen weniger „smarte" Arbeitsweise. In anderen Studien konnte passend dazu gezeigt werden, dass Ergebnisorientierung die Aufmerksamkeit von der tatsächlichen Lösung des Problems abziehen und die Leistung somit verschlechtern kann (Kanfer & Ackerman, 1989; Winters & Latham, 1996).

Es gibt aber auch Studien, in denen die Kombination aus Lern- und Ergebniszielorientierung zu den besten Leistungen führen. Diese Studien betrachten die zielbezogene Orientierung. D.h. eine Person kann z.b. lernorientierte Ziele, lern- und ergebnis- oder nur ergebnisorientierte Ziele haben. Stief (2001) konnte in der bereits erwähnten Studie einen Einfluss beider Zielorientierungen auf den Berufserfolg feststellen. Einzeln hatten sie keinen Einfluss auf den objektiven Berufserfolg[21]. Zu vergleichbaren Ergebnissen kommt eine Längsschnittstudie mit im Berufsleben stehenden Mathematikern (Abele et al., 2002). Hier wird der größte Effekt auf berufliche Leistung wiederum bei der Kombination von Lern- und Ergebniszielen gefunden. Auch Barron & Harackiewicz (2001) weisen in ihrer Studie an Studenten auf den positiven Einfluss beider Orientierungen hin. Sie bezeichnen diese Orientierung als „multiple goal perspective" im Vergleich zu der oben beschriebenen „learning goal perspective". So konnten die Autoren zeigen, dass Lernorientierung zu mehr Interesse an der Aufgabe führt, Ergebnisorientierung aber zu besseren Ergebnissen führen kann.

Der Einfluss von Zielinhalten auf den beruflichen Erfolg wurde bisher wenig untersucht. Erste Erkenntnisse weisen auf einen positiven Einfluss von beruflichen Zie-

---

21 Stief (2001) stellte allerdings einen positiven Einfluss von Ergebniszielen auf den subjektiven Berufserfolg fest. Eine mögliche Erklärung dafür könnte die Tatsache sein, dass es einfacher ist, Erfolg anhand von konkreten Ergebniszielen einzuschätzen, da hier quantitative oder qualitative Kenngrößen zur Einschätzung herangezogen werden können. Bei Lernzielen ist dies meist nicht gegeben.

len auf den Berufserfolg hin. Hinsichtlich der Orientierung konnten keine einheitli-
chen Ergebnisse gefunden werden. Teilweise wird der Lernzielorientierung alleine
oder aber in Kombination mit der Ergebniszielorientierung eine positive Wirkung
auf die Leistung nachgesagt.

3.2.2. Der Einfluss von Zielmerkmalen auf den Berufserfolg

Zielmerkmale gehören wohl zu den am besten untersuchten Phänomene im Gebiet der
Zieltheorien. Insgesamt beziehen sich die gewonnenen Erkenntnisse allerdings eher
auf die Leistung bei der Bewältigung spezifischer Aufgaben wie z.b. Rechenaufgaben
als auf den generellen Berufserfolg und überwiegend auf konkrete, quantitative aufga-
benbezogene Ziele, z.b. Anzahl der Rechnungen in vorgegebenem Zeitraum als auf
persönliche Ziele aus allen Lebensbereichen (Locke & Latham, 1990; Maier, 1996;
Wright, O'Leary-Kelly, Cortina, Klein & Hollenbeck, 1994). Im Rahmen dessen wurden zwar auch einige Felduntersuchungen im organisatorischen Kontext durchgeführt,
hierbei handelte es sich aber überwiegend um Bürotätigkeit oder Montage- und Pro-
duktionsaufgaben (Locke & Latham, 1990). Es gibt bisher nahezu keine Studien aus
dem Aufgabenbereich des höheren Managements, wenn man Computersimulationen
außer Acht lässt.

Der Einfluss von **Zielschwierigkeit** auf die zielrelevante Leistung bei der Bearbeitung
einer Aufgabe ist sehr gut untersucht. Ein leistungssteigernder Effekt durch schwierige
im Vergleich zu leichten Zielen gilt als nachgewiesen (Locke & Latham, 1990; Locke
et al., 1981; Mento, Steel & Karren, 1987; Tubbs, 1986). Allerdings gibt es auch Studien, die einen negativen Effekt von Schwierigkeit auf die Leistung herausfinden.
Earley, Connolly & Ekergren (1989) und Wood, Bandura & Bailey (1990) fanden beispielsweise heraus, dass Schwierigkeit die Suche nach geeigneten Lösungsstrategien
und somit auch die Leistung einschränken kann. Locke (1994) erklärt diesen Effekt
mit dem erhöhten Druck, der durch schwierige Ziele auf Personen lasten kann. Nach
Locke ist dies vor allem bei komplexen Aufgaben ein Problem, da gerade dort adä-
quate Problemlösestrategien nötig sind. Insgesamt geht er daher von einem geringeren
Einfluss von Schwierigkeit bei komplexen Aufgaben aus. Zu dem Einfluss der
Schwierigkeit persönlicher Ziele auf Leistung gibt es nahezu keine Aussagen (vgl.
Roberson, 1990). Sheldon & Kasser (1998) finden bei Studenten einen negativen,
wenn auch nicht signifikanten Zusammenhang zwischen Schwierigkeit der Ziele und
dem Semesterfortschritt.

Konkretheit wird im Rahmen der Zielsetzungstheorie meist im Zusammenhang mit
Schwierigkeit getestet. Schwierige und konkrete Ziele führen zu besseren Leistungen

als „Do-your-best-" oder keine Ziele[22] (z.B. Locke & Latham, 1990; Locke et al., 1981; Mento et al., 1987; Tubbs, 1986). Konkretheit erleichtert den Mitarbeitern das Verständnis und die Beobachtung der Zielerreichung, was nach Lee et al. (1989) der Grund für den positiven Einfluss auf die Leistung darstellt.

Sucht man allerdings einen Nachweis für den Einfluss von Zielschwierigkeit und Konkretheit persönlicher Ziele auf den Berufserfolg, so lassen sich kaum Studien dazu finden. Eine Ausnahme bildet die Arbeit von Stief (2001). Die Autorin findet allerdings keinen Zusammenhang zwischen Konkretheit beruflicher Ziele und dem Berufserfolg.

Bestehende Untersuchungsergebnisse zeichnen kein eindeutiges Bild von dem Einfluss der **Entschlossenheit** und der **Erreichbarkeit** auf die Leistung bzw. den Erfolg. Aus dem Großteil der Studien ergibt sich nur ein indirekter Einfluss der Entschlossenheit auf die Leistung. Die Studien aus dem Bereich der Zielsetzungstheorie fokussieren dabei auf den moderierenden Einfluss der Entschlossenheit auf den Zielschwierigkeits-Leistungs-Zusammenhang (z.B. Locke, 1997; Locke & Latham, 1990; Wofford, Goodwin & Premack, 1992). Dementsprechend wäre z.B. die absolute Leistung einer Person mit dem Ziel „ich will 30 Min. joggen" wahrscheinlich schlechter als die einer Person mit dem Ziel „ich will 60 Min. joggen", auch wenn beide Personen dieses Ziel mit der gleichen Entschlossenheit verfolgen.[23]

Studien zu persönlichen Zielen berichten dagegen von einem moderierenden Effekt der Entschlossenheit auf den Zusammenhang zwischen Erreichbarkeit und Leistung (z.B. Brunstein, 1993; Brunstein & Schultheiss, 1996; Maier, 1996; Sheldon & Kasser, 1998). Maier (1996) untersucht in einer Längsschnittstudie persönliche Ziele von Berufseinsteigern und deren Einfluss auf die Eingliederung und den Zielfortschritt. Entschlossene Berufseinsteiger, die ihre Ziele als erreichbar einschätzen, zeigen größeren Zielfortschritt als entschlossene Berufseinsteiger, die ihre Ziele als wenig erreichbar einschätzen. Entschlossenheit zeigt also nur in Kombination mit Erreichbarkeit eine Wirkung auf den Zielfortschritt. Brunstein (1993) kommt in seiner Untersuchung an Studenten zu dem gleichen Ergebnis.

---

22 Zwar finden sich ein paar Studien (z.B. Klein, Whitener & Ilgen, 1990), die auch unabhängig von der Schwierigkeit der Aufgabe eine Leistungssteigerung bei konkreten Zielen nachweisen, die Mehrzahl der Untersuchungen berichtet aber von dem gemeinsamen Effekt (vgl. Locke & Latham, 1990).

23 Donovan & Radosevich (1998) kritisieren jedoch in ihrer Metaanalyse zum moderierenden Einfluss von Entschlossen-heit die Uneinheitlichkeit, mit der Entschlossenheit definiert und operationalisiert wird (vgl. 2.1.2.2). Sie finden in ihrer Untersuchung im Gegensatz zu den sonstigen Ergebnissen nur geringe Varianzaufklärung durch den Einfluss von Entschlossenheit.

Teilweise kann aber auch ein direkter Effekt von Entschlossenheit und Erreichbarkeit gefunden werden. Brunstein & Maier (1996) berichten neben einem Interaktionseffekt zwischen Entschlossenheit und Erreichbarkeit auch direkte Effekte beider Variablen auf den Zielfortschritt. Ebenso zeigt Roberson (1989) einen direkten Einfluss der Entschlossenheit auf zielgerichtetes Verhalten. Roberson untersucht an 170 Arbeitnehmern den Einfluss von Zielmerkmalen beruflicher Ziele auf zielgerichtetes Verhalten. Die Ergebnisse zeigen, dass hohe Entschlossenheit eine direkte Steigerung von zielgerichtetem Verhalten zur Folge hat. Auch Renn, Danehower, Swiercz & Icenogle (1999) berichten über einen direkten Zusammenhang zwischen Entschlossenheit und Leistung bei Mitarbeitern einer amerikanischen Firma.

Untersuchungsergebnisse deuten darauf hin, dass sich die Zielschwierigkeit positiv auf den Berufserfolg auswirkt. Eine positive Wirkung der Konkretheit auf den Berufserfolg konnte dagegen vor allem bei persönlichen Zielen bisher nicht eindeutig nachgewiesen werden. Der Entschlossenheit wird ein moderierender Einfluss auf die Leistung nachgesagt. Sowohl bei der Entschlossenheit wie bei der Erreichbarkeit konnte aber teilweise auch ein direkter positiver Einfluss auf die Leistung bzw. den Erfolg gefunden werden.

3.2.3. Der Einfluss von Zielkonflikten auf den Berufserfolg

Zu dem Einfluss von wahrgenommenem Zielkonflikt zwischen persönlichen Zielen und dem Berufserfolg ist keine Untersuchung bekannt. Der Zusammenhang zwischen multiplen persönlichen Zielen und beruflicher Leistung wurde bisher nur bei Stief (2001) untersucht.

Stief (2001) findet nur bei Frauen einen negativen Effekt von multiplen Zielen auf den Berufserfolg. Frauen, die sowohl berufliche als auch familiäre Ziele verfolgen, weisen einen geringeren Berufserfolg auf als Frauen mit nur beruflichen Zielen. Dieser Effekt besteht auch, wenn man nur vollzeitbeschäftigte Frauen berücksichtigt. Bei Männern haben multiple Ziele keine Auswirkung auf den Berufserfolg. Ein Grund für den negativen Einfluss von multiplen Zielen bei Frauen könnte der wahrgenommene Zielkonflikt sein, der bei Frauen größer sein könnte als bei Männern. Dieser wurde hier aber nicht erhoben.

Emmons & King (1988) stellen fest, dass Zielkonflikte bei persönlichen Zielen weniger zielführende Handlungen zur Folge haben, aber die Tendenz zum Grübeln mit sich bringen. Die Vermutung liegt hier nahe, dass die Reduktion der zielführenden Handlungen und die fehlende Aufmerksamkeit, die durch das Grübeln entsteht, zu Leistungseinbußen führt. Eine Studie von Locke et al., 1994, die aufgabenspezifische Ziele und Leistung untersucht, findet auch einen negativen Einfluss von Zielkonflikten auf die berufliche Leistung. Bei 274 Professoren wurde hierbei der Zielkonflikt zwischen

Forschung und Lehre betrachtet. Professoren mit hohem Zielkonflikt zeigten hierbei schlechtere Leistung in der Forschung[24].

Studien aus einem anderen Forschungsbereich, nämlich zum Einfluss des generellen Konflikts zwischen Arbeit und Familie, zeigen einen negativen Einfluss des Konflikts auf den Berufserfolg (Frone, Yardley & Markel, 1997).

Multiple Ziele und Zielkonflikte wurden kaum in Bezug auf persönliche Ziele und den Berufserfolg untersucht. Vorhandene Studien lassen darauf schließen, dass Zielkonflikte den beruflichen Erfolg negativ beeinflussen. Die negative Wirkung von multiplen persönlichen Zielen auf den Berufserfolg wurde dagegen nur bei Frauen festgestellt.

FAZIT: Untersuchungen zum Einfluss von Zielkonflikten und Zielinhalten persönlicher Ziele auf den Berufserfolg sind selten. Hinsichtlich des Einflusses von Zielmerkmalen fehlen klärende Erkenntnisse zur Konkretheit und der Entschlossenheit bzw. Erreichbarkeit.

3.3. DER EINFLUSS VON SOZIALER UNTERSTÜTZUNG AUF DEN BERUFS-ERFOLG UND DAS SUBJEKTIVE WOHLBEFINDEN

Soziale Unterstützung wird hauptsächlich im Zusammenhang mit physischer und psychischer Gesundheit untersucht (House, 1981; Sarason et al., 1990b). Betrachtet wird hierbei sowohl die generelle[25], also nicht zielbezogene Unterstützung, im privaten wie auch im beruflichen Bereich. Selten wurde dagegen bisher die Unterstützung von persönlichen Zielen untersucht (Brunstein et al. 1996; Diener & Fujita, 1995; Maier, 1996; Ruehlman & Wolchik, 1988). Welcher Einfluss der sozialen Unterstützung von persönlichen Zielen auf den Zielkonflikt, das SWB und den Berufserfolg bereits nachgewiesen werden konnte, wird im Folgenden skizziert.

---

24 Die Leistung in der Lehre wurde nicht signifikant negativ durch den Zielkonflikt beeinflusst.

25 In Kapitel 2.4.2 wurde der Begriff der „generellen Unterstützung" in Abgrenzung zur spezifischen Unterstützung wie z.b. emotionale und instrumentelle Unterstützung, eingeführt. Hier wird der Begriff in Abgrenzung zur zielbezogenen Unterstützung eingesetzt. Um Unklarheiten zu vermeiden, wird zusätzlich jeweils der Begriff „nicht zielbezogene" Unterstützung angeführt.

3.3.1. Der Einfluss von sozialer Unterstützung auf den Zielkonflikt

Wie sich die soziale Unterstützung persönlicher Ziele auf den Zielkonflikt auswirkt, wurde bisher noch nicht untersucht. Daher müssen erste Schlüsse aus verwandten Forschungsgebieten gezogen werden.

Scheck et al. (1997) finden heraus, dass die soziale Unterstützung durch verschiedene Personen den wahrgenommenen Stress verringert. In einer Metaanalyse von Viswesvarav et al. (1999) zeigt sich außerdem ein direkter und indirekter Effekt der sozialen Unterstützung auf wahrgenommene Belastung und Stressoren im Berufsleben.

Aryee, Luk, Leung & Lo (1999) untersuchen 240 Hongkong-Chinesen, die in Partnerschaften leben, in denen beide Partner arbeiten. Auch sie berichten über einen positiven Einfluss sozialer Unterstützung durch den Partner auf den wahrgenommenen Konflikt zwischen Arbeit und Familie.

Generelle soziale Unterstützung verringert den wahrgenommenen Konflikt zwischen den Lebensbereichen Arbeit und Familie. Wie sich zielbezogene Unterstützung auf den Zielkonflikt auswirkt, ist dagegen nicht bekannt.

3.3.2. Der Einfluss von sozialer Unterstützung auf das subjektive Wohlbefinden

Der positive Einfluss sozialer Unterstützung auf das SWB ist relativ gut nachgewiesen. Hierbei können Studienergebnisse zur generellen, nicht zielbezogenen sozialen Unterstützung wie auch zur sozialen Unterstützung von persönlichen Zielen genannt werden.

Die soziale Unterstützung wirkt sich positiv auf die Lebenszufriedenheit aus. In einigen Studien wurde hierbei nur der Einfluss spezifischer Aspekte der sozialen Unterstützung wie z.B. emotionale und instrumentelle Unterstützung festgestellt. Andere Untersuchungen finden dagegen auch einen positiven Effekt genereller Unterstützung auf das SWB. So konnten beispielsweise Diener & Fujita (1995) einen positiven Zusammenhang zwischen familiärer Unterstützung und Lebenszufriedenheit feststellen. Aryee et al. (1999) weisen einen positiven Zusammenhang zwischen sozialer Unterstützung und Lebenszufriedenheit bei Paaren, in denen beide Partner arbeiten, nach.

Adams, King & King (1996) stellten bei der Untersuchung an 160 Arbeitern dagegen nur einen positiven Zusammenhang zwischen emotionaler Unterstützung von Familienmitgliedern und Lebenszufriedenheit fest. Ebenso finden Rosenbaum & Cohen (1999) bei arbeitenden Frauen nur einen Einfluss von emotionaler Unterstützung auf das Wohlbefinden. Scheck et al. (1997) berichten auf Grundlage ihrer Befragung an 218 Mitarbeiter eines Unternehmens dagegen einen positiven Einfluss instrumenteller Unterstützung auf das Wohlbefinden.

Studien, die sich mit der Unterstützung von Zielen beschäftigen, zeigen ähnliche Ergebnisse. Schon die Involvierung anderer Personen in die Umsetzung der eigenen Ziele wirkt sich positiv auf die Lebenszufriedenheit aus (Palys & Little, 1983). Aber auch die tatsächliche Unterstützung der persönlichen Ziele durch andere Personen zeigt einen positiven Einfluss auf die Lebenszufriedenheit. So finden Pychyl & Little (1998) bei Doktoranden einen positiven Einfluss der sozialen Unterstützung persönlicher Ziele auf die Lebenszufriedenheit. Zu demselben Ergebnis kommen auch Ruehlman & Wolchik (1988) in ihrer Befragung mit 230 Studenten. Unterstützt die wichtigste Person aus dem eigenen Umfeld (ca. 70% Familie, 20% Liebesbeziehung, 10% Sonstige) die persönlichen Ziele der Befragten, so führt das zu größerem Wohlbefinden. Unklar bleibt bei der Untersuchung, ob die soziale Unterstützung direkt auf das Wohlbefinden wirkt, oder ob die soziale Unterstützung beispielsweise durch einen Beitrag zum Zielfortschritt oder durch vermittelte Wertschätzung für ein Ziel positiv auf das Wohlbefinden wirkt. Maier (1996) findet ähnliche Zusammenhänge im Berufsleben. Zielbezogene Unterstützung von persönlichen arbeitsbezogenen Zielen wirkt sich in seiner Untersuchung positiv auf die Arbeitszufriedenheit aus.

Soziale Unterstützung von persönlichen Zielen wirkt sich positiv auf das SWB auf.

3.3.3. Der Einfluss von sozialer Unterstützung auf den Berufserfolg

Es gibt insgesamt kaum Studien, die sich mit dem Einfluss sozialer Unterstützung von persönlichen Zielen auf den Berufserfolg beschäftigen. Wiederum werden Ergebnisse zur generellen, nicht zielbezogenen sozialen Unterstützung zur Aufklärung möglicher Zusammenhänge herangezogen.

Untersuchungen zum Einfluss genereller, nicht zielbezogener sozialer Unterstützung auf die Leistung oder den Berufserfolg zeigen keine einheitlichen Ergebnisse. Kaufmann & Beehr (1986) finden beispielsweise einen positiven Zusammenhang zwischen emotionaler Unterstützung durch Vorgesetzte und Kollegen und dem objektiven Berufserfolg. Ebenso zeigt eine Untersuchung von Beehr, Jex, Stacy & Murray (2000), dass die Unterstützung von Vorgesetzten und Kollegen mit der Leistung zusammenhängt. Eine Computer-Simulation von Searle, Bright & Bochner (2001) weist dagegen nur einen positiven Zusammenhang zwischen emotionaler Unterstützung und dem subjektiven, nicht aber dem objektiven Erfolg auf. Andere Untersuchungen erbringen gar keinen Effekt bezüglich des Berufserfolgs. Eine Studie von Frone et al. (1997), die instrumentelle Unterstützung betrachtet, zeigt z.B. keinen Zusammenhang zwischen der Unterstützung durch den Partner und dem subjektiven Berufserfolg. Auch Glaser, Tatum, Nebeker, Sorenson & Aiello (1999), Rahim (1990) und Albert (2002), die Daten aus dem BELA-Projekt betrachtet, finden keinen Zusammenhang zwischen sozialer Unterstützung und Leistung, bzw. Berufserfolg. In die gleiche Richtung gehen auch die Ergebnisse von Rospenda, Halpert & Richman (1994). Ihre Untersuchung an Medizinstudenten ergibt sogar einen negativen Effekt sozialer Unterstützung auf die Noten. Dieses Ergebnis erklären die Autoren mit fehlender Zeit für die sehr einnehmende Arbeit, die von den unterstützenden Personen abgezogen wird.

Auch die Untersuchungen zur zielbezogenen Unterstützung geben kein einheitliches Bild ab. Brunstein et al. (1996) untersuchen den Einfluss sozialer Unterstützung von persönlichen Zielen auf die Zielverfolgung und Zufriedenheit mit der Beziehung. Befragt wurden Studenten, die sich in einer stabilen, mindestens einjährigen Beziehung befanden. Sie sollten hinsichtlich ihrer persönlichen Ziele einschätzen, wie groß die Unterstützung oder Beeinträchtigung durch den Partner für die einzelnen Ziele ist. Unterschieden wurden hierbei Beziehungs- und individuelle Ziele. Ein hohes Maß an sozialer Unterstützung durch den Partner führt hierbei zu mehr zielbezogenen Handlungen bezüglich des unterstützten Ziels. Dies gilt sowohl für Beziehungs- als auch für individuelle Ziele. Allerdings geht aus der Untersuchung nicht hervor, ob dies auch zur tatsächlichen Zielerreichung, also zum Erfolg beiträgt. Nach der Untersuchung von Maier (1996) beeinflusst zielbezogene soziale Unterstützung durch Kollegen und Vorgesetzte den Zielfortschritt dagegen nicht signifikant.

Studien, die sich in Teilbereichen mit persönlichen Zielen, sozialer Unterstützung und Zielfortschritt beschäftigen, ergeben keine klaren Zusammenhänge. Studien aus dem Bereich der generellen sozialen Unterstützung deuten eher darauf hin, dass die soziale Unterstützung keinen Einfluss auf den Berufserfolg hat. Der Einfluss der zielbezogenen Unterstützung bleibt offen.

FAZIT: Der positive Effekt von sozialer Unterstützung auf das SWB ist gut untersucht und häufig nachgewiesen. Selten ist soziale Unterstützung dagegen im Zusammenhang mit persönlichen Zielen und Berufserfolg untersucht worden. Die dennoch vorhandenen Untersuchungen ergeben zudem widersprüchliche Ergebnisse.

4. Fragestellung und Hypothesen

Die vorliegende Arbeit untersucht den Einfluss persönlicher Ziele auf den Berufserfolg und das subjektive Wohlbefinden an Unternehmensberatern. Es wird angenommen, dass persönliche Ziele sowohl den Berufserfolg als auch das SWB beeinflussen. Als zusätzlicher Aspekt wird die Wirkung der sozialen Unterstützung auf diese Zusammenhänge einbezogen.

Als Grundlage dient das BELA-Modell (Abele, 2002c). Hierbei werden zum einen gefundene Ergebnisse zu diesem Modell an einer speziellen Stichprobe repliziert (z.b. Abele, 1997; 2000; 2002c,d; Abele, Andrä & Schute, 1999a; Abele & Krüsken, 2000; ; Abele & Nitzsche, 2002; Abele, Schute & Andrä, 1999b; Abele & Stief, 2001, in Druck; Abele et al., 2002; Stief, 2001) und zum anderen bisher noch nicht untersuchte oder unklare Zusammenhänge aufgeklärt (siehe Abbildung 6).

Einlfluss persönlicher Ziele auf das subjektive Wohlbefinden und den Berufserfolg
angelehnt an das BELA-Modell (Abele, 2002c)

Personale Variablen
Demographische Variablen,
z.B. Alter, etc.

Persönliche Ziele
• Zielinhalt
• Zielmerkmale
• Zielkonflikt

Subjektives Wohlbefinden

Berufserfolg

Umweltvariablen
Soziale Unterstützung

Quelle: Abele, 2002c

Abbildung 6: Einfluss persönlicher Ziele

Obwohl es bereits etliche Untersuchungen zu persönlichen Zielen gibt, ist keine Arbeit bekannt, die sich mit der hier untersuchten Kombination von Faktoren auseinandersetzt. Vor allem die soziale Unterstützung von persönlichen Zielen wurden im beruflichen Kontext bisher kaum untersucht. Zudem wurden die Studien zu persönlichen Zielen überwiegend an studentischen Stichproben durchgeführt. Die hier befragte Stichprobe junger Erwachsener, die mitten im Berufsleben stehen, bietet daher eine gute Möglichkeit, einige der bereits gewonnenen Erkenntnisse zu übertragen. Die Tatsache, dass die Stichprobe als „beruflich erfolgreich" gewertet werden kann, ermöglicht interessante zusätzliche Einblicke. Die Einschätzung der Stichprobe als beruflich erfolgreich ist dabei angelehnt an die Kriterien, mit denen Abele (z.B. Abele et al., 2001) den objektiven Berufserfolg misst. Hierbei wird das Gehalt als entscheidendes Differenzierungsmerkmal von Personen diesen Alters in der freien Wirtschaft herangezogen. Die Unternehmensberater liegen hierbei in der von Abele et al. gebildeten Gruppe „Spitzenpositionen"[26].

Hinsichtlich der persönlichen Ziele werden in der vorliegenden Arbeit drei Aspekte untersucht: Zielinhalt, Zielmerkmale und Zielkonflikte. Berufserfolg und SWB gehen als abhängige Variablen in die Arbeit ein. Zusätzlich werden personale Variablen teilweise als Kontrollvariablen berücksichtigt. Aus dem Bereich der Umweltvariablen fließt die soziale Unterstützung der Ziele durch den Partner ein.

Die Arbeit umfasst drei Teile. Im ersten Teil werden die erhobenen Variablen deskriptiv beschrieben. Dadurch können Fragen wie z.B. „Welche Ziele verfolgt diese spezielle Stichprobe?" geklärt und zusätzlich demographische Unterschiede wie z.B. „Wer berichtet über die größten Zielkonflikte?" untersucht werden. Im zweiten Teil der Arbeit werden die Hypothesen getestet. Die Hypothesen werden hierbei in die Bereiche Einfluss von Zielen auf das SWB, Einfluss von Zielen auf den Berufserfolg und Einfluss von sozialer Unterstützung auf das SWB und den Berufserfolg unter Berücksichtigung der Ziele gegliedert. Der dritte Teil umfasst den Vergleich zwischen einem Auszug der BELA-Daten und den hier gewonnenen Daten. Der Vergleich dieser zwei Gruppen ist eher deskriptiv und dient vor allem dazu, Determinanten des Berufserfolgs näher zu beleuchten und die dazugehörigen Hypothesen aus dem zweiten Teil zu untermauern. Im Folgenden werden die Hypothesen näher beschrieben.

4.1. DER EINFLUSS VON ZIELEN AUF DAS SUBJEKTIVE WOHLBEFINDEN (A)

Das BELA-Modell geht von einem Einfluss persönlicher Ziele auf das SWB aus. Dieser Zusammenhang wurde bisher im Rahmen der Erlanger Längsschnittstudie kaum betrachtet und ansonsten überwiegend an studentischen Stichproben untersucht.

---

26 Die Gruppe „Spitzenpositionen" ist durch einen Monatsverdienst ab 3500 EUR und einer Arbeitszeit von 40 Stunden und mehr gekennzeichnet.

4.1.1. Der Einfluss von den Zielinhalten auf das subjektive Wohlbefinden (A1)

Bisherige Studien zum Einfluss des Zielinhalts auf das SWB lassen offen, ob es bestimmte Inhalte gibt wie z.b. Ziele zum eigenen Wachstum, die das SWB positiv beeinflussen, oder ob es bei jeder Person in Abhängigkeit der eigenen Motive unterschiedliche Zielinhalte gibt, die auf das SWB wirken (vgl. 3.1.1). Zur Aufklärung der tatsächlichen Zusammenhänge wird hier ein explorativer Ansatz gewählt und nur eine offene Fragestellung formuliert.

Fragestellung A1a   Welchen Einfluss hat der Zielinhalt auf das SWB?

Im Zusammenhang mit den Lern- und Ergebniszielen soll in dieser Arbeit auf Grund der vorhandenen Studien zu Lern- und Ergebniszielen (vgl. 3.1.1) folgende Hypothese geprüft werden.

Hypothese A1b   Reine Ergebniszielorientierung wirkt sich negativ auf das SWB aus.

4.1.2. Der Einfluss von Zielmerkmalen auf das subjektive Wohlbefinden (A2)

Bestehende Untersuchungen zum Einfluss der Zielschwierigkeit auf das SWB gehen von einem negativen Einfluss aus (vgl. 3.1.2). Dieser Zusammenhang wird auch für die Stichprobe der beruflich erfolgreichen jungen Erwachsenen angenommen.

Hypothese A2a   Zielschwierigkeit wirkt sich negativ auf das SWB aus.

Die Befunde zur Wirkung von Entschlossenheit und Erreichbarkeit auf das SWB sind, wie in Kapitel 3.1.2 dargestellt, uneinheitlich. Einige Befunde deuten darauf hin, dass die Erreichbarkeit einen Einfluss auf das SWB hat, v.a., wenn die Entschlossenheit hoch ist. Da in der vorliegenden Studie nur nach den wichtigsten drei Zielen gefragt wird, wird hier angenommen, dass die Entschlossenheit insgesamt überdurchschnittlich hoch ist und relativ wenig Streuung vorhanden ist. Daher wird ein direkter Einfluss der Erreichbarkeit auf das SWB postuliert (vgl. auch Halisch & Gebbert, 1998).

Hypothese A2b	*Die Erreichbarkeit von Zielen wirkt sich positiv auf das SWB aus.*

Es gibt kaum Untersuchungen zu dem Zusammenhang zwischen der Konkretheit persönlicher Ziele und dem SWB (vgl. 3.1.2). Die wenigen vorhandenen Studien lassen darauf schließen, dass die Konkretheit keinen Einfluss auf das SWB hat.

Hypothese A2c	*Die Konkretheit von Zielen übt keinen Einfluss auf das SWB aus.*

4.1.3. Der Einfluss von Zielkonflikten auf das subjektive Wohlbefinden (A3)

Der Einfluss von Zielkonflikten ist bisher hauptsächlich an studentischen Stichproben untersucht worden. In der Berufswelt wurde dagegen vornehmlich der Aspekt der multiplen Ziele - Ziele aus unterschiedlichen Lebensbereichen - untersucht. Die Untersuchungen weisen in beiden Fällen einen negativen Zusammenhang von Zielkonflikten bzw. multiplen Zielen und dem SWB auf (z.B. Emmons, 1986; Emmons & King, 1989). Es ist nur eine Studie bekannt (Wiese, 2000), die beide Aspekte gleichzeitig betrachtet, ohne diese aber in einen direkten Zusammenhang zu stellen. Wie in 3.2.3 bereits beschrieben, sind die Ergebnisse dieser Untersuchung widersprüchlich. Die vorliegende Arbeit soll zur Aufklärung des Zusammenhangs zwischen Zielkonflikt, multiplen Zielen und dem SWB mit folgender Hypothese beitragen.

Hypothese A3	*Zielkonflikt wirkt sich negativ auf das SWB aus. Multiple Ziele wirken sich negativ auf das SWB aus, wenn die Ziele als konflikthaft wahrgenommen werden. Multiple Ziele führen dage gen zu keinem negativen Einfluss auf das SWB, wenn sie nicht als konfligierend wahrgenommen werden.*

4.2. DER EINFLUSS VON ZIELEN AUF DEN BERUFSERFOLG (B)

Wie in dem BELA-Modell beschrieben, wird von einem Einfluss persönlicher Ziele auf den Berufserfolg ausgegangen.

4.2.1. Der Einfluss von Zielinhalten auf den Berufserfolg (B1)

Im Rahmen des BELA-Modells konnte Stief (2001) bereits den positiven Einfluss von beruflichen Zielen auf den Erfolg feststellen. (vgl. Kapitel 3.1.1). Diese Arbeit soll die gefundenen Effekte replizieren.

Hypothese B1a	*Das Vorhandensein von beruflichen Zielen wirkt sich positiv auf den subjektiven und objektiven Berufserfolg aus.*

Wie in 3.2.1.2 beschrieben, gibt es keine einheitlichen Ergebnisse zu dem Einfluss von Lern- und Ergebniszielorientierung auf den Berufserfolg. Einige Ergebnisse deuten auf eine positive Wirkung von Lernzielorientierung hin, andere Studien finden heraus, dass nur die Kombination von Lern- und Ergebniszielorientierung einen positiven Einfluss auf den Berufserfolg hat. Berater müssen alle drei bis sechs Monate das Projekt wechseln und sich in neue Themen einarbeiten. Schnelle Einarbeitung in unbekannte Informationen ist dabei wesentlich. Dies sollte Personen mit Lernzielorientierung entgegen kommen. Gleichzeitig müssen in regelmäßigen Abständen Ergebnisse präsentiert werden, anhand derer die Mitarbeiter gemessen und beurteilt werden. Dadurch wird auch Ergebniszielorientierung generiert. Die vorliegende Arbeit lehnt sich daher an die Resultate des BELA-Projektes an (Abele et al., 2001), die einen positiven Einfluss der Kombination beider Zielorientierungen auf den Berufserfolg zeigen.

Hypothese B2b	*Die Kombination von Lern- und Ergebniszielorientierung wirkt sich positiv auf objektiven und subjektiven Berufserfolg aus.*

4.2.2. Der Einfluss von Zielmerkmalen auf den Berufserfolg (B2)

Zielmerkmale sind insgesamt durch die Studien zur Zielsetzungstheorie sehr gut untersucht (vgl. Kapitel 2.1.3). Der Zusammenhang zwischen Merkmalen persönlicher Ziele und generellem Berufserfolg wurde allerdings bisher kaum betrachtet.

Der positive Einfluss von der Zielschwierigkeit auf die Bearbeitung von Aufgaben ist hinreichend nachgewiesen (3.2.2). Diese Ergebnisse werden auch in Bezug auf die vorliegende Arbeit erwartet. Anders als bei den bestehenden Untersuchungen geht es hier allerdings um die Auswirkung der Schwierigkeit selbst gesetzter beruflicher Ziele auf den Berufserfolg.

Hypothese B2a	*Die Schwierigkeit beruflicher Ziele hat einen positiven Einfluss auf den objektiven und subjektiven Berufserfolg.*

Zu dem Merkmal Entschlossenheit existieren unterschiedliche Ergebnisse (vgl. Kapitel 3.1.2). Einige Studien weisen einen direkten Einfluss von Entschlossenheit auf den Zielfortschritt nach, andere bestätigen den Einfluss nur, wenn weitere Variablen wie z.b. Erreichbarkeit auch hoch eingeschätzt werden. Wie in 4.1.2 beschrieben, wird auch hier auf Grund der Begrenzung auf die drei wichtigsten Ziele von einer insgesamt hohen Entschlossenheit ausgegangen. Es wird daher vermutet, dass die Erreichbarkeit einen direkten Effekt auf den objektiven und subjektiven Berufserfolg aufweist. Auf Grund des häufig auch gefundenen direkten Effekts der Entschlossenheit, wird dennoch zusätzlich auch von einer positiven Wirkung der Entschlossenheit auf den Berufserfolg ausgegangen.

Hypothese B2b	*Erreichbarkeit und Entschlossenheit beruflicher Ziele beeinflus sen den objektiven und subjektiven Berufserfolg positiv.*

Stief (2001) konnte entgegen den aus der Zielsetzungstheorie zu erwartenden Zusammenhängen (vgl. 3.2.2) keinen Einfluss der Konkretheit auf den Berufserfolg nachweisen. Auf Grund der immer wieder nachgewiesenen Zusammenhänge zwischen Konkretheit und Leistung (z.B. Locke & Latham, 1990), wird hier trotz der Ergebnisse von Stief ein positiver Zusammenhang der Konkretheit beruflicher Ziele auf den Berufserfolg angenommen. Gemäß der Zielsetzungstheorie wird vermutet, dass dieser Zusammenhang nur in Kombination mit der Schwierigkeit auftritt.

Hypothese B2c	*Konkretheit in Kombination mit Schwierigkeit beruflicher Ziele wirkt sich positiv auf den objektiven und subjektiven Berufser folgs aus.*

4.2.3. Der Einfluss von Zielkonflikten auf den Berufserfolg (B3)

Bisherige Studien lassen auf einen negativen Effekt von Zielkonflikten auf den Berufserfolg schließen (vgl. 3.2.3). Stief (2001) konnte bei Frauen zudem einen negativen Effekt von multiplen Zielen auf den Berufserfolg feststellen. Dieses Ergebnis wirft die Frage auf, ob der Berufserfolg nur dann von multiplen Zielen beeinträchtigt wird, wenn multiple Ziele als konfligierend wahrgenommen werden, was besonders bei Frauen der Fall sein könnte. Dieser Zusammenhang wurde bisher noch nicht untersucht.

Hypothese B3	*Zielkonflikte beeinträchtigen den Berufserfolg. Multiple Ziele führen nur zu negativem Effekt auf den objektiven und subjekti ven Berufserfolg, wenn diese als konfligierend wahrgenommen werden. Multiple Ziele führen zu keinem negativen Effekt auf den objektiven und subjektiven Berufserfolg, wenn diese nicht als konfligierend eingeschätzt werden.*

4.3. DER EINFLUSS VON SOZIALER UNTERSTÜTZUNG AUF DEN ZIEL-KONFLIKT, DAS SWB UND DEN BERUFSERFOLG (C)

Das BELA-Modell führt unter anderem soziale Unterstützung als Umweltvariable auf. Hierbei wurde im Rahmen der längsschnittlichen Befragung allerdings die berufsbezogene soziale Unterstützung durch den Partner wie z.b. Unterstützung in der beruflichen Laufbahnentwicklung und nicht die Unterstützung einzelner Ziele abgefragt. Auch fehlen insgesamt Untersuchungen an Erwachsenen, die soziale Unterstützung im Rahmen der persönlichen Ziele betrachten.

Die vorliegenden Untersuchung konzentriert sich auf die soziale Unterstützung des Partners. Diese wird in vorhanden Studien immer wieder als eine sehr einflussreiche Quelle beschrieben (vgl. 6.1.4).

4.3.1. Der Einfluss sozialer Unterstützung auf den Zielkonflikt (C1)

Wie in Kapitel 2.1.4.2 beschrieben, entstehen Zielkonflikte in der Stichprobe junger Berufstätiger häufig durch Konflikte zwischen beruflichen und familiären Zielen. Gerade bei den hier befragten Vpn, die beruflich erfolgreich sind und viel Zeit in der Arbeit verbringen, wird ein hohes Maß an Konflikten zwischen den Lebensbereichen vermutet. Der höchste Grad an sozialer Unterstützung geht häufig vom Partner aus. Konflikte und Unterstützung beziehen sich demnach teilweise auf die gleiche Personengruppe. Dies legt die Vermutung eines Zusammenhangs zwischen den beiden Variablen nahe. Untersuchungen dazu konnten nicht gefunden werden. Studien zum Einfluss genereller sozialer Unterstützung auf den Konflikt zwischen Arbeit und Familie lassen allerdings auf eine positive Wirkung sozialer Unterstützung auf den Zielkonflikt schließen.

| Hypothese C1 | *Soziale Unterstützung durch den Partner verringert den wahrge-nommenen Zielkonflikt.* |

4.3.2. Der Einfluss sozialer Unterstützung auf das subjektive Wohlbefinden (C2)

In Anlehnung an bereits bestehende Untersuchungen wird ein positiver Einfluss der sozialen Unterstützung auf das SWB angenommen (vgl. 3.3.2).

| Hypothese C2a | *Soziale Unterstützung durch den Partner wirkt sich positiv auf das SWB aus.* |

Die positive Wirkung einer Partnerschaft auf das SWB ist sehr gut belegt. Aber ist eine Person ohne Partner zufriedener als eine Person, deren Partner die eigenen Ziele nicht unterstützt? Da Partnerschaft immer wieder als wichtigster Einflussfaktor auf das SWB nachgewiesen werden konnte (vgl. 2.2.3), wird vermutet, dass dieser Effekt wichtiger für das SWB ist als die soziale Unterstützung.

| Hypothese C2b | *Partnerschaft wirkt sich positiv auf das SWB aus, selbst bei geringer sozialer Unterstützung durch den Partner.* |

4.3.3. Der Einfluss sozialer Unterstützung auf den Berufserfolg (C3)

Bisherige Untersuchungen beschäftigen sich mit dem Einfluss der sozialen Unterstützung von persönlichen Zielen auf den jeweiligen Zielfortschritt. Die Ergebnisse hierzu fallen nicht eindeutig aus (vgl. 3.3.3). Gemäß den Ergebnissen von Brunstein und Mitarbeitern (1996) zu der sozialen Unterstützung von Partnern, führt die Unterstützung individueller Ziele zu mehr zielbezogenen Handlungen bezüglich dieser Ziele. Es gibt bisher noch keine Aussage, ob die soziale Unterstützung von persönlichen Zielen einen Einfluss auf den Berufserfolg hat. Anlehnend an die Ergebnisse von Brunstein wird vermutet, dass die Unterstützung beruflicher Ziele durch den Partner eine positive Wirkung auf den Berufserfolg mit sich bringt.

| Hypothese C3a | *Soziale Unterstützung von beruflichen Zielen durch den Partner wirkt sich positiv auf den objektiven und subjektiven Berufserfolg aus.* |

Eine weitere Hypothese beschäftigt sich mit der Frage, ob eine Partnerschaft den Berufserfolg fördert oder hindert. Zum einen könnte eine Partnerschaft eine Person daran hindern, Zeit in der Arbeit zu verbringen. Eine Person ohne Partner wäre eventuell eher bereit, sich stärker zu engagieren, z.b. durch längere Arbeitszeiten, Wochenendarbeit, etc. Das zusätzliche Engagement könnte wiederum zu größerem Berufserfolg führen. Auf der anderen Seite könnte die Partnerschaft eine unterstützende Funktion haben. Der Partner könnte als Energiequelle dienen und die arbeitende Person von alltäglichen Pflichten entlasten, was wiederum mehr Konzentration auf die Arbeit zulassen würde. Dementsprechend wird angenommen, dass das Ausmaß an sozialer Unterstützung der Ziele durch den Partner ausschlaggebend dafür ist, ob eine Partnerschaft einen positiven Einfluss auf den Berufserfolg hat.

Hypothese C3b	*Personen, deren Partner berufliche Ziele in hohem Maß unterstützen, sind objektiv und subjektiv beruflich erfolgreicher als Personen ohne Partner. Personen ohne Partner sind wiederum erfolgreicher als Personen, die von ihrem Partner nur wenig Unterstützung in ihren beruflichen Zielen erfahren.*

5. Methode

Das nächste Kapitel beschäftigt sich damit, wie die Befragung durchgeführt wurde, welche Stichprobe verwendet wurde und welche Messinstrumente zum Einsatz kamen.

5.1. VORGEHEN

Die vorliegende Untersuchung ist eine Querschnittsstudie. Angeschrieben wurden 837 Berater einer international tätigen Unternehmensberatung. Die Adressaten waren Berater bis zur Ebene des Projektleiters oder mit einer Firmenzugehörigkeit von bis zu ca. vier Jahren. Die Rücklaufquote betrug 28% und lag damit unter der Rücklaufquote vergleichbarer Mitarbeiterbefragungen (z.b. 48% bei Maier, 1996). Für die Höhe der Rücklaufquote lassen sich zwei Gründe anführen. Zum einen wurden im Zeitraum der Befragung mehrere Umfragen zu anderen Themen durchgeführt, was die Antwortbereitschaft verringert haben könnte. Zum zweiten stehen die Berater unter großer Arbeitsbelastung. Innerhalb des Beratungsunternehmens kann die Rücklaufquote als durchschnittlich betrachtet werden. Sie unterscheidet sich nicht von den Rückläufen anderer Umfragen, die innerhalb dieses Beratungsunternehmens statt fanden[27]. Die Datenerhebung erfolgte schriftlich und verlief im Oktober/November 2002. Nach einer Vorankündigung der Befragung per E-Mail wurden die Fragebögen per Hauspost verteilt. In einem beigelegten Anschreiben wurden Grund und Ziel der Befragung erklärt. Hervorgehoben wurde dabei der Nutzen, den die Befragung für das Unternehmen und somit auch für die Mitarbeiter hat. Zudem wurde die Wahrung der Anonymität betont. Dies erschien auf Grund der persönlichen Fragen besonders wichtig. In dem Anschreiben wurde das folgendermaßen formuliert:

„Anonymität ist durch die Versendung per Hauspost garantiert. Die Fragebögen werden im Postfach "Befragung" in München gesammelt und anonym ausgewertet. Es gibt keine Möglichkeit, den Absender festzustellen..."

Um die Rücklaufquote zu erhöhen, wurde ausdrücklich darauf hingewiesen, dass der Geschäftsführer des deutschen Büros die Befragung unterstützt. Zusätzlich wurde ein bereits adressierter Rückumschlag beigelegt, der per Hauspost an ein neutrales Post-

---

27 Der Rücklauf einer internen Umfrage über die Zufriedenheit einer Abteilung im Jahr 2002 lag beispielsweise bei 31%, eine andere vergleichbare interne Umfrage, die auch auf freiwilliger Basis durchgeführt wurde, ergab eine Rücklaufquote von 26%.

fach zurückgeschickt werden sollte. Nach zwei und drei Wochen wurde eine Erinnerungs-E-Mail an alle Befragten versandt. Die zweite Erinnerungs-E-Mail enthielt den Fragebogen ein weiteres Mal als Anhang. Falls der Fragebogen nicht greifbar war, konnte der Anhang ausgedruckt, ausgefüllt und anonym an eine Faxbox gefaxt werden. Jede der schriftlichen Mitteilungen enthielt ein buntes Logo (siehe Abbildung 7). Das Logo wurde passend zum Thema entworfen und diente dem einfachen Wiedererkennungseffekt der verschiedenen Mitteilungen.

Abbildung 7: Logo der Befragung

Zusätzlich wurden bereits erhobene Daten aus der dritten Erhebung des Erlanger BELA-E-Projekts zum Vergleich herangezogen (z.B. Abele, 2002c; Abele et al., 2001; Stief, 2001). Die längs- und querschnittlich angelegte Studie startete im Jahr 1995 und richtete sich an zwei Absolventenkohorten der Universität Erlangen-Nürnberg. Die dritte Befragung erfolgte für die zwei Kohorten in den Jahren 1997/98 und 2000. Insgesamt wurden hierbei 1329 Absolventen schriftlich befragt.

5.2. STICHPROBE

Die Zusammensetzung der Berater-Stichprobe ist in Tabelle 1 zu sehen.

Tabelle 1: Demographische Merkmale, Ausbildung und beruflicher Werdegang der Befragten (N = 233)

	Ausprägung	N	%
Geschlecht	m	198	84%
	w	35	16%
Alter (M ,SD)	in Jahren	29,7	(3)
Familienstand	verheiratet	70	30%
	in fester Beziehung (unverheiratet)	118	51%
	in keiner festen Beziehung[28]	45	19%
Kinder		28	12%
	davon 1 Kind	*14*	
	davon 2 Kinder	*14*	
Studium	Wirtschaftswissenschaften	111	48%
	Rechtswissenschaften	7	3%
	Naturwissenschaften/ Medizin/ Ingenieurwissenschaften (inkl. Wirtschaftsingenieur)	89	38%
	Sonstiges (inkl. Geisteswissenschaften)	24	11%
Weitere Abschlüsse	Promotion	81	35%
	MBA[a]	29	12%
	Sonstige	15	6%
Vorherige Berufserfahrung	Vorhanden	98	42%
(M,SD)	Dauer in Jahren, Monaten	3,01	(2,01)
Firmenzugehörigkeit (M,SD)	Dauer in Jahren, Monaten	2,02	(1,02)
Hierarchieebene	Berater	66	28%
	Berater im Sabbatical-Jahr[b]	46	20%
	Seniorberater	87	37%
	Projektleiter	34	15%

Anmerkung: [a] Master of Business Administration; [b] 20% der Befragten befanden sich zur Zeit der Befragung im Sabbatical-Jahr. Dieses Jahr dient dazu, eine weitere Qualifikation zu erlangen wie z.B. eine Promotion oder einen MBA.

In der Stichprobe befanden sich mit 84% mehrheitlich Männer. 30% waren verheiratet, 12% hatten durchschnittlich 1,5 Kinder. Die Stichprobe setzte sich größtenteils aus

---

28 Eine Versuchsperson gab an, geschieden zu sein. Diese wurde zu den Personen ohne feste Beziehung addiert.

Wirtschaftswissenschaftlern und Naturwissenschaftlern (86%) zusammen. Die durchschnittliche Beschäftigungszeit innerhalb des Beratungsunternehmens betrug 2 Jahre.

Die beschriebene Stichprobe kann in vielen Merkmalen als repräsentativ für die Grundgesamtheit der befragten Berater gelten, z.b. hinsichtlich des Geschlechts (20% Frauen), des Studienhintergrunds (53% Wirtschaftswissenschaftler und 35% Naturwissenschaftler) und der Promotion (53% promovierte Personen; siehe Anhang 1). Bei anderen Merkmalen wie z.b. Anteil der Berater mit der Zusatzausbildung MBA, stimmten Stichprobe und Grundgesamtheit (32% der Personen verfügten über einen MBA) nicht überein.

Bei der Betrachtung von Geschlechtsunterschieden in den erhobenen Daten zeigen sich einige Unterschiede zwischen Männern und Frauen (siehe Tabelle 2). Die befragten Männer waren signifikant älter als die Frauen. Signifikante Unterschiede fanden sich auch bei der Berufstätigkeit des Partners. Mehr Partner von weiblichen Beratern waren berufstätig und zudem auch Vollzeit beschäftigt. 15% der berufstätigen Partnerinnen der männlichen Berater arbeiteten dagegen Teilzeit. Die meisten Frauen hatten Wirtschaftswissenschaften studiert, bei den Männern überwog hingegen das naturwissenschaftliche Studium. Auf der Ebene der Projektleiter befanden sich nur zwei Frauen (6% der Frauen), im Vergleich zu 32 Männern (16% der Männer). Keines der zuletzt genannten Ergebnisse wurde signifikant.

Tabelle 2: Geschlechtsspezifische Unterschiede hinsichtlich demographischer Merkmale (N = 233)

Merkmal	Ausprägung	Männer N (%)[a]	Frauen N (%)[b]	Statistische Testung
Alter (M ,SD)		29,92 (3,06)	28,61 (2,73)	$t(217) = -2,24$; $p < .05$
Familienstand	verheiratet	59 (30%)	11 (31%)	$chi^2 < 1$
	feste Beziehung (unverheiratet)	99 (50%)	19 (54%)	
	keine feste Beziehung	40 (20%)	5 (14%)	
Kinder		26 (13%)	2 (6%)	
Zusammenleben mit Partner [c]		113 (57%)	21 (60%)	$chi^2 < 1$
Berufstätigkeit des Partners [c, d]		126 (78%)	29 (97%)	$chi^2(1, N = 188) = 4,99$; $p < .05$
	davon Vollzeit	*106 (84%)*	*28 (97%)*	$chi^2(1, N = 153) = 4,86$; $p < .05$
	davon Teilzeit	*19 (16%)*	*0*	
Studienhintergrund	Wirtschaftswissenschaften	88 (45%)	23 (66%)	$chi^2(2, N = 231) = 5,43$; $p > .06$
	Naturwissenschaften	81 (41%)	8 (23%)	
	Sonstige (inkl. Rechtswissenschaften)	27 (14%)	4 (11%)	
Hierarchieebene	Seniorberater und Projektleiter	104 (52%)	17 (49%)	$chi^2 < 1$
	Berater im Sabbatical-Jahr	39 (20%)	7 (20%)	
	Berater	55 (28%)	11(31%)	

Anmerkung: [a] Prozentualer Anteil der Männer. [b] Prozentualer Anteil der Frauen. [c] Die Prozentzahlen beziehen sich nur auf die Vpn in fester Partnerschaft. [d] Zwei Versuchspersonen, deren Partner arbeiteten, führten nicht an, ob diese Vollzeit oder Teilzeit arbeiteten. Daher ergeben die Prozentzahlen keine 100%.

5.3. MESSINSTRUMENTE

Einen Überblick über erhobene Variablen und Messinstrumente gibt Abbildung 8. Im folgenden werden die einzelnen Messinstrumente beschrieben.

Eingesetzte Messinstrumente

Variable		Instrumente	Quellen
Ziele	• Zielinhalte	• Idiographisch-nomothetische Erhebung	• Z.B. Abele et al., 2001; Emmons, 1986
	• Zielmerkmale	• Eigene Skala (neun Items); Einschätzung durch externen Beurteiler	• Angelehnt an Abele et al., 2001; Brunstein, 1993
	• Zielkonflikte	• Eigene Skala (drei Items)	• Angelehnt an Abele et al., 2001; Emmons, 1986
SWB	• Befindlichkeit (affektiv)	• Eigene Skala (zehn Items)	• Angelehnt an Watson et al., 1988
	• Lebenszufriedenheit (kognitiv)	• Satisfaction with Life Scale	• Diener et al., 1985
Berufs-erfolg	• Subjektiver Berufserfolg	• Eigene Skala (zwei Items)	• Stief et al., 2002
	• Objektiver Berufserfolg	• Firmeninternes Beurteilungssystem	
Soziale Unterstützung		• Eigene Skala (fünf Items)	• Angelehnt an Brunstein et al., 1996

Abbildung 8: Überblick über erhobene Variablen, Messinstrumente und Quellen

5.3.1. Persönliche Ziele

Neben dem Inhalt der persönlichen Ziele wurden Zielmerkmale und Zielkonflikte erhoben.

5.3.1.1. Zielinhalt

Die persönlichen Ziele wurden offen erfasst. Um die Untersuchungsteilnehmer in das Thema einzuführen, erhielten sie eine kurze Definition von persönlichen Zielen. Die Definition lehnte sich an Brunstein (1993) und Abele (z.B. Abele et al., 2001) an.

> *„Die folgenden Fragen drehen sich um deine Ziele. Ziele bezeichnen Vorhaben, Pläne und Projekte, die du in den nächsten zwei Jahren umsetzen oder intensiv verfolgen willst. Diese Ziele können sich über alle Lebensbereiche erstrecken. Gefragt sind hierbei eher längerfristige Bestrebungen als kurzfristig auszuführende Einzelhandlungen. "*

Es sollten im Folgenden die drei wichtigsten Ziele für die nächsten zwei Jahre genannt werden. In der Instruktion wurden „persönliche Ziele" bewusst nur als „Ziele" bezeichnet. Hiermit sollte vermieden werden, dass persönliche Ziele im Sinne von privaten Zielen interpretiert werden und die Nennung von beruflichen Zielen ausbleibt. Für die Einschränkung auf drei Ziele lassen sich mehrere Gründe aufführen. Zum einen ergaben verschiedene Studien, dass meist nicht mehr als vier bis sechs Ziele genannt werden (Abele et al., 2001; Brunstein, 1993). Zum anderen sollte der Fragebogen möglichst kurz gehalten werden, um die Rücklaufquote zu erhöhen.

Um die Ziele vergleichbar zu machen, wurden die offenen Zielangaben im Nachhinein durch einen Beurteiler nach sechs Gruppen klassifiziert (siehe Tabelle 3). Die Gruppen waren Beruf, Familie/Partnerschaft, Lifestyle (Vereinbarkeit von Beruf und Familie/Partnerschaft bzw. Freizeit), Freizeit, Finanzen und Selbstverwirklichung. Jede Gruppe wurde in weitere Kategorien unterteilt. Sie wurden theorie- und empiriegeleitet entwickelt (vgl. Stief, 2001). Zum größten Teil wurden sie von Abele et al. (2001) übernommen und teilweise den spezifischen Antworten der Stichprobe angepasst. Ähnliche Kategorien können auch bei vielen anderen Autoren gefunden werden (z.B. Brunstein, 1999; Klinger, Barta & Maxeiner, 198C; Little, 1983).

Zur Feststellung der Interraterübereinstimmung kategorisierte ein zweiter Beurteiler 30% der Fragebögen. Die Übereinstimung der Zielkategorien lag nach Cohens-Kappa-Koeffizient bei .94 (95% Übereinstimmung). Bei der Einstufung der Zielorientierung wurde eine Übereinstimmung von 93% erreicht ($\kappa = .83$). Dies ist im Vergleich zu ähnlichen Untersuchungen, bei denen Übereinstimmungen von 84% oder 93 % (Lecci, Okun & Karoly, 1994; Salmela-Aro & Nurmi, 1997) auftraten, ein sehr gutes Resultat.

Tabelle 3: Zielkategorien

Kategorien	Unterkategorien	Beschreibung
Beruf	formale Qualifizierung	Qualifikationssteigerung durch weitere Abschlüsse, z.B. *Promotion*
	inhaltliche Entwicklung	inhaltliche Weiterentwicklung und Lernerfahrungen im Beruf, z.B. *Führungserfahrungen sammeln*
	Auslandsaufenthalt	berufsbedingter Aufenthalt im Ausland, z.B. *Wechsel in ein amerikanisches Büro*
	Aufstieg und Karriere	beruflicher Aufstieg und Karriere und Suche nach beruflicher Perspektive in der Zukunft, z.B. *beruflicher Erfolg*
	Leistung	gute Leistung bei der Erfüllung der eigentlichen beruflichen Aufgabe, z.B. *gute Projektarbeit leisten*
	berufliche Erfüllung	Befindlichkeit und Sozialbeziehungen in der Arbeit, z.B. *Spaß an der Arbeit*
	Arbeitsplatzwechsel	Streben nach einem Arbeitsplatz in einer anderen Firma und geplante Selbstständigkeit, z.B. *Job finden mit mehr Freizeit, mich selbständig machen*
Familie / Partnerschaft	Partnerschaft	Bestehende oder erwünschte Partnerschaft, z.B. *Partner finden*
	Familie und Kinder	Kinder oder familiäre Ziele, die Kinder mit einschließen, z.B. *mehr Zeit für Kinder und Familie*
Lifestyle	Vereinbarung Beruf und Familie	Vereinbarkeit von Beruf und Familie, z.B. *Verbesserung Balance zwischen Beruf und Familie*
	Vereinbarung Beruf und Freizeit	Vereinbarkeit von Beruf und Freizeit, z.B. *ausgeglichenes Verhältnis Freizeit-Beruf*
	sonstige Lifestyle-Themen	Ausrichtung des Lebensstils oder Neuordnung des Privatlebens, ohne eindeutige Nennung der Bereiche Familie und Freizeit, z.B. *Lifestyle verbessern*
Freizeit	Hobbys	Freizeitbezogene Aktivitäten inklusive gesellschaftlichem Engagement, z.B. *Weltreise*
	Freunde	Freundschaften, Herkunftsfamilie oder sonstige soziale Netzwerke, z.B. *mehr Zeit für Freunde*
Finanzen	Geld	Geld, Vermögen und eigene finanzielle Absicherung, z.B. *Vermögen anhäufen*
	Wohnen	Erwerb, Bau und Renovierung von Wohnung oder Haus, z.B. *Haus kaufen*
Selbstverwirklichung	persönliches Wachstum	persönliche Weiterentwicklung, die nicht beruflich ausgerichtet ist und gesundheitliche Anliegen , z.B. *spirituelle Entwicklung*
	intellektuelles Wachstum	kognitive Weiterentwicklung, die nicht beruflich ausgerichtet ist, z.B. *Sprachen lernen*

Zur Ermittlung der Zielorientierung wurden berufliche Ziele den Kategorien Lernziele und Ergebnisziele zugeordnet. Diese waren im Rahmen der BELA-E Studie eingesetzt worden (Abele, 2002c; Abele et al., 2002) und lehnen sich an die Differenzierung zwischen Lern- und Ergebniszielorientierung von Dweck an (z.b. Dweck, 1999; Dweck & Leggett, 1988). Lernorientierte Ziele zeigen den Wunsch nach ständiger Weiterentwicklung und drehen sich um einen Prozess, wobei der Punkt der Zielerreichung nicht eindeutig bestimmbar ist. Beispiele für lernorientierte Ziele waren z.b. „berufliche Weiterentwicklung" oder „Führungserfahrung sammeln". Mit ergebnisorientierten Zielen wie z.b. „Projektleiter werden" oder „ein Projekt erfolgreich abschließen" drücken Personen dagegen aus, dass sie etwas haben oder erreichen möchten. Der Punkt der Zielerreichung ist in diesem Fall eindeutig bestimmbar und das Ziel dreht sich um einen Endzustand.

5.3.1.2. Zielmerkmale

Für jedes Ziel wurde Entschlossenheit, Erreichbarkeit, Schwierigkeit und Konkretheit erhoben.

Die Merkmale Entschlossenheit, Erreichbarkeit und Schwierigkeit wurden durch mehrere Items auf einer fünfstufigen Skala mit den Endpunkten „trifft gar nicht zu" (1) und „trifft sehr zu" (5) erfasst. Überwiegend wurden die Items früheren Studien zu persönlichen Zielen entnommen (Abele et al., 2001; Abele & Krüsken, 2000; Brunstein, 1993) Entschlossenheit wurde mit Hilfe dreier Items erfasst. Durch diese Items wurden die Aspekte Dringlichkeit, Einsatzbereitschaft und Verbindlichkeit abgedeckt. Erreichbarkeit wurde ebenfalls in drei Items abgefragt. Die Items spiegelten die Aspekte Unterstützung, Kontrolle und Gelegenheit wieder (siehe Tabelle 4). Schwierigkeit wurde mit dem Item, „es wird für mich schwierig werden, mein Ziel zu erreichen", abgefragt.

Das Cronbach-α für das Merkmal Entschlossenheit betrug .56. Das Merkmal Erreichbarkeit erbrachte nur ein Cronbach-α von .04. Um die interne Konsistenz zu steigern wurde das Item „Kontrolle" aus der Variablen Erreichbarkeit herausgenommen. Bestehend aus den zwei Items Unterstützung und Gelegenheit (revers kodiert) zeigte Erreichbarkeit dann ein α von .22. Um die Variable mit bestehenden Ergebnissen vergleichen zu können, wurde sie trotz der geringen internen Konsistenz beibehalten.

Tabelle 4: Items zur Erfassung von Entschlossenheit und Erreichbarkeit

Variable		Item
Entschlossenheit	Dringlichkeit	Ich habe das dringende Gefühl, dass ich sofort anfangen sollte, an dem Ziel zu arbeiten.
	Einsatzbereitschaft	Auch wenn es viel Aufwand bedeutet, werde ich alles Nötige tun, um das Ziel zu erreichen.
	Verbindlichkeit	Komme, was wolle, ich werde dieses Ziel nicht aufgeben.
Erreichbarkeit	Unterstützung	Bei der Zielerreichung kann ich mich auf die Unterstützung von Personen, die mir nahe stehen, verlassen.
	Kontrolle	Es hängt hauptsächlich von mir ab, ob sich das Ziel verwirklichen lässt.
	Gelegenheit	Ich habe in meinem Alltag selten Gelegenheit, etwas für die Verwirklichung des Ziels zu tun.

Die Konkretheit der Ziele wurde in Anlehnung an Abele et al. (2001) durch einen Beurteiler bestimmt. In drei Stufen wurde das Ziel als unkonkret, mittelmäßig konkret und sehr konkret eingestuft. Je mehr ein Ziel über die tatsächliche Handlung erkennen ließ, die zur Verwirklichung des Ziels beitrug, desto konkreter wurde es eingestuft. Sehr konkrete Ziele wie z.b. „Umzug mit der Familie nach Zürich in einem Jahr" beinhalteten beispielsweise, welche Aktivität in welcher Zeit, mit welchen Personen, an welchem Ort oder in welcher Menge zur Zielerreichung nötig sind. Unkonkrete Ziele wie z.b. „Spaß" erlaubten dagegen keine Rückschlüsse auf die zur Umsetzung nötigen Aktivitäten. Die drei Abstufungen der Konkretheit wurden je Zielkategorie genau definiert. Hinsichtlich der Kategorie Freizeit wurde das Ziel „Freizeit" beispielsweise als unkonkret, „mehr Sport" als mittelmäßig konkret und „einen Marathon unter drei Stunden laufen" als sehr konkret eingestuft. Wie bei den Zielinhalten wurde auch hier die Interraterübereinstimmung bestimmt. Sie lag bei 84% ($\kappa = .76$). Dies ist ein zufriedenstellender Wert der leicht über den Ergebnissen von 82%, bzw. 76% bei Stief (2001) liegt.

Um zu erfahren, welches der Ziele für die Befragten am wichtigsten war, sollten die Befragten die Ziele der Wichtigkeit nach in eine Rangreihe bringen.

5.3.1.3. Zielkonflikt

Als weitere Dimension wurde die Konflikthaftigkeit der Ziele untereinander erhoben. Im Sinne bereits in früheren Studien eingesetzter Konflikt-Matrizes (z.B. Emmons, 1986; Emmons & King, 1988; Palys & Little, 1983) wurde gefragt, inwieweit sich die Verfolgung eines Ziels mit der Verfolgung eines anderen Ziels vereinbaren lässt. In insgesamt drei Fragen wurde dabei jedes der angegebenen Ziele mit den zwei übrigen

Zielen auf einer fünfstufigen Skala mit den Endpunkten „überhaupt nicht vereinbar" (1) und „völlig vereinbar" (5) verglichen. Die drei Werte (revers kodiert) für die Konflikte zwischen Ziel A und B, zwischen Ziel A und C und zwischen Ziel B und C wurden je Vpn gemittelt und zu einem Konfliktwert zusammengezogen (Cronbach-α = .45).

In vergleichbaren Studien wurde oftmals als Maß für den Zielkonflikt die Variable „multiple Ziele" erhoben. Diese gab an, ob eine Person nur berufliche, nur familiäre oder gemischte Ziele hatte (Stief, 2001; Wiese, 2000). Um die Ergebnisse der Arbeit mit anderen Studien vergleichen zu können, wurde auch hier eine ähnliche Variable erhoben. Da keiner der Vpn in der vorliegenden Studie ausschließlich familiäre Ziele nannte und nur sieben Personen ausschließlich berufliche Ziele angaben, wurde hier eine etwas differenziertere, fünfstufige Variable gewählt. Hierzu wurden Vpn danach unterschieden, ob deren Ziele nur aus einer Zielkategorie (z.B. nur berufliche Ziele), oder aus verschiedenen Kategorien wie der Kombination aus beruflichen und familiären, beruflichen und sonstigen Zielen (Lifestyle, Freizeit, Finanzen oder Selbstverwirklichung), familiären und sonstigen Zielen oder der Kombination aus beruflichen, familiären und sonstigen Zielen bestanden[29].

5.3.2. Subjektives Wohlbefinden

Gemäß der Definition von SWB wurden sowohl kognitive als auch affektive Aspekte des Wohlbefindens erfasst (z.b. Diener, Suh & Oishi, 1997; Diener et al., 1999). Die kognitive Komponente wird, wie in 2.2.1 beschrieben, als Lebenszufriedenheit, die affektive Komponente als Stimmung bezeichnet.

5.3.2.1. Lebenszufriedenheit

Zur Erhebung der kognitiven Einschätzung des Wohlbefindens wurde die deutsche Übersetzung der Lebenszufriedenheitsskala von Diener et al. (1985) herangezogen. Das Messinstrument ist international anerkannt (Larsen, Diener & Emmons, 1984) und wurde bereits bei einigen vergleichbaren Untersuchungen eingesetzt (z.b. Abele et al, 2001; Brunstein et al, 1999; Emmons, 1986). Die Items (z.B. „Ich bin mit meinem Leben zufrieden", „Wenn ich mein Leben noch mal leben könnte, würde ich fast nichts anders machen.") wurden auf einer fünfstufigen Skala mit den Polen „trifft gar nicht

---

[29] Neun Vpn, die nur „sonstige Ziele" (Lifestyle, Freizeit, Finanzen oder Selbstverwirklichung) nannten, wurden der Kategorie Familie und sonstige Ziele zugeordnet. Die beiden Unterkategorien unterschieden sich in keinem der erhobenen Variablen voneinander und konnten daher zusammengefasst werden, um die Gruppengröße anzuheben.

zu" (1) bis „trifft sehr zu" (5) beantwortet. Die fünf Items der Satisfaction of Life Scale (Diener et al., 1985) wiesen eine interne Konsistenz von $\alpha = .76$ auf.

5.3.2.2. Stimmung

Zur Erhebung der affektiven Komponente des SWB wurde positive und negative Stimmung jeweils anhand von fünf Adjektiven erhoben. Die Befragten sollten einschätzen, wie sie sich in den letzten Wochen gefühlt hatten. Dazu wurden Adjektive zur positiven (glücklich, fröhlich, energievoll, zufrieden und zuversichtlich) und negativen Stimmung (frustriert, bedrückt, traurig, ängstlich und antriebslos) auf einer fünfstufigen Skala mit den Polen „nie" (1) und „sehr häufig" (5) eingestuft. Die Adjektive wurden in Anlehnung an verschiedene Quellen gewählt (Abele-Brehm & Brehm, 1986; Brunstein, 1993; Emmons, 1986; Krohne, Egloff, Kohlmann & Tausch, 1996; Watson et al., 1988). Ziel war es, eine Skala mit wenig Items zu schaffen, die sich zudem stärker auf Emotionen als auf Erregungszustände (z.B. Aktivität) so wie es bei PANAS (Watson et al., 1988) der Fall ist, konzentriert (vgl. Diener et al., 1997). Die Skala sollte darüber hinaus längerfristige Stimmungen und keine kurzfristigen Stimmungsschwankungen messen (Diener et al., 1999). Durch die Instruktion, die Stimmung der „letzten Wochen" anzugeben, wurde die längerfristige Perspektive sichergestellt.

Die Variablen positive und negative Stimmung wurden aus theoretischen Gründen getrennt voneinander betrachtet (siehe 2.2.1). Die fünf Items zur positiven ebenso wie zur negativen Stimmung wurden jeweils zu einem Wert pro Vpn zusammengefasst ($\alpha = .78$ bzw. $\alpha = .68$).

5.3.3. Berufserfolg

Es wurde sowohl der objektive als auch der subjektive Berufserfolg erhoben (vgl. 2.3.1.1).

5.3.3.1. Objektiver Berufserfolg

Auf Grund der homogenen Stichprobe bezüglich des Gehalts und der Hierarchie konnten eben diese sonst gebräuchlichen Messgrößen (Stief et al., 2002) nicht verwendet werden. Um die berufliche Leistung der einzelnen Befragten untereinander vergleichen zu können, wurde daher die interne Beurteilung, die immer am Ende des Jahres stattfindet, als Maß herangezogen. Bei dieser Beurteilung erhalten alle Berater innerhalb ihrer Hierarchiestufe eine Bewertung auf einer fünfstufigen Skala. Die Pole gehen von „herausragende Leistung" bis „schwerwiegender Entwicklungsbedarf". Die Einstufung dient der Vergabe des Bonus und basiert auf den vierteljährlichen Bewertungen jedes Beraters. Bei der Vergabe der Bewertungen wird in etwa einer vorher festgelegten Verteilung gefolgt, bei der die beste und die schlechteste Bewertung jeweils an 5% der Berater, die zweitbeste bzw. zweitschlechteste Bewertung jeweils an 20% und die mittlere Bewertung an 50% vergeben werden. Die interne Bewertung misst insgesamt eher kurzfristige Leistung als längerfristigen Karriereerfolg (vgl. 2.3.1.2).

5.3.3.2. Subjektiver Berufserfolg

Der subjektive Berufserfolg wurde angelehnt an das BELA-E Projekt mit zwei Items erfasst (Abele et al., 2001). Zum einen wurde erfragt: „Wenn du dich mit deinen ehemaligen Studienkollegen vergleichst, wie erfolgreich schätzt du dann deine bisherige berufliche Entwicklung ein?". Die Antworten sollten auf einer fünfstufigen Skala mit den Polen „weniger erfolgreich" (1) bis „erfolgreicher" (5) abgegeben werden. Zusätzlich wurde auch gefragt, wie man seine berufliche Entwicklung bezüglich der „Peergroup" innerhalb der Firma einschätzt. „Peergroup" umfasst alle Kollegen, die zur gleichen Zeit in der Firma angefangen haben. Die zweite Frage sollte sicher stellen, dass auch die subjektive Einschätzung ausreichend zwischen den Vpn differenziert. Auf Grund der homogenen Stichprobe war sonst zu befürchten, dass der Vergleich mit den Studienkollegen sehr ähnlich ausfallen würde.

Die beiden Fragen wurden auf Grund geringer Interkorrelation ($r = .12$; $p > .06$) und der hohen Korrelation des Items „Vergleich mit der Peergroup" mit dem objektiven Berufserfolg ($r = .49$; $p < .001$) nicht zu einem Wert zusammengefasst, sondern einzeln ausgewertet.

5.3.4. Soziale Unterstützung

Für jedes Ziel wurde der Grad der sozialen Unterstützung erhoben. In erster Linie stand hierbei die Unterstützung durch den Partner[30] im Vordergrund. Die Vpn wurden daher aufgefordert, die Fragen in Bezug auf den Partner zu beantworten. Nur die Befragten ohne feste Partnerschaft sollten angeben, wer ihre wichtigste Vertrauensperson ist und die Items zur sozialen Unterstützung bezüglich dieser Person ausfüllen. Insgesamt waren 81% (N = 188) der Stichprobe in einer festen Partnerschaft (beinhaltete auch die verheirateten Personen). Entgegen der Instruktion gaben zwölf dieser Personen nicht den Partner als Vertrauensperson an, sondern entweder ein Familienmitglied (N = 5) oder einen Freund (N = 7). Die Befragten ohne feste Partnerschaft gaben zu

---

30 Partnerschaften mit kurzer Dauer wurden gleichermaßen berücksichtigt. Insgesamt gab es neun Vpn, deren Partnerschaft seit weniger als einem Jahr bestand. Diese neun Personen unterschieden sich in keinem Wert signifikant von Personen, deren Partnerschaft schon länger als ein Jahr bestand.

51% (N = 24) einen Freund[31] als wichtigste Vertrauensperson und zu 36% (N = 16) ein Familienmitglied an. 11% (N = 5) der Personen ohne Partnerschaft gaben niemanden an und füllten die Fragen zur sozialen Unterstützung nicht aus.

Erhoben wurde auf Grund des Bezugs zu den konkreten Zielen die erhaltene soziale Unterstützung (vgl. 2.4.2). Der Grad der sozialen Unterstützung wurde in fünf Items erhoben. Diese sollten auf einer fünfstufigen Skala mit den Polen „trifft gar nicht zu" (1) bis „trifft sehr zu" (5) beantwortet werden. Da sich vorhandene Instrumente zur Erhebung der sozialen Unterstützung auf generelle Unterstützung, nicht aber auf die Unterstützung einzelner Ziele beziehen, wurden diese zwar in die Entwicklung der Items mit einbezogen, hier aber nicht eingesetzt (Inventory of Socially Supportive Behaviors: Barrera, Sandler & Ramsey, 1981; Social Support and Hindrance Inventory: Ruehlman & Wolchik, 1988). Die verwendeten Items wurden darüber hinaus an Brunstein et al. (1996) angelehnt. Abgefragt wurde die emotionale und instrumentelle Unterstützung (vgl. z.b. Rosenbaum & Cohen, 1999; Scheck et al., 1997). Vier Items beschäftigten sich dabei mit verschiedenen Stufen der emotionalen Unterstützung. Das *Wissen* um das jeweilige Ziel des Partners wurde mit „Mein Partner, meine Partnerin kennt das Ziel gut", das *Verständnis* für das Ziel mit „Mein Partner, meine Partnerin hat Verständnis für mein Ziel", die *Wertschätzung* des Ziels „Mein Partner, meine Partnerin findet das Ziel gut" und die *Anteilnahme* an dem Ziel „Mein Partner, meine Partnerin nimmt emotional Anteil an meinen Fortschritten in der Zielerreichung". Das Item „Mein Partner, meine Partnerin trägt mit Informationen oder aktiver Hilfestellung zur Zielerreichung bei" erfragte die instrumentelle Unterstützung.

Die fünf Items zur sozialen Unterstützung luden auf einem Faktor. Das ergab eine Faktorenanalyse der fünf Items über alle Vpn (N = 225). Der Faktor erklärte 62% der Varianz und die Ladungen lagen zwischen .86-.67. Auf Grund dieses Ergebnisses wurden die Items zu einem Wert für das Merkmal soziale Unterstützung zusammengefasst (Cronbach-α = .82).

5.3.5. Ergänzende Variablen

Aus dem Bereich der Lebensspannenpsychologie wurde als ergänzender Aspekt die Skala zur Selektion, Optimierung und Kompensation eingesetzt (z.B. Baltes, Baltes, Freund & Lang, 1999; Freund & Baltes, 1998; 2002; Wiese, Freund & Baltes, 2001). Da aber insgesamt keine nennenswerten Ergebnisse gefunden wurden, wird dieser Aspekt im Folgenden nicht weiter behandelt.

---

31 Eine Vpn gab die Kategorie „Sonstiges" an, ohne diese näher zu beschreiben. Zur Reduktion der Kategorien wurde dieser Fall zu der Kategorie „Freunde" dazugezählt.

Es wurde außerdem erhoben, wie schwer den Befragten die Auflistung der Ziele ge-
fallen war. Die Antwort sollte auf einer fünfstufigen Skala mit den Polen „trifft gar
nicht zu" (1) und „trifft sehr zu" (5) gegeben werden. Dieses Item wurde eingefügt, da
im Pretest immer wieder auf die Schwierigkeit der Zielfindung hingewiesen wurde.
Hiermit sollten eventuelle Unterschiede zwischen Personen, die klare Zielvorstellun-
gen haben, und Personen, denen die Definition von Zielen sehr schwer fällt, kontrolliert werden.

6. Ergebnisse

Das folgende Kapitel ist in drei Abschnitte unterteilt. Im ersten Abschnitt werden deskriptive Ergebnisse der Befragung dargestellt. Hierbei werden die Variablen vor allem auf demographische Unterschiede hin untersucht. Der zweite Abschnitt beschäftigt sich mit der Hypothesentestung und im dritten Abschnitt wird ein Vergleich zwischen den vorliegenden Daten und den Daten des BELA-E Projektes angestellt.

6.1. DESKRIPTIVE ERGEBNISSE

In diesem Kapitel werden die erhobenen Variablen beschrieben und nach demographischen Unterschieden untersucht.

6.1.1. Ziele

Befragungsergebnisse zu Zielinhalten, Zielmerkmalen und Zielkonflikten werden im folgenden Kapitel näher beschrieben.

6.1.1.1. Zielinhalt

Insgesamt wurden 688 Ziele genannt. 11 Personen gaben nur zwei statt der erfragten drei Ziele an[32]. Berufliche Ziele bildeten mit 312 Nennungen die größte Kategorie, gefolgt von familiären Zielen (148 Nennungen) und Freizeitzielen mit 93 Nennungen (siehe Abbildung 9). Die kleinste Rolle spielten Lifestyleziele (35 Nennungen), in denen es um die Vereinbarkeit von Beruf und Familie bzw. Freizeit ging, und finanzielle Ziele (39 Nennungen).

---

[32] Die 11 Personen unterschieden sich nicht hinsichtlich Geschlecht, Familienstand und Hierarchieebene. Ein signifikanter Unterschied konnte bezüglich des Studienfachs gefunden werden (chi²(5, N = 233) = 14,1; p < .05), wobei mit 7 von der 11 Vpn mit zwei Zielen Naturwissenschaftler überwogen. Hinsichtlich der Variablen unterschieden sich die 11 Personen signifikant in den Zielmerkmalen Schwierigkeit (t (230) = 2,62; p < .01) und Erreichbarkeit (t(231) = -2,18; p < .05) und im Zielkonflikt (t(230) = -2,10; p < .05). Personen, die nur zwei Ziele angaben, berichteten über eine höhere Erreichbarkeit, weniger Schwierigkeit, aber höheren Zielkonflikt. Zudem gab es einen signifikanten Unterschied im subjektiven Berufserfolg. Personen mit zwei Zielen schätzten sich beruflich erfolgreicher ein als ihre Studienkollegen (t(12,8) = -2,57; p < .05).

Zielnennungen
in Prozent, 100%=688 Ziele

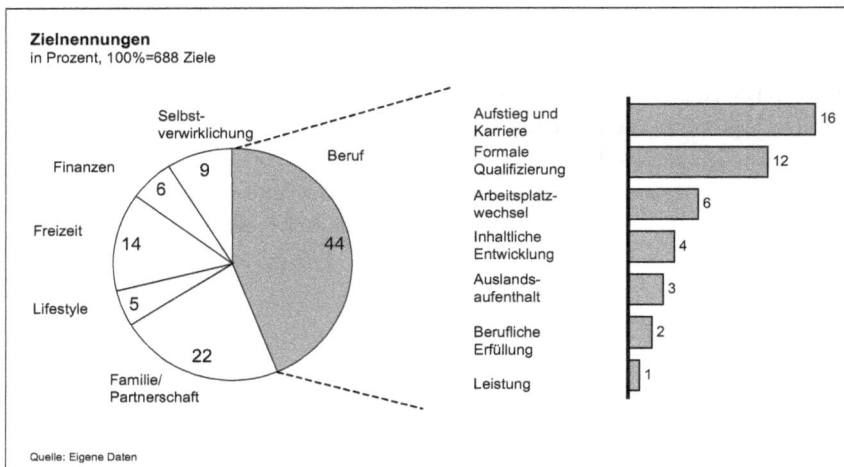

Quelle: Eigene Daten

Abbildung 9: Zielnennungen nach Kategorien

Mehr als ein Drittel der beruflichen Ziele waren Aufstiegs- und Karriereziele (im Folgenden nur noch als Karriereziele bezeichnet). Nahezu ein weiteres Drittel machten Qualifizierungsziele („formale Qualifizierung") aus. Da nur 9 Personen Leistungsziele nannten, wurde diese Kategorie für die folgenden Auswertungen der Kategorie „inhaltliche Entwicklung" zugeordnet[33]. Die Zielkategorie Familie teilte sich zu 40% in Partnerschaftsziele und zu 60% in familiäre Ziele auf. Freizeitziele beinhalteten zu 72% Hobbyziele und zu 28% Ziele, in denen es um Freunde ging. Von den 61 Nennungen finanzieller Ziele betrafen 62% der Ziele das Thema „Wohnen" und 32% das Thema „Geld". Bei den Zielen zur Selbstverwirklichung überwog der Wunsch nach persönlichem Wachstum (84% der Ziele) im Vergleich zum intellektuellen Wachstum (14% der Ziele).

Bei dem Großteil der folgenden Berechnungen wurden die Ziele im Hinblick auf die Einzelpersonen betrachtet. Hierzu wurde je Zielkategorie eine Dummyvariable berechnet, die angab, ob eine Person dieses Ziel genannt oder nicht genannt hatte. Wenn eine Person mehrere Ziele aus ein und derselben Zielkategorie nannte, fand dies in der dichotomen Dummyvariable keine Beachtung. Um für die Berechnungen eine angemessene Fallzahl zu haben, wurden nur bei den beruflichen Zielen die Unterkategorien

---

33 Der Grund für die Zuordnung von Leistungszielen zu der Katgegorie „inhaltliche Entwicklung" liegt in der thematischen Nähe der tatsächlich genannten Ziele. Als Leistungsziele wurden beispielsweise „gute Projektarbeit leisten" oder „bessere Klientenbeziehung" genannt. Die Personen, die ein Leistungsziel auflisteten, unterschieden sich weder in demographischen Merkmalen noch hinsichtlich der untersuchten Variablen von den Personen, die dieses Ziel nicht nannten.

berücksichtigt. Die anderen Zielkategorien wurden nicht nach ihren Unterkategorien differenziert.

Die Zielkategorien zeigten untereinander nur negative Korrelationen (siehe Anhang 2.1.1). Hoch signifikante negative Zusammenhänge bestanden beispielsweise zwischen Karrierezielen und dem Wunsch nach Arbeitsplatzwechsel bzw. dem Ziel nach beruflicher Erfüllung. Vpn mit familiären Zielen nannten außerdem eher keine Freizeit-, finanzielle- und Selbstverwirklichungsziele. Der Grund für die überwiegend negativen Korrelationen liegt zum Teil daran, dass sich die Vpn auf drei Ziele beschränken mussten. Somit machte jedes Ziel die Nennung eines anderen Ziels unwahrscheinlicher.

Die Untersuchung der demographischen Unterschiede wurden mit chi²-Tests durchgeführt. Wenn nicht anders angegeben, beziehen sich die Ergebnisse auf alle Befragten, also auf N = 233. Es werden dabei nur signifikante Unterschiede dargestellt.

Frauen nannten seltener Freizeitziele (17% der Frauen) als Männer, von denen 37% Freizeitziele angaben (chi²(1) = 5,34; p < .05). Einige signifikante Unterschiede hinsichtlich Zielnennungen konnten auch je nach Familienstand beobachtet werden (siehe Abbildung 10). Personen ohne Beziehung äußerten seltener den Wunsch, den Arbeitsplatz zu wechseln (chi²(1) = 3,39; p > .06) und Ziele aus dem Bereich „Familie" (chi²(1) = 6,33; p < .05) im Vergleich zu Personen in einer festen Beziehung (inkl. verheirateten[34]). Eine größere Rolle spielten bei diesen dagegen Lifestyleziele (chi²(1) = 3,38; p < .05) und das Ziel, sich selbst zu verwirklichen (chi²(1) = 5,53; p < .05)[35].

---

34 Auf Grund der geringen Unterschiede zwischen Vpn in fester Beziehung und verheirateten Vpn wurden die beiden Kategorien für diese Berechnungen zusammengefasst.

35 Um den Einfluss des Alters auf die genannten Zusammenhänge zu kontrollieren, wurde eine weitere Berechnung durchgeführt, in der vier Altersgruppen getrennt voneinander betrachtet wurden. Das Alter wurde dabei in vier Kategorien unterteilt. Die Kategorien umfassten bis auf die letzte Kategorie jeweils vier Jahre: 23-26 Jahre: N = 29; 27-30 Jahre: N = 109; 31-34 Jahre: N = 71; 35-41 Jahre: N = 10. Tatsächlich traten die Unterschiede im Familienstand nur in bestimmten Altersstufen zu Tage. Der oben beschriebene Unterschied bei familiären Zielen zeigte sich beispielsweise nur bei 31-34-Jährigen (chi²(1) = 8,91; p < .01). Die Nennung von Lifestylezielen je nach Familienstand veränderte sich sogar je nach Altersgruppe. Die 23-26-Jährigen nannten tendenziell nur Lifestyleziele, wenn sie in fester Beziehung waren. Die 27-34-Jährigen gaben demgegenüber signifikant häufiger Lifestyleziele an, wenn sie keine feste Beziehung hatten (23-36-Jährige: chi²(1) = 3,28;p > .07); 27-30-Jährige: chi²(1) = 10,33; p < .01; 31-34-Jährige: chi²(1) = 5,57; p < .05). Auch für Selbstverwirklichungsziele konnte der oben dargestellte signifikante Unterschied nur in der Gruppe der 27-30-Jährigen gefunden werden (chi²(1) = 4,57; p < .05).

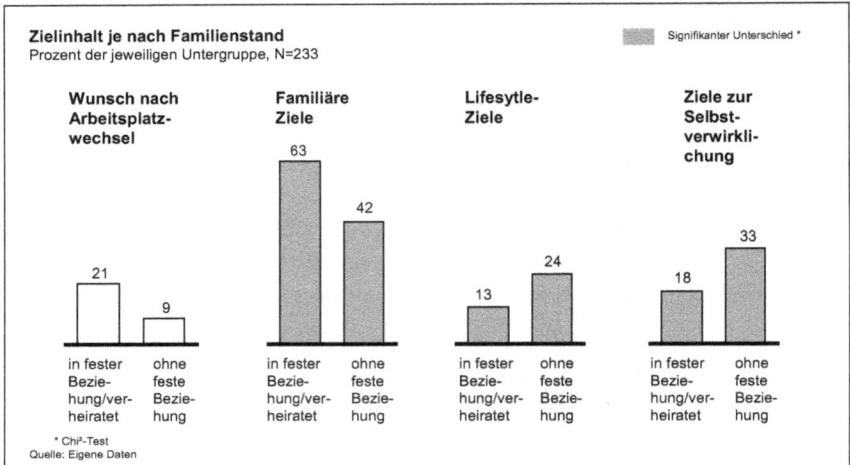

Zielinhalt je nach Familienstand
Prozent der jeweiligen Untergruppe, N=233

▨ Signifikanter Unterschied *

Abbildung 10: Unterschiede der Zielnennungen je nach Familienstand

Auch die übrigen demographischen Merkmale korrelierten mit den Zielnennungen (siehe Anhang 2.1.2). Da das Alter, wie zu erwarten, sehr hoch mit der Hierarchieebene korrelierte ($r = .70$; $p < .001$), waren die Unterschiede in den Zielinhalten vergleichbar. Je höher sich die Befragten z.B. in der Hierarchie befanden, desto häufiger führten sie den Wunsch nach einem Arbeitsplatzwechsel an. Vpn mit diesem Ziel waren daher auch älter. Familiäre Ziele wurden von Projektleitern am häufigsten aufgeführt. Finanzielle Ziele wurden eher von älteren Vpn genannt. Auch je nach Studienhintergrund wurden unterschiedliche Zielprioritäten sichtbar. Naturwissenschaftler wollten sich seltener formal qualifizieren, Juristen äußerten dagegen weniger häufig familiäre Ziele.

Als weiterer inhaltlicher Aspekt wird im Folgenden die Zielorientierung betrachtet, die sich in Lern- und Ergebniszielorientierung aufteilt (siehe 2.1.2.1). Die Zielorientierung bezieht sich nur auf die beruflichen Ziele.

Bevor näher darauf eingegangen wird, soll allerdings die Anzahl beruflicher Ziele untersucht werden, von der die Ausprägung der Zielorientierung beeinflusst wird. Nur 8% der Vpn nannten kein berufliches Ziel, 55% nannten ein, 34% zwei und 3% drei berufliche Ziele. Frauen nannten dabei häufiger zwei oder sogar drei berufliche Ziele als Männer ($\text{chi}^2(1) = 14{,}68$; $p < .001$; siehe Abbildung 11). Berufliche Ziele wurden umso seltener genannt, je höher die Vpn in der Hierarchieebene angesiedelt und je älter[36] sie waren (siehe Anhang 2.1.2.4).

---

[36] Der Alterseffekt trat nur bei Männern auf ($t(186) = 3{,}89$; $p < .001$). Die Anzahl beruflicher Ziele bei Frauen divergierte dagegen nicht je nach Alter ($t < 1$).

Anzahl beruflicher Ziele
Prozent

☐ 0 oder 1
berufliches Ziel
▨ 2 oder 3
berufliche Ziele

Männer
100%=198

Frauen
100%=35

32

34

68

66

Quelle: Eigene Daten

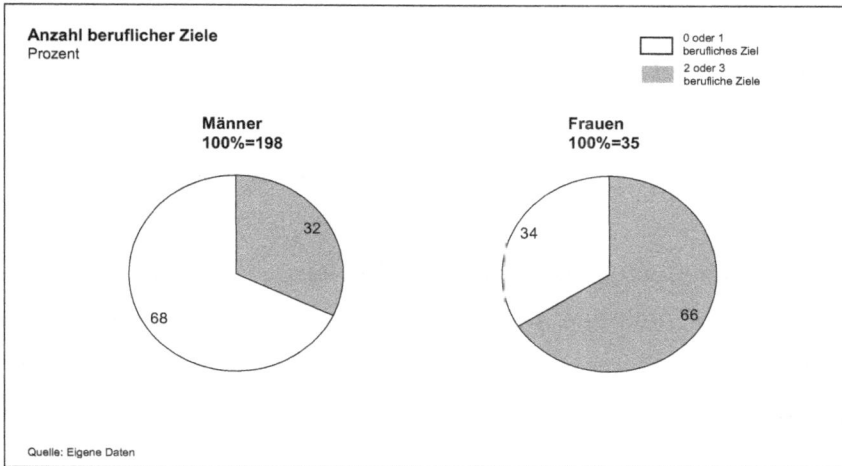

Abbildung 11: Anzahl beruflicher Ziele je nach Geschlecht

259 (83%) der insgesamt 312 genannten beruflichen Ziele waren Ergebnis- und 53 (17%) Lernziele. Die Zielorientierung hing in hohem Maße vom Zielinhalt ab (chi²(5; $N = 312) = 152,57; p < .001$). Karriereziele sowie Ziele zum Arbeitsplatzwechsel waren nahezu ausschließlich Ergebnisziele (100% bzw. 93%), wohingegen Ziele zur inhaltlichen Entwicklung und Ziele zur beruflichen Erfüllung hauptsächlich lernorientiert waren (73% bzw. 69%).

Zur weiteren Untersuchung der Zielorientierung wurde eine dreistufige Variable gebildet. Unterschieden wurde dabei, ob eine Person ausschließlich Lernziele, ausschließlich Ergebnisziele oder sowohl Lern- als auch Ergebnisziele nannte. Die folgenden Analysen beziehen sich auf die 216 Personen, die mindestens ein berufliches Ziel anführten.

76% nannten ausschließlich Ergebnisziele, 12% ausschließlich Lernziele und 12% gaben sowohl Ergebnis- als auch Lernziele an.

Nahezu die Hälfte aller genannten Ziele bezieht sich auf den Beruf mit dem größten Anteil an Karrierezielen. Frauen geben insgesamt mehr berufliche und weniger Freizeitziele an als Männer. Familiäre Ziele werden eher von Personen in einer festen Partnerschaft genannt, gleichzeitig finden sich bei diesen aber weniger Freizeit- und Selbstverwirklichungsziele. Drei Viertel der Ziele sind ergebnisorientiert.

6.1.1.2.   Zielmerkmale

Bei den folgenden Fragestellungen wurden die Werte für die Zielmerkmale über die drei Ziele je Vpn gemittelt (N = 233). Der einzige signifikante Zusammenhang bestand zwischen den Merkmalen Schwierigkeit und Erreichbarkeit (siehe Tabelle 5). Je schwieriger eine Vpn ihre Ziele einschätzt, desto weniger erreichbar werden sie auch wahrgenommen.

Tabelle 5: Mittelwerte, Standardabweichung und Interkorrelationen der Zielmerkmale (N = 233)

	M	(SD)	En	Er	S	K
Entschlossenheit[a] (En)	3,95	0,49				
Erreichbarkeit[a] (Er)	3,45	0,73				
Schwierigkeit[a,b] (S)	2,93	0,75			-.18**	
Konkretheit[c] (K)	2,11	0,52				

Anmerkung: Es werden nur signifikante Korrelationen berichtet, *p < .05; **p < .01. [a] Werte variieren von 1 „trifft gar nicht zu" bis 5 „trifft sehr zu". [b] N = 232. [c] Werte variieren von 1 „unkonkret" bis 3 „sehr konkret".

Um die Unterschiede hinsichtlich demographischer Merkmale zu bestimmen, wurden mehrfaktorielle Varianzanalysen berechnet. Hierbei wurden nur die demographischen Merkmale einbezogen, die in einfaktoriellen Varianzanalysen signifikante Ergebnisse zeigten. Auf multivariate Analysen wurde verzichtet, da die Merkmale untereinander nur schwache Korrelationen aufzeigten.

In die mehrfaktorielle Varianzanalyse wurden die Faktoren Geschlecht, Familienstand, Alter und Hierarchieebene eingerechnet [37].

Nur der Familienstand ergab signifikante Unterschiede hinsichtlich der Merkmale Erreichbarkeit, Entschlossenheit und Konkretheit. Verheiratete Personen waren demnach insgesamt weniger entschlossen, schätzten ihre Ziele aber als erreichbarer und konkreter ein (siehe Anhang 0). Diese Ergebnisse sollten allerdings in Verbindung mit dem im nächsten Abschnitt untersuchten Zusammenhang zwischen Zielinhalt und Zielmerkmalen betrachtet werden.

---

37 Die genannten Merkmale ergaben signifikante Unterschiede in einfaktoriellen Varianzanalysen. Das Merkmal Studienhintergrund ergab dagegen keine signifikanten Unterschiede (F < 1). Je nach Hierarchieebene unterschieden sich die Merkmale Erreichbarkeit ($F_{(3,232)}$ = 10,48; p < .001) und Konkretheit ($F_{(3,232)}$ = 4,48; p < .01). Der Familienstand zeigte auch Auswirkungen auf die Ausprägung in den Zielmerkmalen Entschlossenheit ($F_{(2,232)}$ = 3,10; p < .05), Erreichbarkeit ($F_{(2,232)}$ = 11,85; p < .001) und Schwierigkeit ($F_{(2,231)}$ = 3,89; p < .05). Erreichbarkeit stellte sich außerdem je nach Alter in unterschiedlichen Ausprägungen dar ($F_{(3,218)}$ = 3,08; p < .05). Die Konkretheit der Ziele nahm je nach Geschlecht unterschiedliche Ausprägungen an (t (231) = 2,03; p < .05).

Um zu prüfen, inwieweit der Zielinhalt mit der Ausprägung der Zielmerkmale zusammenhängt, wurden über alle Ziele einfaktorielle Varianzanalysen mit dem Faktor „Zielkategorie" und den abhängigen Variablen „Zielmerkmale" gerechnet[38]. Sowohl die Entschlossenheit ($F(10,634) = 9,50$; $p < .001$; Abbildung 12) als auch die restlichen Merkmale (siehe Tabelle 6) nahmen je nach Zielinhalt unterschiedliche Ausprägungen an.

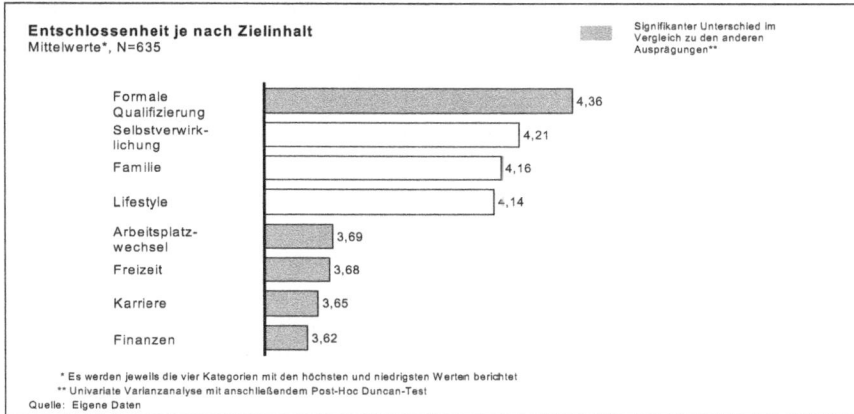

Entschlossenheit je nach Zielinhalt
Mittelwerte*, N=635

▨ Signifikanter Unterschied im Vergleich zu den anderen Ausprägungen**

Formale Qualifizierung	4,36
Selbstverwirklichung	4,21
Familie	4,16
Lifestyle	4,14
Arbeitsplatzwechsel	3,69
Freizeit	3,68
Karriere	3,65
Finanzen	3,62

* Es werden jeweils die vier Kategorien mit den höchsten und niedrigsten Werten berichtet
** Univariate Varianzanalyse mit anschließendem Post-Hoc Duncan-Test
Quelle: Eigene Daten

Abbildung 12: Ausprägung des Zielmerkmals Entschlossenheit in Abhängigkeit der Zielinhalte

So wurden finanzielle Ziele beispielsweise am wenigsten entschlossen und Ziele zur formalen Qualifizierung (z.B. Promotion) am entschlossensten verfolgt. Insgesamt wurden familiäre und Karriereziele als am besten erreichbar, Freizeitziele dagegen als am wenigsten erreichbar eingestuft. Die höchste Schwierigkeit wurde Lifestylezielen zugeschrieben.

---

[38] Als Basis dieser Untersuchung dienten alle Ziele, d.h. alle drei Ziele je Vpn wurden einzeln eingerechnet. Um Varianzen zwischen den Zielen innerhalb einer Vpn zu vermeiden, die v.a. dadurch entstehen, dass Vpn zwei oder drei Ziele aus der gleichen Zielkategorie (z.B. familiäre Ziele) nennen, wurden die Merkmalsausprägungen von Zielen der gleichen Zielkategorie einer Vpn zusammengefasst. Insgesamt nannten 50 Vpn mindestens zwei gleiche Ziele. Bei diesen wurden die Merkmalsausprägungen gemittelt.

Tabelle 6: Unterschiede in den Zielmerkmalen in Abhängigkeit der Zielinhalte (N = 635)

	Zielkategorien mit niedrigstem Wert	M	Zielkategorien mit höchstem Wert	M	Statistische Testung
Erreichbarkeit	Freizeit	2,98	Familie Karriere	3,74 3,80	F(10,634) = 6,79; p < .001
Schwierigkeit[a]	Familie	2,67	Lifestyle	3,80	F(10,632) = 4,56; p < .001
Konkretheit[b]	Selbstverwirklichung Lifestyle Berufliche Erfüllung	1,43 1,43 1,46	Formale Qualifizierung Finanzen	2,47 2,51	F(10,635) = 14,00; p < .001

Anmerkung: Es wurden nur die Zielkategorien angeführt, die sich im Post-Hoc Duncan-Test signifikant unterschieden. [a] N = 633. [b] N = 636.

Freizeitziele werden insgesamt am wenigsten entschlossen verfolgt und als am wenigsten erreichbar eingeschätzt. Dagegen werden familiäre Ziele sehr entschlossen verfolgt und als am ehesten erreichbar eingeschätzt. Karriereziele werden zwar in der Erreichbarkeit am höchsten, in der Entschlossenheit aber relativ niedrig eingestuft. Die größte Schwierigkeit weisen die Vpn der Vereinbarkeit von Beruf und Familie bzw. Freizeit zu.

6.1.1.3. Zielkonflikt

In dem folgenden Abschnitt wird der erhobene Konfliktwert zwischen den Zielen dargestellt. Der gemittelte Konfliktwert (revers kodiert) war mit M = 2,21 (SD = 0,85) gering. Die drei Einzelwerte für die Konflikte zwischen Ziel A und B, A und C und B und C wiesen alle signifikante Interkorrelationen auf (siehe Tabelle 7).

Tabelle 7: Mittelwerte, Standardabweichung und Interkorrelationen des Zielkonflikts (N = 220)

	M	(SD)	A/B	A/C
Zielkonflikte zwischen Ziel A und B (A/B)[a]	2,10	1,13		
Zielkonflikte zwischen Ziel A und C (A/C)	2,21	1,22	.18**	
Zielkonflikte zwischen Ziel B und C (B/C)	2,28	1,22	.16*	.29***

Anmerkung: Es werden nur signifikante Korrelationen berichtet, *p < .05; **p < .01; p < .001***. Werte variieren von 1 bis 5, wobei die Items so umkodiert wurden, dass ein hoher Wert auch auf einen hohen Konflikt hindeutet. [a] N = 232.

Der Zielkonflikt wies keine Unterschiede hinsichtlich der demographischen Variablen auf[39]. Allerdings fiel bei der Betrachtung der Vpn in fester Partnerschaft (inkl. Verheiratete) auf, dass Vpn mit Kindern über größeren Zielkonflikt berichteten (M =

---

[39] Geschlecht und Familienstand: Fs < 1; Studienfach: F(3,231) = 1,41; p > .23; Hierarchieebene: F(3,231) = 1,58; p > .19.

2,55) als Vpn ohne Kinder (M = 2,16; t(185) = 2,46; p < .05) [40]. Vor allem bei den zwei Frauen mit Kindern war ein extrem hoher Zielkonflikt erkennbar (M = 4,17).

Um auch hier den Einfluss des Zielinhalts auf den wahrgenommenen Konflikt zu testen, wurden die in Kapitel 5.3.1.3 eingeführten Kombinationen von Zielinhalten (z.b. berufliche und familiäre Ziele) nach Unterschieden im Zielkonflikt untersucht. Die einfaktorielle Varianzanalyse ergab signifikante Unterschiede im Zielkonflikt, je nachdem, welche Kombination von Zielinhalten eine Vpn genannt hatte (F(4,231) = 2,47; p < .05). Der geringste Zielkonflikt zeigte sich bei Vpn, die ausschließlich Ziele einer Kategorie nannten (z.b. nur berufliche Ziele). Vpn, die sowohl berufliche als auch familiäre und sonstige Ziele wie z.b. Selbstverwirklichungsziele angaben, berichteten über den größten Konfliktwert (siehe Abbildung 13).

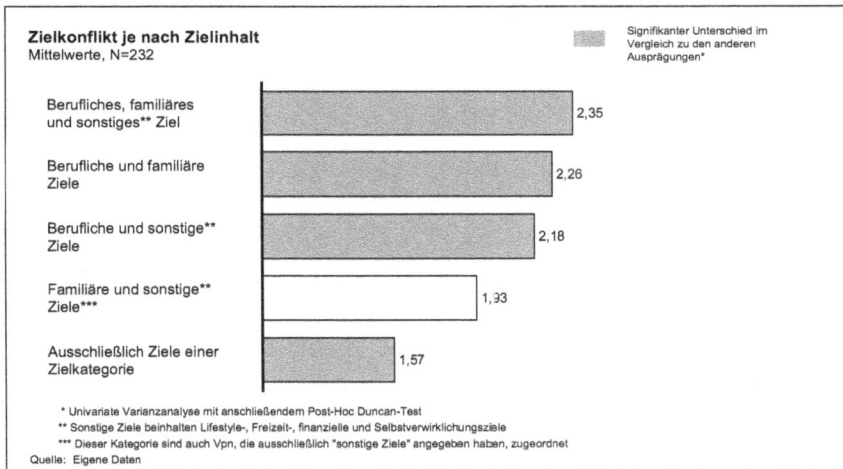

Zielkonflikt je nach Zielinhalt
Mittelwerte, N=232

Signifikanter Unterschied im Vergleich zu den anderen Ausprägungen*

Berufliches, familiäres und sonstiges** Ziel	2,35
Berufliche und familiäre Ziele	2,26
Berufliche und sonstige** Ziele	2,18
Familiäre und sonstige** Ziele***	1,93
Ausschließlich Ziele einer Zielkategorie	1,57

* Univariate Varianzanalyse mit anschließendem Post-Hoc Duncan-Test
** Sonstige Ziele beinhalten Lifestyle-, Freizeit-, finanzielle und Selbstverwirklichungsziele
*** Dieser Kategorie sind auch Vpn, die ausschließlich "sonstige Ziele" angegeben haben, zugeordnet
Quelle: Eigene Daten

Abbildung 13: Größe des Zielkonflikts in Abhängigkeit der Kombination von Zielinhalten

Vpn mit Kindern berichten über einen größeren Zielkonflikt als andere Vpn. Außerdem können höhere Konfliktwerte bei Vpn gefunden werden, die gleichzeitig berufliche und familiäre bzw. sonstige Ziele nennen. Insgesamt fällt der Zielkonflikt bei allen Befragten aber dennoch relativ gering aus.

---

[40] Die Berufstätigkeit des Partners (t(230) = -1,33; p > .23) und das Zusammenleben mit einem Partner (t < 1) ließ keinen Unterschied im Zielkonflikt erkennen.

6.1.2. Subjektives Wohlbefinden

In diesem Abschnitt wird ein Überblick über die Ergebnisse zum subjektiven Wohlbefinden gegeben, und es werden demographische Unterschiede abgebildet.

Die drei Variablen Lebenszufriedenheit, positive und negative Stimmung werden trotz hoher Interkorrelation in dieser Arbeit getrennt voneinander betrachtet (siehe Tabelle 8). Mit diesem Vorgehen lehnt sich die Arbeit an Emmons (1986;1996) an, der die drei Skalen getrennt voneinander behandelt. Dahinter steht die generelle Einschätzung, dass negativer und positiver Affekt unabhängig voneinander sind (Diener & Emmons, 1984; vgl. auch 2.2.1.2) und alle drei Skalen häufig auch unterschiedliche Korrelationen mit anderen erhobenen Variablen aufweisen.

Tabelle 8: Mittelwerte, Standardabweichung und Interkorrelationen der SWB-Skalen (N = 232)

	M	(SD)	LZ	PS
Lebenszufriedenheit[a] (LZ)	3,81	0,64		
Positive Stimmung[a] (PS)	3,69	0,62	.58***	
Negative Stimmung [b]	2,33	0,69	-.41***	-.61***

Anmerkung: Es werden nur signifikante Korrelationen berichtet, *p < .05; **p < .01; p < .001***. [a] Werte variieren von 1 bis 5, wobei 5 die höchste Lebenszufriedenheit, beziehungsweise positive Stimmung angibt. [b] Ein niedriger Wert in der negativen Stimmung gibt an, dass eine Vpn eher selten schlechter Stimmung war. Auch hier liegt eine fünfstufige Skala zu Grunde.

6.1.2.1. Lebenszufriedenheit

Vpn ohne feste Beziehung waren im Vergleich zu den restlichen Vpn am unzufriedensten ($F_{(2, 218)}$ = 3,17; p < .05). Berater im Sabbatical-Jahr berichteten über die größte Zufriedenheit ($F_{(3, 218)}$ = 2,78; p < .05); siehe Abbildung 14). Dies ergab eine mehrfaktorielle Varianzanalyse mit den unabhängigen Variablen[41] Familienstand, Hierarchieebene und Alter.

---

41 Einfaktorielle Varianzanalysen ergaben signifkante Unterschiede in der Lebenszufriedenheit je nach Familienstand ($F_{(2,231)}$ = 8,06; p < .001), nach Hierarchieebene ($F_{(3,231)}$ = 5,30; p < .01) und nach Altersgruppe ($F_{(3,217)}$ = 2,79; p < .05). Die Lebenszufriedenheit war dagegen unabhängig von Geschlecht, Studienhintergrund und dem Vorhandensein von Kindern (ts < 1, bzw. F < 1), ebenso wie dem Zusammenleben mit dem Partner ($t_{(185)}$ = 1,21; p > .22).

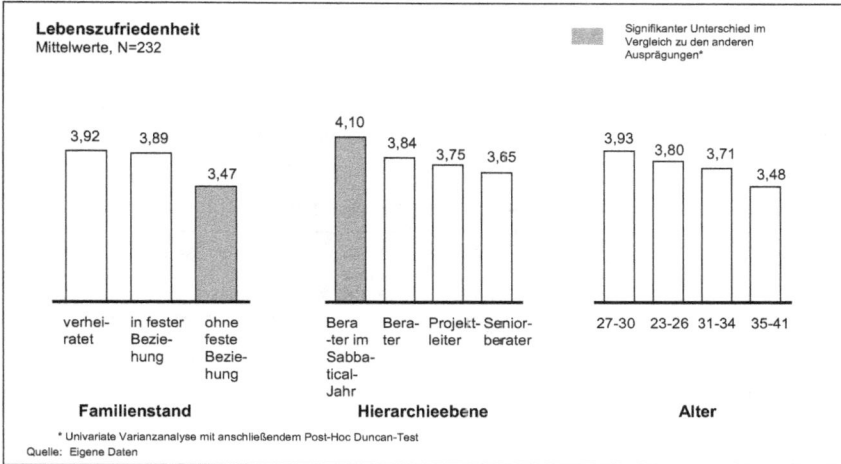

Abbildung 14: Unterschiede in der Lebenszufriedenheit in Abhängigkeit von Familienstand, Hierarchieebene und Alter

Weitere Unterschiede konnten bei der Betrachtung der Personen in einer festen Beziehung gefunden werden (N = 187). Hierbei waren Vpn, deren Partner selbst auch berufstätig waren, zufriedener als Vpn, deren Partner keinem Beruf nachgingen (t(185) = 2,25; p < .05; siehe Abbildung 15)[42]. Bei genauerer Betrachtung dieses Ergebnisses kann die Aussage noch weiter eingeschränkt werden. Nur wenn keine Kinder vorhanden waren, konnte eine höhere Zufriedenheit bei Personen, deren Partner berufstätig waren, gemessen werden. Bei Vpn mit Kindern machte die Berufstätigkeit des Partners keinen Unterschied in der Zufriedenheit aus[43] (siehe Anhang 2.3.1).

Das Zusammenleben mit einem Partner und das Vorhandensein von Kindern machte in dieser Gruppe insgesamt dagegen keinen signifikanten Unterschied in der Lebenszufriedenheit aus (siehe Anhang 2.3.2) .

---

42 Hierbei war es unerheblich, ob der Partner Vollzeit oder Teilzeit arbeitete (t < 1).

43 Genau genommen bezieht sich das Ergebnis nur auf männliche Vpn. Unter den Vpn, deren Partner nicht berufstätig waren, befand sich nämlich nur eine Frau. Diese Frau hatte zudem Kinder. Sie gab entgegen der dargestellten Ergebnisse eine höhere Zufriedenheit an (M = 4,80) als die restlichen Vpn. Da dieses Ergebnis aber nur auf eine Vpn zurückzuführen ist, kann daraus keine Aussage zu generellen Geschlechtsunterschieden getroffen werden. Ähnlich verhielt es sich mit der positiven Stimmung, die bei besagter Frau, deren Partner nicht berufstätig war, einen Mittelwert von M = 4,00 annahm. Nur die negative Stimmung verhielt sich genau umgekehrt, denn sie war größer als bei den anderen Vpn (M = 2,80).

6.1.2.2. Stimmung

Sowohl die positive als auch die negative Stimmung waren je nach Alter[44] unterschiedlich ausgeprägt. Die Gruppe der ältesten Berater zeigte dabei signifikant schlechtere Stimmung als die Gruppe der 27- bis 30-Jährigen (siehe Tabelle 9).

Tabelle 9: Unterschiede in der Stimmung je nach Alter (N = 219)

	23-26 Jahre M (SD)	27-30 Jahre M (SD)	31-34 Jahre M (SD)	35-41 Jahre M (SD)	Statistische Testung
Positive Stimmung	3,61 (0,66)	3,78 (0,63)	3,63 (0,59)	3,32 (0,76)	$F(3, 218) = 2,85$; $p < .05$
Negative Stimmung	2,42 (0,86)	2,27 (0,69)	2,34 (0,60)	2,80 (0,86)	$F(3, 218) = 4,68$; $p < .01$

Personen, die sich in einer festen Partnerschaft befanden, wurden wiederum separat untersucht. Auch hier hing die Berufstätigkeit des Partners mit Stimmung zusammen ($t(185) = 2,40$; $p < .05$ bzw. $t(185) = -2,92$; $p < .01$; siehe Abbildung 15)[45]. Gemäß der Lebenszufriedenheit trat dieser Effekt auch hier nur auf, wenn die Vpn keine Kinder hatten[43] (siehe Anhang 2.3.3; 2.3.4).

Dagegen zeigte weder das Vorhandensein von Kindern noch das Zusammenleben mit dem Partner insgesamt einen Zusammenhang mit der Stimmung (siehe Anhang 2.3.2).

---

44 Einfaktorielle Varianzanalysen ergaben einen signifkanten Unterschied in der positiven Stimmung je nach Familienstand ($F(2,231) = 4,45$; $p < .05$) und nach Hierarchieebene ($F(3,231) = 3,78$; $p < .05$). Das Alter zog nur tendenzielle Unterschiede mit sich ($F(3,217) = 2,19$; $p > .08$). Die Stimmung war dagegen unabhängig von Geschlecht, Studienhintergrund, Zusammenleben mit dem Partner und dem Vorhandensein von Kindern ($ts < 1$, bzw. $F < 1$). Die negative Stimmung zeigte in keinem der demographischen Merkmale signifikante Unterschiede (Familienstand: $F(2,231) = 1,50$; $p > .22$; Hierarchieebene: $F(3,231) = 1,39$; $p > .24$; Alter: : $F(3,217) = 1,93$; $p > .12$; Geschlecht: $t(230) = 1,24$; $p > .21$; Studienfach, Zusammenleben mit dem Partner und Vorhandensein von Kindern: $F < 1$, bzw. $ts < 1$. Um die Ergebnisse der negativen Stimmung mit denen zur Lebenszufriedenheit und positiven Stimmung vergleichbar zu machen, wurde hier gleichermaßen eine mehrfaktorielle Varianzanalyse mit den drei demographischen Merkmalen Familienstand, Hierarchieebene und Alter gerechnet.

45 Wiederum spielte es keine Rolle, ob der Partner Vollzeit oder Teilzeit arbeitete ($ts < 1$).

Subjektives Wohlbefinden je nach Berufstätigkeit des Partners
Mittelwerte, N=187   ░░░ Signifikanter Unterschied *

| Lebens-zufriedenheit | Positive Stimmung | Negative Stimmung |

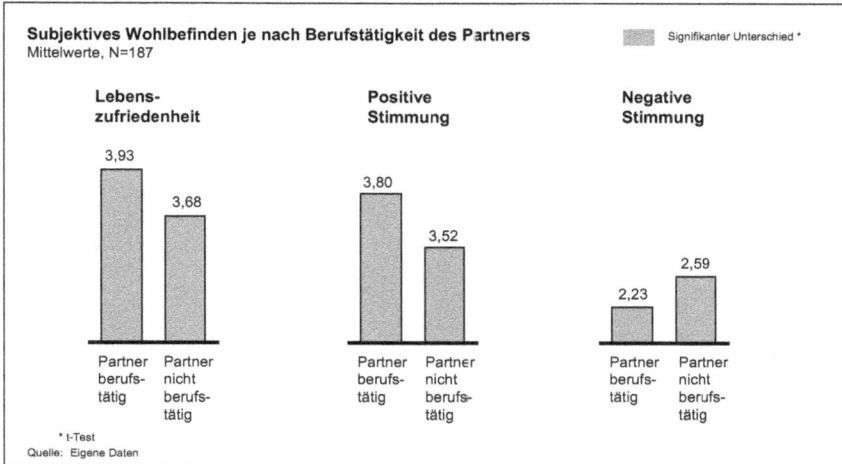

Partner berufs-tätig | Partner nicht berufs-tätig | Partner berufs-tätig | Partner nicht berufs-tätig | Partner berufs-tätig | Partner nicht berufs-tätig

* t-Test
Quelle: Eigene Daten

Abbildung 15: Subjektives Wohlbefinden in Abhängigkeit von der Berufstätigkeit des Partners

Am zufriedensten sind Vpn in einer festen Beziehung sowie Vpn, die sich im Sabbatical-Jahr befinden. Das Alter beeinflusst das SWB dagegen negativ. Vpn in festen Beziehungen berichten über ein höheres SWB, wenn der Partner ebenfalls berufstätig ist, allerdings nur, wenn keine Kinder vorhanden sind. Sind Kinder vorhanden, wirkt sich die Berufstätigkeit des Partners nicht signifikant auf das SWB aus.

6.1.3. Berufserfolg

Im folgenden Kapitel werden die Ergebnisse zum objektiven Berufserfolg und zu den Items des subjektiven Berufserfolgs dargestellt und anschließend Unterschiede hinsichtlich demographischer Merkmale berichtet.

6.1.3.1. Objektiver Berufserfolg

216 Vpn gaben ihre Jahresendbewertung an, die als Grundlage für die Einschätzung des objektiven Berufserfolgs diente. 17 gaben die Jahresendbewertung nicht an[46]. 2% gaben eine sehr gute, 39% eine gute, 50% eine mittelmäßige und 2% eine unzurei-

---

[46] Die 17 Vpn unterschieden sich nur hinsichtlich des Familienstandes (chi^2(2) = 6,62; p < .05). Hierbei waren die meisten Ausfälle bei Personen ohne Beziehung (16%) im Vergleich zu Personen mit Beziehung (7%) und verheirateten Personen (3%) zu beobachten. Es gab keine weiteren Unterschiede, weder in demographischen Merkmalen noch hinsichtlich der sonstigen erhobenen Variablen wie z.B. subjektiver Berufserfolg, SWB und Zielinhalt.

chende Bewertung an. Die schlechteste Kategorie wurde nicht angegeben. Hinsichtlich der Bewertung ist die vorliegende Stichprobe damit teilweise positiv selektiert.[47].

Der objektive Berufserfolg variierte mit der Hierarchieebene (F(3,214) = 5,59; p < .01)[48]. Projektleiter wiesen dabei einen signifikant höheren Wert im objektiven Berufserfolg auf (M = 3,79) als die übrigen Vpn (Berater im Sabbatical-Jahr: M = 3,44; Berater: M = 3,36; Seniorberater: M = 3,35).

Zwischen dem objektiven Berufserfolg und dem Item „Vergleich mit der Peergroup" gab es einen signifikanten Zusammenhang (siehe Tabelle 10).

Tabelle 10: Mittelwerte, Standardabweichung und Interkorrelationen des Berufserfolgs

	M	(SD)	OB	Vgl. P
Objektiver Berufserfolg[a] (OB; N = 216)	3,44	0,58		
Subjektiver Berufserfolg: Vergleich mit der Peergroup[b] (Vgl. P; N = 231)	3,37	0,73	.49***	
Subjektiver Berufserfolg: Vergleich mit den Studienkollegen [b] (N = 232)	4,50	0,65	-.05	.12

Anmerkung: *p < .05; **p < .01; p < .001***. [a] 5 stellt die beste, 1 die schlechteste Bewertung dar. [b] Die Items variieren von 1 „weniger erfolgreich" bis 5 „erfolgreicher".

6.1.3.2. Subjektiver Berufserfolg

Eine mehrfaktorielle Varianzanalyse mit den Variablen Geschlecht und Studienfach[49] gab auch hier Aufschluss über Unterschiede in der Einschätzung des subjektiven Berufserfolgs. Die Einschätzung im Vergleich zu der Peergroup erwies sich als unabhängig von den demographischen Variablen (Fs < 1). Der Vergleich mit den Studienkollegen wurde dagegen durch den Studienhintergrund beeinflusst (F(3,229) = 2,82; p <

---

47 Die gefundene Verteilung und die tatsächliche Verteilung unterschieden sich signifikant (chi²(4; N = 927) = 42,35; p < .001). Vor allem die zweitbeste Bewertung wurde in der vorliegenden Untersuchung häufiger und die zweitschlechteste Bewertung weniger häufig genannt, als sie in der tatsächlichen Jahresendbewertung des Unternehmens zu finden war. Aus Vertraulichkeitsgründen können die exakten Werte der Jahresendbewertung hier nicht genannt werden.

48 Weder Geschlecht (t(214) = -1,01; p > .31) und Familienstand (F(2,215) = 1,06; p > .34), noch Alter und Studienfach (F < 1) zeigten einen Zusammenhang mit objektivem Berufserfolg.

49 Einfaktorielle Varianzanalysen ergaben für das Item „Vergleich mit der Peergroup" signifikante Unterschiede hinsichtlich des Geschlechts (t(229) = -2,21; p < .05). Hierarchieebene (F(3,230) = 1,43; p > .23), Familienstand, Alter und Studienfach (Fs < 1) zeigten keine signifikanten Unterschiede. Auch die Einschätzung des beruflichen Erfolgs im Vergleich zu den Studienkollegen unterschied sich je nach Geschlecht (t(230) = -2,13; p < .05) und je nach Studienfach (F(3,229) = 2,98; p > .05). Keine Unterschiede konnten bei dieser Variable zwischen den Altersgruppen (F(3,217) = 1,40; p > .24), den Hierarchieebenen und dem Familienstand (Fs < 1) festgestellt werden.

.05). Juristen schätzten ihren relativen Berufserfolg dabei am geringsten ein (M = 4,29), Naturwissenschaftler am höchsten (M = 4,66).

Im Folgenden soll der Geschlechtseffekt genauer beleuchtet werden. Die oben beschriebene signifikante Korrelation zwischen objektivem und subjektivem Berufserfolg bestand nur bei Männern[50]. Obwohl sich der objektive Berufserfolg von Männern und Frauen nicht signifikant voneinander unterschied, schätzten besonders erfolgreiche Frauen ihren Berufserfolg selbst geringer ein als Männer (siehe Abbildung 16)[51].

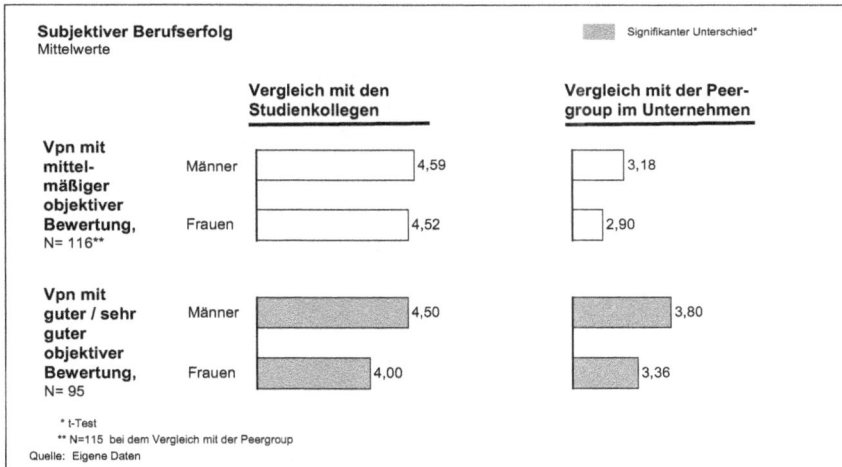

Subjektiver Berufserfolg
Mittelwerte

Signifikanter Unterschied*

		Vergleich mit den Studienkollegen	Vergleich mit der Peergroup im Unternehmen
Vpn mit mittelmäßiger objektiver Bewertung, N= 116**	Männer	4,59	3,18
	Frauen	4,52	2,90
Vpn mit guter / sehr guter objektiver Bewertung, N= 95	Männer	4,50	3,80
	Frauen	4,00	3,36

* t-Test
** N=115 bei dem Vergleich mit der Peergroup
Quelle: Eigene Daten

Abbildung 16: Geschlechtsspezifische Unterschiede im subjektiven Berufserfolg bei identischem objektiven Berufserfolg

---

50 Korrelation zwischen objektivem Berufserfolg und dem Vergleich mit der Peergroup: Männer: r = .51; p < .001; Frauen: r = .31; p > .09)

51 Für diese Analyse wurden die objektiven Kategorien „gute und sehr gute Bewertung" zusammengefasst. Dadurch wurden kleine Fallzahlen in den einzelnen Zellen vermieden. In der untersten Kategorie des objektiven Berufserfolges gab es keine Frauen. Vergleich mit Studienkollegen: t(93) = -2,29; p < .05; Vergleich mit Peergroup: t(93) = -2.30; p < .05). Bei mittelmäßiger Beurteilung gab es keine signifikanten Unterschiede (Vergleich mit Studienkollegen: F < 1; Vergleich mit Peergroup: t(113) = -1,68; p > .09).

Projektleiter sind objektiv am erfolgreichsten. Naturwissenschaftler schätzen ihren eigenen Berufserfolg im Vergleich zu den Studienkollegen als am besten ein, Juristen als am schlechtesten. Obwohl sich Männer und Frauen im objektiven Berufserfolg nicht unterscheiden, beurteilen sich erfolgreiche Frauen selbst schlechter als erfolgreiche Männer.

6.1.4. Soziale Unterstützung

Im folgenden Abschnitt geht es um die demographischen Unterschiede hinsichtlich der sozialen Unterstützung.

Die 176 Personen, die den Partner als Vertrauensperson nannten, gaben einen signifikant höheren Wert an sozialer Unterstützung an (M = 4,17) als die übrigen 52 Personen (Familie: M = 4,06; Freunde: M = 3,65; F(2, 226) = 10,64; p < .001).

Im Folgenden wurde nur noch die soziale Unterstützung durch den Partner in die Berechnung einbezogen (N = 176). Die Vpn ohne Partnerschaft und die fünf Personen mit Partnerschaft, die eine andere Person als Vertrauensperson angaben, wurden nicht berücksichtigt.

Um demographische Unterschiede festzustellen, wurden das Geschlecht, das Zusammenleben mit dem Partner, die Berufstätigkeit des Partners und das Vorhandensein von Kindern als Faktoren in eine mehrfaktorielle Varianzanalyse eingerechnet[52]. Die soziale Unterstützung wurde signifikant höher eingeschätzt, wenn die Paare zusammenlebten, der Partner berufstätig war und keine Kinder vorhanden waren (siehe Tabelle 11). Frauen fühlten sich zwar insgesamt besser in ihren Zielen unterstützt als Männer, dieser Unterschied wurde aber nicht signifikant.

---

[52] Auch hier wurden die eingegebenen Faktoren durch vorher durchgeführte ANOVAS, bzw. t-Tests bestimmt. Die soziale Unterstützung unterschied sich signifikant je nach Geschlecht (t(174) = 3,03; p < .01) ebenso wie das Zusammenleben mit dem Partner (t(173) = 3,98; p < .001), die Berufstätigkeit des Partners (t(174) = 4,13; p < .001) und das Vorhandensein von Kindern (t(174) = -2,06; p < .05). Der Familienstand (t(174) = -1,30; p > .19), das Alter (F(3, 167) = 1,20; p > .31), die Hierarchieebene (F < 1), das Studienfach (F < 1) ebenso wie die Dauer der Beziehung (r = .11; p > .24) zeigten keinen Zusammenhang mit der wahrgenommenen sozialen Unterstützung.

Tabelle 11: Unterschiede in der wahrgenommenen sozialen Unterstützung (N = 175)

	Ausprägung	M	(SD)	Statistische Testung
Geschlecht	m	4,09	(0,58)	$F(1,174) = 2,57$;
	w	4,35	(0,53)	$p > .11$
Zusammenleben mit dem Partner	ja	4,24	(0,49)	$F(1,174) = 2,30$;
	nein	3,82	(0,67)	$p < .01$
Berufstätigkeit des Partners	ja	4,19	(0,55)	$F(1,174) = 6,85$;
	nein	3,83	(0,62)	$p < .05$
Vorhandensein von Kindern	ja	3,93	(0,54)	$F(1,174) = 5,40$;
	nein	4,16	(0,58)	$p < .05$

Anmerkung: Keine der Interaktionen wurde signifikant.

Die soziale Unterstützung zeigte je nach Zielinhalt unterschiedliche Ausprägungen $(F(10,483) = 10,32$; $p < .001)$[53]. Partner unterstützen demnach familiäre Ziele am stärksten, Freizeitziele und den Wunsch nach beruflicher Erfüllung dagegen am geringsten (siehe Abbildung 17).

---

53 In die Varianzanalyse wurden alle drei Ziele je Vpn mit fester Beziehung eingerechnet. Wie in Kapitel 6.1.1.2 wurden auch hier die Werte gleicher Zielkategorien einer Vpn gemittelt, um zusätzliche Varianzen zu vermeiden.

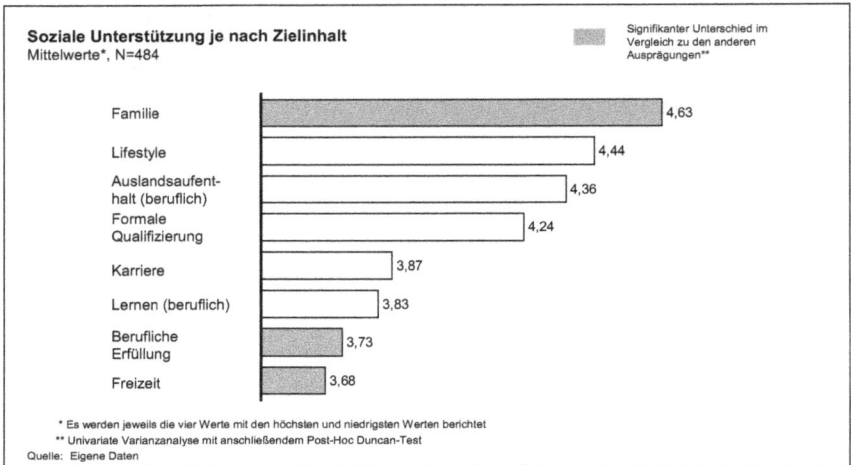

Soziale Unterstützung je nach Zielinhalt
Mittelwerte*, N=484

Abbildung 17: Unterschiede in der wahrgenommenen sozialen Unterstützung in Abhängigkeit der Zielinhalte

Die soziale Unterstützung durch den Partner ist größer als die Unterstützung durch Freunde oder Familienmitglieder. Die größte Unterstützung berichten Vpn, die mit dem Partner zusammenleben, die keine Kinder haben und deren Partner berufstätig sind. Die wahrgenommene Unterstützung durch den Partner fällt bei familiären Zielen am stärksten, bei Zielen der beruflichen Erfüllung sowie Freizeitzielen am schwächsten aus.

6.1.5. Ergänzende Variablen

Nachfolgend werden zuerst die Schwierigkeit der Zielfindung und anschließend das Ranking der Ziele unter dem Begriff ergänzende Variablen zusammengefasst.

6.1.5.1. Schwierigkeit der Zielfindung

Die Frage, wie schwierig es war, die Ziele zu definieren, wurde von allen 233 Vpn beantwortet (M = 2,45; SD = 1,12)[54]. Juristen fiel die Zieldefinition signifikant leichter als den anderen Vpn ($F_{(3,230)}$ = 3,60; p < .05)[55].

Korrelationen geben Aufschluss über weitere Zusammenhänge zwischen der Zielfindungsschwierigkeit und den wesentlichen Variablen der vorliegenden Untersuchung

---

[54] Je höher der Wert, desto größer die Zielfindungsschwierigkeit.

[55] Juristen: M = 1,29; sonstige Studienrichtungen: M = 2,13; Wirtschaftswissenschaftler: M = 2,50; Naturwissenschaftler: M = 2,54. Es konnten keine Unterschiede beim Geschlecht, Familienstand, Studienfach und der Altersgruppe gefunden werden (t < 1, bzw. alle Fs < 2,39).

(siehe Anhang 2.4). Je schwieriger es für die Vpn war, die drei Ziele zu definieren, desto geringer war die Entschlossenheit und desto größer die wahrgenommene Zielschwierigkeit. Die Zielfindungsschwierigkeit stieg zudem mit zunehmendem Berufserfolg. Geringere positive Stimmung und höhere negative Stimmung gingen darüber hinaus mit der Zielfindungsschwierigkeit einher[56].

6.1.5.2. Ranking der Ziele

Als letzte Variable wird die Rangfolge dargestellt, in die Vpn ihre Ziele nach Wichtigkeit bringen sollten. Es soll geprüft werden, ob sich die Reihenfolge, in der die Ziele nacheinander aufgelistet wurden, von der später gebildeten Rangfolge nach Wichtigkeit unterschieden. Ziele, die an erster und dritter Stelle aufgelistet wurden, unterschieden sich signifikant von den Zielen, die mit Rangplatz eins und drei belegt wurden (chi^2(5) = 16,58; p < .05 bzw. chi^2(5) = 19,93; p < .01; siehe Abbildung 18). Hierbei wurden v.a. berufliche Ziele zwar am häufigsten als erstes genannt, viel weniger häufig aber als wichtigstes Ziel eingestuft. Bei den familiären Zielen verhielt es sich genau umgekehrt. Im Vergleich zu den Männern (45%) erklärte ein höherer Prozentsatz von Frauen (57%) berufliche Ziele zum wichtigsten Ziel (chi^2(2) = 3,22; p > .19).

---

[56] Dieser Effekt blieb gleichermaßen bestehen, wenn das Merkmal Zielschwierigkeit, das auch mit der Stimmung korrelierte, herauspartialisiert wurde.

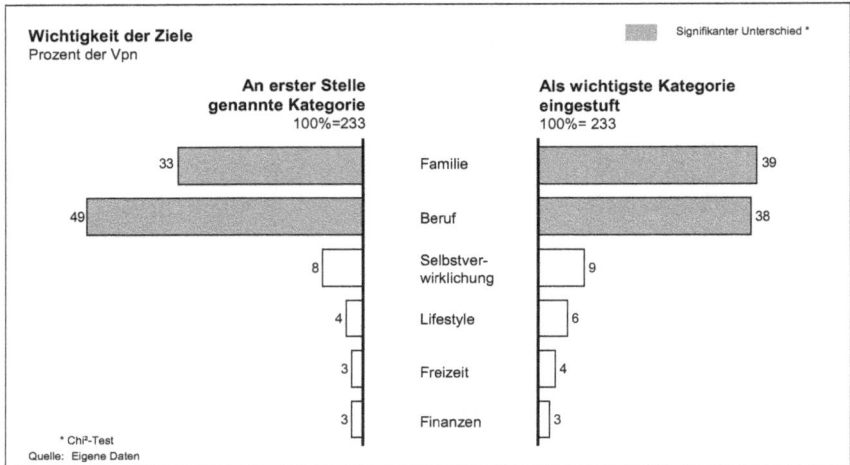

Abbildung 18: Unterschied zwischen der Nennung der Ziele an erster Stelle und der selbst einge-stuften Wichtigkeit der Ziele

Juristen haben die geringste Schwierigkeit, ihre drei wichtigsten Ziele zu definieren. Vpn, denen die Definition der Ziele schwer fällt, sind insgesamt weniger guter Stimmung und weniger entschlossen in der Verfolgung der Ziele. Berufliche Ziele werden zwar chronologisch zuerst genannt, im Nachhinein aber als weniger wichtig eingeschätzt.

6.1.6. Interkorrelationen zwischen den Variablen

Im Folgenden werden die Korrelationen zwischen den wesentlichen Variablen abge-bildet (siehe Tabelle 12). Die Lebenszufriedenheit korrelierte signifikant mit einigen beruflichen Zielen. Der höchste positive Zusammenhang bestand dabei mit dem Ziel zur formalen Qualifizierung, der höchste negative Zusammenhang mit dem Wunsch, den Arbeitsplatz zu wechseln. Die SWB-Maße zeigten dagegen keinen signifikanten Zusammenhang mit den übrigen Zielkategorien wie z.B. mit familiären Zielen oder Freizeitzielen. Zwischen den SWB-Maßen und den Zielmerkmalen gab es deutliche Korrelationen. Je höher die Erreichbarkeit bzw. je niedriger die Schwierigkeit, desto höher auch das SWB. Es konnte dagegen kein Zusammenhang zwischen dem SWB und dem Zielkonflikt gefunden werden. Dagegen waren sowohl die Lebenszufrieden-heit als auch die positive Stimmung besser, wenn Vpn über stärkere soziale Unterstüt-zung berichteten.

Der einzige positive Zusammenhang zwischen dem Berufserfolg und dem Zielinhalt bestand zwischen dem objektiven Berufserfolg und Karrierezielen. Sowohl der objek-tive als auch der subjektive Berufserfolg („Vergleich mit der Peergroup") korrelierten dagegen negativ mit dem Wunsch nach Arbeitsplatzwechsel. Der Vergleich mit den Studienkollegen hing zudem negativ mit Lern- und Freizeitzielen zusammen. Objektiver Berufserfolg ging mit hohen Werten in der Erreichbarkeit der Ziele einher. Der subjektive Berufserfolg („Vergleich mit den Studienkollegen") korrelierte außerdem positiv mit der sozialen Unterstützung.

Die soziale Unterstützung korrelierte darüber hinaus positiv mit familiären Zielen und negativ mit Freizeitzielen (vgl. 6.1.4). Zudem bestand ein positiver Zusammenhang mit den Zielmerkmalen Entschlossenheit, Erreichbarkeit und ein negativer mit dem Merkmal Schwierigkeit. Der Zielkonflikt wurde mit steigender sozialer Unterstützung als geringer wahrgenommen.

Auch zwischen dem SWB und dem subjektiven Berufserfolg bestanden Zusammenhänge (siehe Tabelle 13). So war sowohl die Lebenszufriedenheit als auch die positive Stimmung umso besser, je positiver sich die Vpn im Vergleich zu der Peergroup einschätzten. Zudem hing die Lebenszufriedenheit auch positiv mit der Einschätzung des Berufserfolgs im Vergleich zu den Studienkollegen zusammen.

Tabelle 12: Korrelationen von Zielinhalten, Zielmerkmalen, Zielkonflikten und sozialer Unterstützung mit dem Berufserfolg und dem SWB (N = 233[a])

		SWB[b]			Berufserfolg[c]			SU[d]
		LZ	PS	NS	Obj.	Vgl. P	Vgl. S	
Zielinhalt	Formale Qualifizierung	.24***						
	Inhaltliche Entwicklung						-.14 *	
	Auslandsaufenthalt	-.14 *			-.14 *			
	Karriere	.13*			.19**			
	Arbeitsplatzwechsel	-.15*			-.14*	-.23***		
	Berufliche Erfüllung	-.14 *				-.15 *		
	Familie							.27***
	Lifestyle							
	Freizeit						-.13*	-.22**
	Finanzen							
	Selbstverwirklichung					.13*		
Zielmerkmale	Entschlossenheit							.20**
	Erreichbarkeit	.37***	.31***	-.16*	.15*			.37***
	Schwierigkeit	-.26***	-.17*	.23**				-.24**
	Konkretheit							
Zielkonflikt								-.25**
Soziale Unterstützung		.22**	.22**					.19**

Anmerkung: Es wurden nur signifikante Korrelationen berichtet, *p < .05; **p < .01; ***p < .001. [a] Anzahl Vpn je nach Zelle leicht unterschiedlich. [b] LZ: Lebenszufriedenheit; PS: positive Stimmung; NS: negative Stimmung. [c] Obj.: Objektiver Berufserfolg; Vgl. P: Vergleich mit der Peergroup; Vgl. S: Vergleich mit den Studienkollegen. [d] Soziale Unterstützung; eingerechnet wurde wie gehabt nur die Unterstützung durch den Partner (N = 176).

Tabelle 13: Korrelationen zwischen dem subjektiven Wohlbefinden und dem Berufserfolg

	LZ[a]	PS[a]	NS[a]
Objektiver Berufserfolg (N = 216)	.13	.07	-.07
Vergleich mit der Peergroup (N = 231)	.20**	.15*	-.11
Vergleich mit den Studienkollegen (N = 232)	.21**	.13	-.07

Anmerkung: *p < .05; **p < .01; ***p < .001. [a] LZ: Lebenszufriedenheit; PS: positive Stimmung; NS: negative Stimmung.

Berufserfolg korreliert am stärksten mit beruflichen Zielen. Auch das SWB hängt mit beruflichen Zielen zusammen, geht aber auch mit Zielmerkmalen einher. Weder der Berufserfolg noch das SWB werden durch die Höhe des Zielkonflikts beeinflusst, beide Variablen zeigen indessen Zusammenhänge mit der sozialen Unterstützung. Nur der subjektive Berufserfolg geht teilweise mit höherem SWB einher.

6.1.7. Zusammenfassung und Diskussion

Die deskriptiven Untersuchungen ergaben einige interessante Befunde, die im Folgenden zusammengefasst und diskutiert werden.

6.1.7.1. Demographische Besonderheiten

Geschlecht

Mit nur 16% fällt der Frauenanteil der Befragten insgesamt sehr gering aus, ist aber repräsentativ für die Gesamtstichprobe. Dieses Phänomen ist in allen großen deutschen Strategieberatungen zu finden. Der Frauenanteil liegt hier durchgehend unter 20%[57]. Der geringe Frauenanteil kommt im Wesentlichen dadurch zustande, dass sich weniger Frauen in der Unternehmensberatung bewerben[58]. Woran aber könnte das liegen? Ein möglicher Grund ist sicherlich der Anteil an Naturwissenschaftlern in den Beratungen, der in der betrachteten Firma z.B. immerhin bei 35% liegt. Auch wenn Frauen insgesamt die Hälfte aller Studierenden ausmachen[59], so sind sie in den naturwissenschaftlichen Fächern doch nur mit 35% vertreten (Statistisches Bundesamt, 2002; vgl. Abele, 1998). Der wesentliche Grund für das geringere Interesse von Frauen[60] liegt aber vermutlich in den Spezifika des Berufsbildes eines Beraters, die nicht mit der Lebensplanung und den einhergehenden Vorstellungen über eine „Karriere" von Frauen übereinstimmen. Frauen haben teilweise eine etwas andere Auffassung von „Karriere". Sie

---

[57] Es wurden die in Deutschland größten Strategieberatungen McKinsey, BCG, Roland Berger und Bain betrachtet. Der Frauenanteil wurde teilweise den Webseiten entnommen und teilweise in Kurzinterviews abgefragt.

[58] Einen Hinweis darauf liefert eine Untersuchung an Studenten, die nach den beliebtesten Arbeitgebern fragt. Hier stand die größte deutsche Strategieberatung 2001 bei männlichen BWL-Studierenden auf Platz 3 und bei weiblichen BWL Studierenden auf Platz 14 (Universum Communications, 2001). Auch bei der Befragung von Wirtschaftswissenschaftlern (trendence, 2002) wurde zwar die Unternehmensberatung als beliebteste Branche für den Berufseinstieg eingeschätzt, hierbei nannten Frauen diese Branche aber seltener als Männer. Als Grund für den geringen Frauenanteil wäre insgesamt aber auch denkbar, dass sich genauso viele Frauen bewerben, aber weniger Frauen durch den Bewerbungsprozess kommen, weil sie entweder weniger qualifiziert sind oder anders als die männlichen Bewerber bewertet werden. Diese Gründe können weitestgehend ausgeschlossen werden. Nach Abele und Mitarbeitern kann man davon ausgehen, dass sich die Qualifikationen von Frauen und Männern nicht unterscheiden (z.B. Abele, 1997; Abele & Stief, in Druck). Insgesamt unterscheiden sich auch die Auswahlprozesse für Männer und Frauen nicht. Aus Vertraulichkeitsgründen dürfen allerdings hierzu keine statistischen Details genannt werden.

[59] 2001/2002 machten Frauen 47% der Studierenden und 53% der Studienanfänger aus (Statistisches Bundesamt, 2002).

[60] Als weiterer Grund könnten auch eher weibliche Persönlichkeitseigenschaften eine Rolle spielen. Der teilweise festgestellte stärkere Zweifel an den eigenen Fähigkeiten (Frieze, Whitley, Hanusa & McHugh, 1982; Sohn, 1982) könnte hier beispielsweise Aufklärung bringen. Diese Eigenschaft könnte dazu führen, dass Frauen sich als zu wenig qualifiziert einschätzen, um den harten Auswahlkriterien einer Unternehmensberatung standzuhalten. Dagegen sprechen allerdings die Ergebnisse von Abele et al (Abele, 2002c; Abele & Stief, in Druck). Die Befunde der Längsschnittstudie ergeben keine Geschlechtsunterschiede hinsichtlich beruflicher Selbstwirksamkeitserwartung, die auch die Einschätzung der eigenen beruflichen Kompetenz beinhaltet.

suchen eher nach einem flexiblen Berufsumfeld (Abele, 1997; 2000; trendence, 2002), sie messen einer „klassischen Karriere", in der Aufstieg, Status und Gehalt eine Rolle spielen, etwas weniger Wert bei (Abele & Krüsken, 2000; Birkelbach, 1998; trendence, 2002[61]) und beurteilen ihren Berufserfolg auch danach, wie gut sie die verschiedenen Lebensbereiche vereinbaren können (Hoff, Grote & Wahl, 2002). Die Unternehmensberatung hat den Ruf, diese Kriterien nicht zu erfüllen. Hinzu kommt, dass es wenig weibliche Vorbilder gibt, da der Anteil an Frauen in der obersten Ebene in der Beratung sehr gering ist[62].

Die wenigen Frauen, die in der Beratung arbeiten, scheinen wiederum in höherem Maße auf den Beruf fokussiert zu sein als ihre männlichen Kollegen. Frauen nennen auf die Frage nach den drei wichtigsten Zielen für die nächsten zwei Jahre häufiger zwei oder sogar drei berufliche Ziele als Männer, aber auch als weniger erfolgreiche Frauen in anderen Unternehmen (vgl. 6.3.3.1). Freizeitziele werden von den Beraterinnen dagegen seltener genannt. Zudem sind berufliche Ziele für Frauen häufiger die wichtigsten der drei genannten Ziele.

Erstaunlicherweise sind Frauen mit mehr beruflichen Zielen signifikant weniger erfolgreich als Frauen mit weniger beruflichen Zielen. Bei Männern ist die Anzahl der beruflichen Ziele dagegen kein Differenzierungsmerkmal. Offen bleibt allerdings, ob Frauen, die mehr berufliche Ziele haben, weniger erfolgreich sind, oder ob sich weniger erfolgreiche Frauen mehr berufliche Ziele setzen, also sich mehr anstrengen, um den Erfolg zu steigern.

Erfolgreiche Frauen schätzen sich selbst schlechter ein als erfolgreiche Männer. Der gefundene Effekt passt zu Geschlechtseffekten, die teilweise im Rahmen der Attributionstheorie nachgewiesen werden konnten. Gemäß der Theorie sprechen Frauen ihren Erfolg eher externalen Faktoren wie z.B. dem Zufall als internalen Faktoren wie z.B. der eigenen Fähigkeit zu (Frieze, et al., 1982) und schätzen dementsprechend auch ihre Leistung schlechter ein als Männer (Dweck & Licht, 1980). Es müsste in weiterer Studien getestet werden, ob dieses Phänomen bei Frauen mit steigendem Erfolg zunimmt. Befunde von begabten und intelligenten Frauen, die im Vergleich zu ebensol-

---

61 Die Frage, ob man sich als „deutlich karriereorientiert" einschätzen würde, bejahten nur 38% der Frauen, aber 48% der Männer von insgesamt 5580 examensnahen Wirtschaftswissenschaftlern (trendence, 2002).

62 In den großen deutschen Unternehmensberatungen beziffert sich der Anteil weiblicher Partner auf ca. 5% (Die großen Unternehmensberatungen im Überblick, 2001). Aber auch in großen Industrieunternehmen liegt der Frauenanteil im Top-Management nur bei 5% (Accenture, 2002). Dies wird von 83 befragten weiblichen Führungskräften aus Wirtschaft, Wissenschaft und Politik auch generell als eines der wesentlichen Hindernisse für Frauen in der Berufswelt gesehen (Accenture, 2002).

chen Männern weniger selbstbewusst sind und eher an ihren Fähigkeiten zweifeln, weisen bereits in diese Richtung (Dweck, 1999; Kerr & Nicpon, 2002).

Passend zu den Ergebnissen anderer Untersuchungen zur generellen sozialen Unterstützung, fühlen sich Frauen von ihrem Partnern besser unterstützt als Männer (z.b. Antonucci, 1985; Olson & Schultz, 1994). Dieses Ergebnis konnte auch in der BELA-Studie gefunden werden (vgl. Albert, 2002). Eine mögliche Erklärung könnte ein anderer Beurteilungsmaßstab für die Höhe der erhaltenen Unterstützung darstellen. Zum anderen könnte es natürlich auch sein, dass sie tatsächlich mehr Unterstützung durch den Partner erhalten.

Zusammenfassend kann man feststellen, dass in der Beratung nur wenige Frauen tätig sind, dass sie aber in höherem Maße auf den Beruf fokussiert sind und sich trotz Erfolg kritischer einschätzen als Männer.

Familienstand

Eine Partnerschaft, unabhängig ob eine Ehe besteht oder nicht, wirkt sich wie auch in anderen Untersuchungen immer wieder festgestellt, positiv auf das Glück und die Zufriedenheit aus. Ist der Partner noch dazu berufstätig, wird der Effekt weiter verstärkt. Es wird vermutet, dass Berufstätige mehr Verständnis für den Beruf ihres Partners haben. Dafür spricht die Tatsache, dass sich Personen mit berufstätigen Partnern auch besser unterstützt fühlen. Allerdings scheint dieser Effekt nur Einfluss auf das SWB zu haben, wenn die Personen noch keine Kinder haben. Sind Kinder vorhanden, so hängt die Berufstätigkeit des Partners nicht mit dem SWB zusammen. Dieses Ergebnis lässt die Vermutung zu, dass die Lebenszufriedenheit der Vpn auch dadurch beeinflusst ist, ob der Partner eine „Aufgabe" hat. „Aufgabe" könnte demnach sowohl ein Beruf als auch die „reine Mutterrolle" umfassen. Da es nur eine Frau unter den Vpn gibt, deren Mann nicht berufstätig ist und die Kinder hat, kann diese Aussage hier nur für Männer getroffen werden.

Die wahrgenommene Unterstützung steigt des Weiteren auch, wenn Paare zusammenleben. Man könnte vermuten, dass hierbei die tatsächliche operative Unterstützung durch die Hilfestellung im Alltagsleben bei einer gemeinsamen Wohnung einen wesentlichen Einflussfaktor darstellt. Einen negativen Effekt auf die wahrgenommene Unterstützung haben dagegen Kinder. Personen mit Kindern fühlen sich schlechter von ihrem Partner unterstützt als Personen, die keine Kinder haben. Dies liegt hauptsächlich daran, dass das Verständnis für den Beruf sinkt, wenn die Kinder auf der Welt sind[63]. Hierbei könnten v.a. die langen Arbeitszeiten und die Abwesenheit des Beraters unter der Woche eine Rolle spielen. Der Partner muss sich schließlich in der Zeit alleine um die Kinder kümmern. Gleichzeitig empfindet die Person selbst auch einen höheren Zielkonflikt, wenn sie Kinder hat. Insgesamt wirken sich Kinder trotz höherem Zielkonflikt und niedriger wahrgenommener sozialer Unterstützung aber nicht auf das SWB aus. Dieser Befund stimmt mit den sonstigen Ergebnissen der SWB-Forschung überein (Argyle, 1999).

Studienhintergrund

Im Wesentlichen unterscheiden sich nur die Juristen von den restlichen Befragten. Juristen schätzen ihren eigenen Berufserfolg im Vergleich zu den Studienkollegen beispielsweise signifikant geringer ein als die Befragten anderer Studienrichtungen. Bei Juristen scheint es hinsichtlich Einstiegsgehalt vergleichsweise bessere Alternativen für den Berufseinstieg zu geben. Dies gilt vor allem für Juristen mit Prädikatsexamen, die mit hohem Anteil auch in der Unternehmensberatung vertreten sind und zudem heute noch mit überproportionalem Anteil in den Vorstandsetagen deutscher Großunternehmen sitzen (Hartmann, 2002). Juristen fällt es, wie bereits erwähnt, am wenigsten schwer, die drei wichtigsten Ziele zu formulieren, und sie nennen dabei tendenziell mehr finanzielle und signifikant weniger familiäre Ziele. Da Personen in einer festen Partnerschaft ansonsten signifikant häufiger familiäre Ziele angeben, erstaunt das Resultat bei den Juristen, die sich alle in einer festen Partnerschaft befinden, umso mehr. Die Ergebnisse werfen die Frage auf, ob Juristen stärker materiell orientiert sind und genauer wissen, was sie wollen, als Personen anderer Studienfächer. Da sich die Ergebnisse nur auf sieben Juristen beziehen, sollten die Folgerungen daraus allerdings nur als erste Hypothesen aufgefasst werden.

6.1.7.2. Persönliche Ziele der Berater

Am häufigsten werden von den Befragten berufliche Ziele genannt, wobei über 60% der Befragten eine Kombination aus beruflichen und familiären Zielen bzw. Freizeitzielen angeben. Die beruflichen Ziele sind zu 80% ergebnisorientiert, also darauf ausgerichtet, etwas erreichen zu wollen.

Die Zielmerkmale, aber auch die anderen zielbezogenen Variablen wie z.B. die soziale Unterstützung werden je nach tatsächlichem Zielinhalt, auf den sich die Variablen beziehen, beurteilt. So fällt die soziale Unterstützung beispielsweise über alle Befragten hinweg am höchsten bei familiären- und am niedrigsten bei Freizeitzielen und Zielen zur beruflichen Erfüllung aus. Ziele zur formalen Qualifizierung werden am entschlossensten und finanzielle- und Karriereziele am wenigsten entschlossen verfolgt. Bemer-

---

63 Korrelationen der Einzelitems mit dem Vorhandensein von Kindern ergaben den größten Effekt für das Item „Mein Partner, meine Partnerin hat Verständnis für das Ziel" ($r = .12$; $p > .05$).

kenswert ist hierbei die Tatsache, dass die Befragten angeben, Karriereziele am wenigsten entschlossen zu verfolgen. Weniger Entschlossenheit manifestiert sich gemäß der drei Items in weniger Dringlichkeit, Verbindlichkeit und Einsatzbereitschaft für die Ziele. Bei dem hohen zeitlichen Engagement der Unternehmensberater würde man eigentlich besonders bei dieser Stichprobe eine ausgeprägte Priorisierung der Karriere erwarten. Warum trifft das nicht zu? Karriereziele werden zwar am wenigsten entschlossen verfolgt, aber als am leichtesten erreichbar eingeschätzt. Daher könnten die Befragten davon ausgehen, dass weniger Einsatzbereitschaft und Dringlichkeit nötig sind, um dieses Ziel dennoch zu erreichen. Somit wäre hier die Entschlossenheit kein Ausdruck der Wichtigkeit des Ziels, sondern eher eine Priorisierung der eigenen Energie auf Dinge, die schwieriger erreichbar erscheinen, aber auch wichtig sind.

Fällt es den Befragten insgesamt schwer, die drei wichtigsten Ziele zu definieren, so werden die Ziele auch als schwieriger eingestuft und zudem weniger entschlossen verfolgt. Personen sind dann also im wahrsten Sinne des Wortes „unentschlossen", was ihre wichtigsten Ziele angeht. Dies spiegelt sich schließlich in negativer Stimmung wieder. Angelehnt an die Ergebnisse einer Untersuchung von Pomerantz, Saxon & Oishi (2000) könnte die Ursache der schlechten Stimmung in der Tatsache begründet sein, dass die Personen insgesamt weniger wichtige Ziele haben. Der Aspekt der Zielfindungs-schwierigkeit wurde in bisherigen Untersuchungen nicht betrachtet. Gerade aus anwen-dungsbezogener Sicht könnte die Aufklärung der Zusammenhänge aber interessant sein, da an dieser Stelle beispielsweise Coachings, Mentorenprogramme, etc. ansetzen.

6.2. HYPOTHESENTESTUNG

Im folgenden Kapitel wird untersucht, inwieweit der Berufserfolg und das SWB durch Ziele und die soziale Unterstützung beeinflusst werden. Die Hypothesen wurden größtenteils mit Hilfe von hierarchischen Regressionsanalysen mit blockweiser Präsentation (Methode: Einschluss) getestet. Nominalskalierte unabhängige Variablen wurden hierbei dummykodiert. Obwohl im Folgenden stets von dem „Einfluss" der Ziel-Variablen auf das SWB und den Berufserfolg gesprochen wird, bleibt auf Grund des querschnittlich angelegten Designs hinsichtlich des tatsächlichen Wirkungszusammenhangs immer noch ein Interpretationsspielraum (siehe Kapitel 7.1).

6.2.1. Der Einfluss von Zielen auf das subjektive Wohlbefinden

Nachfolgend wird der Einfluss von Zielinhalten, Zielmerkmalen und Zielkonflikten auf das SWB analysiert.

6.2.1.1. Der Einfluss von Zielinhalten auf das subjektive Wohlbefinden

Hypothese A1 umfasst den Einfluss von Zielinhalten und der Zielorientierung auf das SWB. Der Einfluss der Zielinhalte auf das SWB (A1a) wird dabei ohne Hypothese explorativ untersucht. Als abhängige Variablen wurden Lebenszufriedenheit, positive und negative Stimmung in eine Regressionsanalyse eingerechnet. Als Prädiktoren dienten die sechs beruflichen Unterkategorien und die fünf Zielkategorien anderer Lebensbereiche. Da die demographischen Merkmale Geschlecht, Hierarchieebene und Familienstand einen Einfluss auf das SWB zeigten (siehe 6.1.2), wurden diese Faktoren im ersten Schritt kontrolliert[64]. Im zweiten Schritt wurden die beruflichen Ziele und im dritten Schritt die Ziele aus anderen Lebensbereichen eingerechnet. Der Zielinhalt wurde auf zwei Schritte aufgeteilt, um den Einfluss beruflicher und sonstiger Ziele klar trennen zu können.

Lebenszufriedenheit: Am stärksten wurde die Lebenszufriedenheit durch die Kontrollvariablen Hierarchieebene und Familienstand beeinflusst (vgl. 6.1.2.1). Aber auch die

---

[64] Obwohl Alter auch einen signifikanten Einfluss auf das SWB zeigte, wurde es hier auf Grund der hohen Korrelation mit der Hierarchieebene ($r = .70$; $p < .001$) nicht eingerechnet. Hierdurch sollte eine zusätzliche Erhöhung der Multikollinearität vermieden werden (Cohen & Cohen, 1983). Da die positive Stimmung je nach Geschlecht einen tendenziellen Mittelwertunterschied aufwies, wurde das Geschlecht als Kontrollvariable eingerechnet.

beruflichen Ziele zeigten einen signifikanten Zusammenhang mit der Lebenszufriedenheit. Sowohl der Wunsch nach einem Arbeitsplatzwechsel als auch das Bedürfnis nach beruflicher Erfüllung zeigten hierbei einen negativen Zusammenhang mit der Lebenszufriedenheit. Die anderen Zielkategorien wie z.b. familiäre Ziele wirkten sich dagegen nicht auf die Lebenszufriedenheit aus (siehe Tabelle 14).

Stimmung: Der Zielinhalt beeinflusste weder die positive noch die negative Stimmung (siehe Anhang 3.1.1).

Tabelle 14: Einfluss von Zielinhalten auf die Lebenszufriedenheit (N = 232)

Schritt	Unabhängige Variablen	R	Δ R²	Δ F	β im Schritt
1	**Demographische Merkmale**	.37	13%	$F_{(6,225)} = 5,77$; $p < .001$	
	Geschlecht				.08; n.s.
	Hierarchieebene				
	Berater				.17; $p < .05$
	Berater im Sabbatical-Jahr				.25; $p < .001$
	Projektleiter				.27: $p < .001$
	Familienstand				
	Ohne feste Beziehung				-.22; $p < .01$
	Verheiratet				.09; n.s.
2	**Zielinhalt: berufliche Ziele**	.44	6,3%	$F_{(6,219)} = 2,86$; $p < .05$	
	Formale Qualifizierung				.11; n.s.
	Inhaltliche Entwicklung				.01; n.s.
	Auslandsaufenthalt				-.11; n.s.
	Karriere				.03; n.s.
	Arbeitsplatzwechsel				-.15; $p < .05$
	Berufliche Erfüllung				-.13; $p < 05$
3	**Zielinhalt: weitere Zielkategorien**	.46	1,2%	$F < 1$	
	Familie				.12; n.s.
	Lifestyle				.02; n.s.
	Freizeit				.02; n.s.
	Finanzen				-.03.;n.s.
	Selbstverwirklichung				.03; n.s.

Anmerkung: Korrigiertes Delta R² war im ersten Schritt 11%, im zweiten Schritt 4,2% und im dritten Schritt 3,6% im Vergleich zum ersten Schritt

In Hypothese A1b soll der Einfluss der Zielorientierung überprüft werden. Es wird angenommen, dass der Fokus auf Ergebnisziele zu geringerem SWB führt. Die Hypothese wurde mit Hilfe einer einfaktoriellen Varianzanalyse überprüft. Als unabhängige Variable wurde die Zielorientierung mit den vier Abstufungen: reine Ergebnis-, reine Lernzielorientierung, gleichzeitige Lern- und Ergebniszielorientierung und kein berufliches Ziel (damit keine Zielorientierung) eingerechnet. Die Zielorientierung zeigte keinerlei Zusammenhang mit dem SWB (Lebenszufriedenheit: $F_{(3,231)} = 1,19$; $p > .32$; Stimmung: Fs < 1). Reine Ergebniszielorientierung brachte entgegen der Hypothese sogar die größte Lebenszufriedenheit mit sich (M = 3,86) im Vergleich zu gleichzeitiger Lern- und Ergebniszielorientierung, die mit der geringsten Lebenszufriedenheit einherging (M = 3,65).

Der Wunsch nach beruflicher Erfüllung und Arbeitsplatzwechsel weist einen negativen Zusammenhang mit der Lebenszufriedenheit aus. Ansonsten kann keine weitere Wirkung des Zielinhalts auf das SWB festgestellt werden (Fragestellung A1a). Die Zielorientierung zeigt entgegen der Hypothese A1b keinen signifikanten Zusammenhang mit dem SWB.

6.2.1.2. Der Einfluss von Zielmerkmalen auf das subjektive Wohlbefinden

Gemäß Hypothese A2a hat die Zielschwierigkeit einen negativen Einfluss auf das SWB. Die Hypothese A2b besagt außerdem, dass sich die Erreichbarkeit auf das SWB auswirkt. In einigen Studien wurde herausgefunden, dass die Erreichbarkeit nur in Kombination mit der Entschlossenheit wirkt. Der Entschlossenheit wurde somit eine moderierende Rolle zugeschrieben (Baron & Kenny, 1986), die in der vorliegenden Arbeit nicht angenommen wird. Dennoch soll hier der Effekt getestet werden. Der moderierende Effekt einer Variable kann mit Hilfe einer hierarchischen Regressionsanalyse festgestellt werden (z.B. Aiken & West, 1991; Cohen & Cohen, 1983; Cronbach, 1987). Hierbei werden im ersten Schritt sowohl die Prädiktorvariable als auch die Moderatorvariable in die Regressionsgleichung aufgenommen. Im zweiten Schritt wird darüber hinaus der Interaktionsterm aus den beiden eingerechnet, so dass sich folgende Gleichung ergibt:

$$Y = b_1 X + b_2 Z + b_3 XZ + b_0 \text{ (Aiken \& West, 1991, p. 29).}$$

Der moderierende Zusammenhang gilt als bestätigt, wenn durch die Hinzunahme des Interaktionseffekts ein signifikanter Varianzanteil aufgeklärt wird (Cohen & Cohen, 1983; Cronbach, 1987)[65].

Hypothese A2c geht außerdem davon aus, dass die Konkretheit das SWB nicht beeinflusst wird. Zur Überprüfung der drei Hypothesen wurden Regressionsanalysen gerechnet. Schritt eins wurde, wie oben beschrieben, beibehalten. Im Schritt zwei wurde auf Grund des festgestellten Effekts die Zielinhalte eingerechnet. Im dritten Schritt wurden die Zielmerkmale Schwierigkeit, Konkretheit, Erreichbarkeit und Entschlossenheit und im vierten Schritt wurde die Interaktion der Merkmale Erreichbarkeit und

---

65 Ist in diesem Fall auch ein Haupteffekt einer der Variablen erkennbar, sollte dieser als bedingter Effekt interpretiert werden. Dieser kann als signifikanter Effekt interpretiert werden, wenn angenommen wird, dass die andere Variable gleichzeitig Null ist (Aiken & West, 1991).

Entschlossenheit eingegeben. Die Zielmerkmale wurden wie bei Aiken & West (1991) angeraten z-transformiert. Die Interaktion wurde durch Multiplikation der z-transformierten Werte gebildet. Die z-Transformation minimiert Multikollinearität bei Interaktionen, z.b. bei hoher Korrelation zwischen Haupteffekt und Interaktion.

Lebenszufriedenheit: Die Zielmerkmale klärten mit 11,2% einen signifikanten Varianzanteil der Lebenszufriedenheit auf (siehe Anhang 3.1.2.1). Hierbei zeigte die Erreichbarkeit einen hoch signifikant positiven und die Zielschwierigkeit einen höchst signifikant negativen Zusammenhang mit der Lebenszufriedenheit (siehe Abbildung 19). Die Interaktionen zwischen Erreichbarkeit und Entschlossenheit und die Konkretheit hatten wie angenommen keine Auswirkung auf die Lebenszufriedenheit.

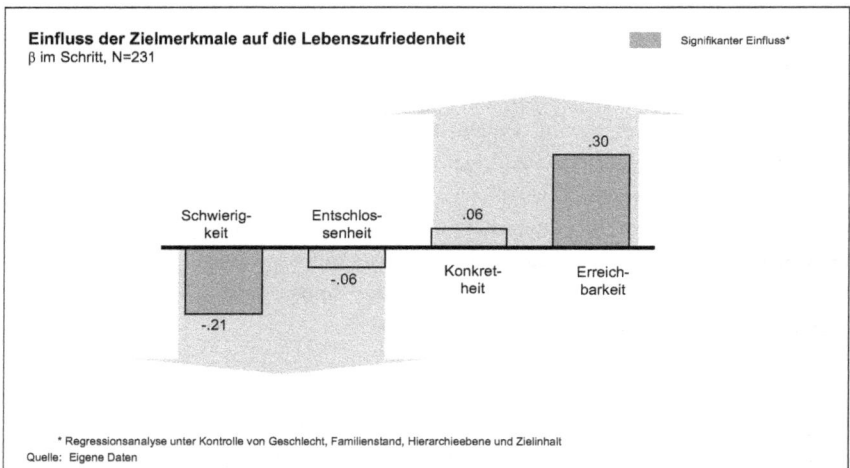

Einfluss der Zielmerkmale auf die Lebenszufriedenheit
β im Schritt, N=231

Signifikanter Einfluss*

Schwierig-keit   Entschlos-senheit   .06 Konkret-heit   .30 Erreich-barkeit

-.06

-.21

* Regressionsanalyse unter Kontrolle von Geschlecht, Familienstand, Hierarchieebene und Zielinhalt
Quelle: Eigene Daten

Abbildung 19: Einfluss von Zielmerkmalen auf die Lebenszufriedenheit

Stimmung: Die Erreichbarkeit wirkte sich auch auf die positive und negative Stimmung förderlich aus. Schwierige Ziele zeigten nur negativen Einfluss auf die positive Stimmung (Anhang 3.1.2.2; Tabelle 15). Die positive Stimmung wurde darüber hinaus tendenziell durch die Interaktion aus Erreichbarkeit und Entschlossenheit beeinflusst. Wie konkret die Ziele formuliert waren, hinterließ auch bei der Stimmung keinerlei Wirkung.

Tabelle 15: Einfluss von Zielmerkmalen auf die positive Stimmung (N = 231)

Schritt	Unabhängige Variablen	R	ΔR^2	ΔF	β im Schritt
1	**Demographische Merkmale** (Geschlecht, Hierarchieebene, Studienfach)	.28	7,8%	$F(6,224) = 3,14$; $p < .01$	
2	**Zielinhalt** (fünf Unterkategorien der beruflichen Ziele und sechs weitere Zielkategorien)	.31	2,1%	$F < 1$	
3	**Zielmerkmale**	.42	8, %	$F(4,209) = 5,17$; $p < .01$	
	Schwierigkeit				-.14; $p < .05$
	Konkretheit				.13; n.s.
	Erreichbarkeit				.28; $p < .01$.
	Entschlossenheit				-.01; n.s.
4	**Interaktion Erreichbarkeit x Entschlossenheit**	.44	1,3%	$F(1,208) = 3,30$; $p > .07$	.12; n.s.

Anmerkung: Korrigiertes Delta R^2 war im ersten Schritt 5,3%, im zweiten Schritt 2,6% (R^2, nicht Delta R^2), im dritten Schritt 4,4%, im Vergleich zum ersten Schritt und im vierten Schritt 1,0%.

Zielmerkmale hängen signifikant mit dem SWB zusammen. Gemäß Hypothesen A2a und A2b sind Vpn, die eher erreichbare und weniger schwierige Ziele angeben, zufriedener und besserer Stimmung als die restlichen Vpn. Die Konkretheit der Ziele hat wie hypothetisiert (A2c) dagegen keinen Einfluss auf das SWB.

6.2.1.3. Der Einfluss von Zielkonflikten auf das subjektive Wohlbefinden

Hypothese A3 befasst sich mit der Auswirkung von Zielkonflikten bzw. multiplen Zielen auf das SWB. Es wird postuliert, dass multiple Ziele das SWB nur beeinflussen, wenn sie als konfligierend wahrgenommen werden.

Regressionsanalysen, in die wiederum die Kontrollvariablen im ersten, die fünf verschiedenen Kombinationen der Zielinhalte (vgl. 6.1.1.3) im zweiten, der Zielkonflikt im dritten und die Interaktion aus Zielkonflikt und der Kombination der Zielinhalte im vierten Schritt eingegeben wurden, ergaben keine signifikanten Einflüsse der eingerechneten Variablen.

Lebenszufriedenheit: Weder der Zielkonflikt noch die Kombination der Zielinhalte zeigten einen Effekt (ΔFs < 1). Eine Interaktion aus Zielkonflikt und Zielinhalt (familiäre und sonstige Ziele) zeigte ein tendenziell signifikantes β im Schritt (-.13; $p > .08$). Insgesamt wiesen die Interaktionen allerdings auch keinen signifikanten Effekt auf ($\Delta F(4,215) = 1,39$; $p > .23$).

Stimmung: Zielkonflikte wirken sich tendenziell schlecht auf die positive Stimmung aus. Die Kombination der Zielinhalte und die Interaktion zwischen Zielinhalt und dem

Zielkonflikt erwiesen sich als wirkungslos (siehe Tabelle 16). Die negative Stimmung wurde durch keine der getesteten Variablen beeinflusst (ΔFs < 1).

Tabelle 16: Einfluss von Zielinhalten und Zielkonflikten auf die positive Stimmung (N = 231)

Schritt	Unabhängige Variablen	R	ΔR^2	ΔF	β im Schritt
1	Demographische Merkmale (Geschlecht, Hierarchieebene, Familienstand)	.28	7,6%	F(6,224) = 3,08; p < .01	
2	**Kombination von Zielinhalten**	.31	1,0%	F < 1	
	Familie und Beruf				.05; n.s.
	Familie und sonstige Ziele[a]				.05; n.s.
	Ziele der gleichen Kategorie				-.05; n.s.
	Familie, Beruf und sonstige Ziele				-.03; n.s.
3	**Zielkonflikt**	.31	1,2%	F(1,219) = 2,86; p > .09	-.11; n.s.
4	**Interaktion Zielinhalt x Zielkonflikt[b]**	.31	0,7%	F < 1	

Anmerkung: Korrigiertes Delta R² war im ersten Schritt 5,1%, im zweiten Schritt 4,4% (R². nicht Delta R²), im dritten Schritt 0,1 im Vergleich zum ersten Schritt und im vierten Schritt 4,3% (R². nicht Delta R²). [a] Beinhaltet auch Vpn, die ausschließlich „sonstige Ziele" angaben. [b] Alle β-im-Schritt-Werte waren negativ, keiner wurde signifikant.

Der insgesamt niedrige Zielkonflikt schlägt sich nur tendenziell in schlechter Stimmung nieder. Die Verschiedenheit der Zielinhalte zeigt dagegen keinen Einfluss auf das SWB, auch nicht in Interaktion mit dem Zielkonflikt. Die Hypothese A3 kann somit nicht bestätigt werden.

6.2.2. Der Einfluss von Zielen auf den Berufserfolg

Wie sich der Zielinhalt, die Zielmerkmale und die Zielkonflikte auf den Berufserfolg auswirken, wird in diesem Kapitel dargestellt.

6.2.2.1. Der Einfluss von Zielinhalten auf den Berufserfolg

Wie in Tabelle 12 zu sehen ist, konnten einige Zusammenhänge zwischen Berufserfolg und dem Zielinhalt gefunden werden. In diesem Abschnitt soll nun der Frage nachgegangen werden, ob sich berufliche Ziele positiv auf den Berufserfolg auswirken (siehe Hypothese B1a). Der Einfluss des Zielinhalts auf den Berufserfolg wurde, wie oben erklärt, mit Hilfe einer Regressionsanalyse getestet. Als abhängige Variable wurde der Berufserfolg eingegeben. Die demographischen Merkmale Geschlecht, Hierarchieebene und Studienfach wurden kontrolliert[66] und dazu im ersten Schritt eingerechnet. Die beruflichen Zielkategorien wurden im zweiten, die übrigen Zielkategorien im dritten Schritt eingegeben.

Objektiver Berufserfolg: Die beruflichen Ziele klärten 6% der Varianz des objektiven Berufserfolgs auf und beeinflussten diesen signifikant (siehe Anhang 3.2.1.1). Vor allem Karriereziele wirkten hier förderlich (siehe Abbildung 20). Die übrigen Ziele zeigten keinen Einfluss auf den objektiven Berufserfolg.

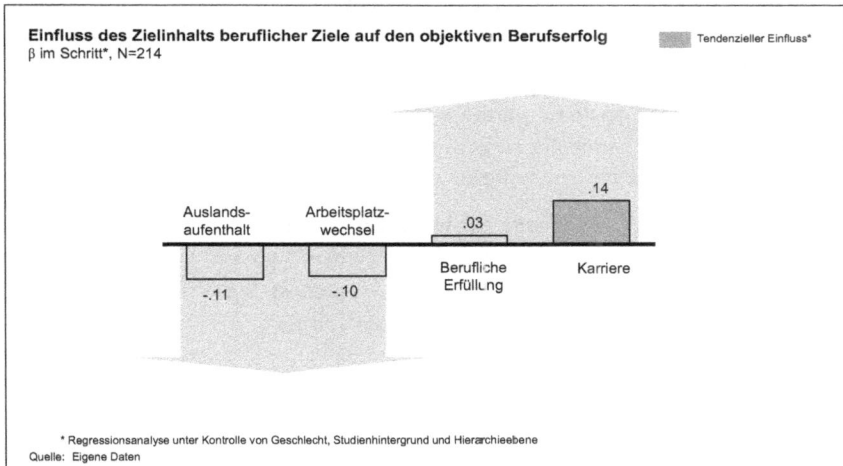

Einfluss des Zielinhalts beruflicher Ziele auf den objektiven Berufserfolg
β im Schritt*, N=214

Tendenzieller Einfluss*

Auslands-aufenthalt

Arbeitsplatz-wechsel

Berufliche Erfüllung

Karriere

.14

.03

-.11

-.10

* Regressionsanalyse unter Kontrolle von Geschlecht, Studienhintergrund und Hierarchieebene
Quelle: Eigene Daten

Abbildung 20: Einfluss von beruflichen Zielen auf den objektiven Berufserfolg

Subjektiver Berufserfolg: Berufliche Ziele beeinflussten auch die Einschätzung des eigenen Berufserfolgs im Vergleich zu der Peergroup. Hierbei zeigten Ziele, die sich auf den Arbeitsplatzwechsel und auf die berufliche Erfüllung bezogen, einen signifikant negativen Zusammenhang mit der subjektiven Einschätzung des eigenen Berufserfolgs. Ein t-Test gibt hierbei Aufschluss, ob sich dieser Unterschied auch im objektiven Erfolg widerspiegelt. Personen mit dem Ziel, den Arbeitsplatz zu wechseln, sind auch objektiv gesehen beruflich weniger erfolgreich ($t(214) = 2,03$; $p < .05$), Personen mit dem Ziel beruflicher Erfüllung unterscheiden sich dagegen im objektiven Berufs-

---

66 Die Regressionsanalysen zum objektiven und subjektiven Berufserfolg sollten vergleichbar sein. Daher wurden in allen Berechnungen zum Berufserfolg die gleichen drei Kontrollvariablen verwendet, obwohl nicht alle Kontrollvariablen gleichermaßen mit dem subjektiven und dem objektiven Berufserfolg zusammenhingen (siehe 5.3.3).

erfolg nicht von den restlichen Befragten (t < 1). Kein signifikanter Effekt ging hier von den Karrierezielen aus (siehe Anhang 3.2.1.2). Zudem ergaben die Kontrollvariablen den bereits bekannten Geschlechtseffekt, nach dem sich Frauen schlechter einschätzen als Männer (vgl. Kapitel 6.1.3.2). Die Beurteilung des eigenen Berufserfolgs im Vergleich zu den Studienkollegen blieb insgesamt unabhängig von den Zielinhalten. Nur die Freizeitziele wirkten sich im Einzelnen negativ auf die Einschätzung des eigenen Berufserfolgs aus (siehe Anhang 3.2.1.3). Ein t-Test ergab dabei keinen Unterschied im objektiven Berufserfolg (t < 1) bei Personen mit Freizeitzielen.

Ein weiterer Bestandteil der Hypothese B1 (B1b) betrifft den Einfluss der Zielorientierung auf den Berufserfolg. Es wird angenommen, dass sich die Kombination von Lern- und Ergebniszielorientierung positiv auf den Berufserfolg auswirkt.

Zur Überprüfung der Hypothese wurden einfaktorielle Varianzanalysen gerechnet. Als unabhängige Variable wurde die vierstufige Zielorientierung (vgl. 6.2.1.1), als abhängige Variable der objektive bzw. subjektive Berufserfolg eingerechnet.

Objektiver Berufserfolg: Es konnte ein tendenzieller Unterschied im objektiven Berufserfolg je nach Zielorientierung festgestellt werden. Vpn mit ergebnisorientierten Zielen wiesen hierbei entgegen der Hypothese den größten, Vpn mit gemischter Zielorientierung den geringsten Berufserfolg auf (siehe Tabelle 17).

Subjektiver Berufserfolg: Der subjektive Berufserfolg wurde dagegen nicht durch die Zielorientierung beeinflusst.

Tabelle 17: Unterschiede im Berufserfolg in Abhängigkeit der Zielorientierung

	EZO[a] M (SD)	LZO[a] M (SD)	ELZO[a] M (SD)	KB[a] M (SD)	Statistische Testung
Objektiver Berufserfolg (N = 216)	3,49 (0,60)	3,43 (0,60)	3,17 (0,48)	3,33 (0,49)	$F(3,215) = 2,41; p > .06$
Subjektiver Berufserfolg (Vgl. mit Peergroup; N = 231)	3,41 (0,75)	3,25 (0,68)	3,12 (0,71)	3,59 (0,62)	$F(3,230) = 1,93; p > .12$
Subjektiver Berufserfolg (Vgl. mit Studienkollegen; N = 232)	4,55 (0,60)	4,36 (0,76)	4,31 (0,84)	4,53 (0,62)	$F(3,231) = 1,47; p > .22$

Anmerkung: [a] EZO: Ergebniszielorientierung; LZO: Lernzielorientierung; ELZO: Lern- und Ergebniszielorientierung; KB: kein berufliches Ziel.

Karriereziele wirken sich wie angenommen (Hypothese B1a) positiv auf den objektiven Berufserfolg aus, haben aber keinen Einfluss auf den subjektiven Berufserfolg. Die eigene Einschätzung des Berufserfolgs hängt dagegen negativ mit dem Wunsch nach einem Arbeitsplatzwechsel und dem Ziel der beruflichen Erfüllung zusammen. Vpn mit ergebnisorientierten Zielen sind entgegen der Hypothese B1b tendenziell objektiv erfolgreicher als Vpn, die sowohl lern- als auch ergebnisorientierte Ziele nennen.

6.2.2.2.   Der Einfluss von Zielmerkmalen auf den Berufserfolg

Die Hypothesen zum Einfluss der Zielmerkmale beruflicher Ziele auf den Berufserfolg werden wie in 6.2.1.2 gemeinsam in einer Regressionsanalyse getestet. Gemäß den Hypothesen B2a und B2c wird nachfolgend geprüft, ob sich die Schwierigkeit direkt und in Kombination mit der Konkretheit der beruflichen Ziele positiv auf den Erfolg auswirken. Weiterhin soll nachgewiesen werden, dass sowohl die Entschlossenheit so wie die Erreichbarkeit beruflicher Ziele einen direkten Einfluss auf den Erfolg haben (Hypothese B2b). Im ersten Schritt der Regressionsanalyse wurden Geschlecht, Hierarchieebene und Studienfach kontrolliert. Im zweiten Schritt wurden auf Grund seines Einflusses zusätzlich der Zielinhalt (berufliche Ziele) kontrolliert. Die z-transformierten Zielmerkmale Entschlossenheit, Erreichbarkeit, Schwierigkeit und Konkretheit der beruflichen Ziele wurde im dritten, die Interaktion zwischen Entschlossenheit und Erreichbarkeit und zwischen Konkretheit und Schwierigkeit im vierten Schritt eingegeben.

Objektiver Berufserfolg: Obwohl schwierige Ziele den objektiven Berufserfolg signifikant negativ beeinflussten (β im Schritt = -.14; $p < .05$; siehe Anhang 3.2.2), hatten die Zielmerkmale insgesamt nur einen tendenziellen Einfluss auf den objektiven Berufserfolg. Die zusätzlich getesteten Variablen hatten keinerlei Wirkung auf den objektiven Berufserfolg.

Subjektiver Berufserfolg: Die Zielmerkmale beeinflussten den subjektiven Berufserfolg („Vergleich mit der Peergroup") tendenziell (siehe Tabelle 18). Wiederum war es im Einzelnen aber nur die Zielschwierigkeit beruflicher Ziele, die einen signifikant negativen Einfluss auf den subjektiven Berufserfolg aufwies. Bei der Variable „Vergleich mit den Studienkollegen" konnte keinerlei Einfluss der Zielmerkmale und Interaktionen ($\Delta Fs < 1$) gefunden werden.

Tabelle 18: Einfluss von Zielmerkmalen beruflicher Ziele auf den subjektiven Berufserfolg („Vergleich mit der Peergroup"; N = 211)

Schritt	Unabhängige Variablen	R	ΔR^2	ΔF	β im Schritt
1	**Demographische Merkmale** (Geschlecht, Hierarchieebene, Studienfach)	.21	4,4%	F(7,203) = 1,33; p > .24	
2	**Zielinhalt** (fünf Unterkategorien der beruflichen Ziele und sechs weitere Zielkategorien)	.38	10,1%	F(6,197) = 3,89; p < .01	
3	**Zielmerkmale**	.43	3,8%	F(4,193) = 2,22; p > .06	
	Entschlossenheit				-.10; n.s.
	Schwierigkeit				-.16; p < .05
	Konkretheit				.00; n.s.
	Erreichbarkeit				.07; n.s.
4	**Interaktion**	.43	0,3%	F < 1	
	Erreichbarkeit x Entschlossenheit				-.04; n.s.
	Konkretheit x Schwierigkeit				-.06; n.s.

Anmerkung: Korrigiertes Delta R² war im ersten Schritt 1,1%, im zweiten Schritt 7,8%, im dritten Schritt 2,2% und im vierten Schritt 1,6 % im Vergleich zum zweiten Schritt.

Die Schwierigkeit beruflicher Ziele wirkte sich, anders als in Hypothese B2a angenommen, negativ auf den Berufserfolg aus. Entgegen Hypothesen B2b und B2c zeigten weder die Erreichbarkeit und Entschlossenheit noch die Konkretheit einen signifikanten Einfluss auf den objektiven und subjektiven Berufserfolg.

6.2.2.3. Der Einfluss von Zielkonflikten auf den Berufserfolg

Analog zur Hypothese A3 wird in Hypothese B3 der Einfluss von Zielkonflikten und multiplen Zielen auf den Berufserfolg untersucht. Wiederum wird angenommen, dass sich der Zielkonflikt negativ auf den Berufserfolg auswirkt, multiple Ziele dagegen nur einen negativen Einfluss auf den Berufserfolg haben, wenn sie als konfligierend wahrgenommen werden.

Regressionsanalysen, in die im ersten Schritt demographische Kontrollvariablen, im zweiten Schritt die verschiedenen Zielkombinationen, im dritten Schritt der Zielkonflikt und im vierten Schritt die Interaktion aus den Zielkombinationen und dem Zielkonflikt eingegeben wurden, kommen zu folgendem Resultat:

Objektiver Berufserfolg: Weder der Zielkonflikt noch die Zielinhalte oder die Interaktion der Zielinhalte mit dem Zielkonflikt übten einen signifikanten Einfluss auf den objektiven Berufserfolg aus (ΔFs < 1).

Subjektiver Berufserfolg: Der „Vergleich mit der Peergroup" wurde von keiner der getesteten Variablen beeinflusst (ΔFs < 1). Die Einschätzung des eigenen Berufserfolgs im Vergleich zu den Studienkollegen wurde tendenziell durch den Zielkonflikt negativ beeinflusst (siehe Tabelle 19).

Tabelle 19: Einfluss von Zielinhalten und Zielkonflikten auf den subjektiven Berufserfolg („Vergleich mit den Studienkollegen"; N = 229)

Schritt	Unabhängige Variablen	R	ΔR^2	ΔF	β im Schritt
1	Demographische Merkmale (Geschlecht, Hierarchieebene, Familienstand)	.27	7,4%	$F(7,221) = 2,53$; $p < .05$	
2	Kombination von Zielinhalten	.32	2,7%	$F(4,217) = 1,65$; $p > .16$	
	Familie und Beruf				.15; $p < .05$
	Familie und sonstige Ziele[a]				.05; n.s.
	Ziele der gleichen Kategorie				-.04; n.s.
	Familie, Beruf und sonstige Ziele				-.01; n.s.
3	Zielkonflikt	.34	1,2%	$F(1,216) = 2,83$; $p > .09$	-.11; n.s.
4	Interaktion Zielinhalt x Zielkonflikt[b]	.36	¯,8%	$F(4,212) = 1,11$; $p > .35$	

Anmerkung: Korrigiertes Delta R^2 war im ersten Schritt 4,5%, im zweiten Schritt 1,1%, im dritten Schritt 0,8% und im vierten Schritt 0,2%. [a] Beinhaltet auch Vpn, die ausschließlich „sonstige Ziele" angaben. [b] Keiner der β-im-Schritt-Werte waren signifikant.

Ein hoher Konfliktwert wirkt sich wie hypothetisiert (B3) tendenziell negativ auf die Wahrnehmung des eigenen Berufserfolgs im Vergleich zu den Studienkollegen aus. Dagegen wurde weder der objektive Berufserfolg noch die eigene Einschätzung im Vergleich zur Peergroup durch Zielkonflikte, multiple Ziele oder deren Interaktionen beeinflusst.

6.2.3. Der Einfluss von sozialer Unterstützung auf den Zielkonflikt, den Berufserfolg und das subjektive Wohlbefinden (C)

Im folgenden Kapitel wird der Einfluss sozialer Unterstützung untersucht.

6.2.3.1. Der Einfluss sozialer Unterstützung auf den Zielkonflikt

Hypothese C1 geht davon aus, dass die soziale Unterstützung durch den Partner den wahrgenommenen Zielkonflikt verringert. Eine Regressionsanalyse soll Aufschluss darüber geben. Im ersten Schritt wurde die Variable „Vorhandensein von Kindern"[67]. Im zweiten Schritt wurde zudem der Zielinhalt (Kombination der Zielinhalte) eingerechnet, da er einen großen Einfluss auf den Zielkonflikt aufwies (vgl. 6.1.4). Im dritten Schritt wurde schließlich die soziale Unterstützung eingerechnet. Als abhängige Variable diente der Konfliktwert.

Die Ergebnisse zeigten einen hoch signifikanten Einfluss der sozialen Unterstützung auf den wahrgenommenen Zielkonflikt mit einer Varianzaufklärung von 6,1% (siehe Tabelle 20) Je mehr soziale Unterstützung die Vpn durch den Partner erfuhren, desto geringer wurde der Zielkonflikt wahrgenommen.

Tabelle 20: Einfluss von sozialer Unterstützung auf den Zielkonflikt (N = 175)

Schritt	Unabhängige Variablen	R	ΔR^2	ΔF	β im Schritt
1	**Vorhandensein von Kindern**	.17	2,9%	$F(1,173) = 5,11$; $p < .05$	-.17; $p < .05$
2	**Zielinhalt** (fünf Kombinationen der Zielinhalte)	.23	2,6%	$F < 1$	
3	**Soziale Unterstützung**	.34	6,1%	$F(1,168) = 11,58$; $p \leq .001$	-.26; $p \leq .001$

Anmerkung: Korrigiertes Delta R² war im ersten Schritt 2,3%, im zweiten Schritt 0% und im dritten Schritt 5,7%.

Soziale Unterstützung lässt gemäß Hypothese C1 den Zielkonflikt geringer erscheinen.

6.2.3.2. Der Einfluss sozialer Unterstützung auf das subjektive Wohlbefinden

Hypothese C2b beinhaltet den positiven Einfluss von sozialer Unterstützung auf das SWB. Um dies zu testen, wurde eine Regressionsanalyse mit dem SWB als abhängige Variable durchgeführt. Im ersten Schritt wurden das Geschlecht, die Hierarchieebene und der Familienstand auf Grund ihres Einflusses auf das SWB kontrolliert. Im zweiten Schritt wurde der Zielinhalt, im dritten Schritt die soziale Unterstützung eingegeben[68].

---

67 Wie in Kapitel 6.1.4 gezeigt, beeinflusste die hier eingerechnete demographischen Variable den Zielkonflikt und wurde daher kontrolliert.

68 Es wurden auch hier nur Personen berücksichtigt, die sich in einer festen Partnerschaft befanden und den Partner auch als Vertrauensperson angaben (N = 176).

Tabelle 21: Einfluss von sozialer Unterstützung auf die Lebenszufriedenheit (N = 176)

Schritt	Unabhängige Variablen	R	ΔR^2	ΔF	β im Schritt
1	**Demographische Merkmale** (Geschlecht, Hierarchieebene, Familienstand)	.25	6,3%	$F(5,181) = 2,44$; $p < .05$	
2	**Zielinhalt** (fünf Unterkategorien der beruflichen Ziele und sechs weitere Zielkategorien)	.41	10,.%	$F(11,170) = 1,86$; $p < .05$	
3	**Soziale Unterstützung**	.44	3,0%	$F(1,169) = 6,20$; $p < .05$	.19; $p < .05$

Anmerkung: Korrigiertes Delta R^2 war im ersten Schritt 3,7%, im zweiten Schritt 4,8% und im dritten Schritt 2,7%.

Gemäß der Hypothese ging ein hohes Maß an Unterstützung durch den Partner mit einer hohen Lebenszufriedenheit und positiver Stimmung einher (siehe Tabelle 21; Tabelle 22). Die negative Stimmung wurde dagegen nicht signifikant durch die soziale Unterstützung beeinflusst ($\Delta F(1,169) = 1,18$; $p > .27$; β im Schritt = -.09).

Der Einfluss der sozialen Unterstützung auf das SWB und die in 6.1.2.2 beschriebenen Zusammenhänge zwischen der sozialen Unterstützung, der Berufstätigkeit des Partners und dem SWB lassen die Frage offen, ob die Steigerung des SWBs durch die Berufstätigkeit des Partners an sich oder nur durch die Tatsache, dass berufstätige Partner stärkere Unterstützung bieten, zustande kommt. Es könnte ja sein, dass die soziale Unterstützung als Mediator dient, ohne die der Zusammenhang zwischen Berufstätigkeit des Partners und SWB nicht bestehen würde. Um dies zu überprüfen, wurden die Zusammenhänge in Anlehnung an Baron & Kenny (1986) genauer getestet[69]. Die soziale Unterstützung nimmt, wenn auch nicht ganz eindeutig, gemäß der Ergebnisse der Regressionsanalysen die Stellung eines Mediators zwischen der Berufstätigkeit des Partners und der Lebenszufriedenheit und der positiven Stimmung ein (Anhang 3.3.1). Somit hängt das SWB im Wesentlichen mit der sozialen Unterstützung zusammen (vgl. 6.2.3.1), die wiederum höher ist, wenn der Partner berufstätig ist.

---

69 Nach Baron & Kenny (1986) kann ein mediierender Zusammenhang in vier Schritten festgestellt werden. Im Folgenden wird die soziale Unterstützung als Mediator bezeichnet, also die Variable, die bestimmt, ob ein Zusammenhang zwischen zwei anderen Variablen besteht oder nicht. Die Berufstätigkeit des Partners wird als Prädiktor und das SWB als Kriterium bezeichnet. Um nun herauszufinden, ob die soziale Unterstützung den Zusammenhang zwischen Berufstätigkeit des Partners und SWB mediert, müssen folgende drei Regressionen berechnet werden: 1) Der Prädiktor muss den Mediator beeinflussen. 2) Der Prädiktor muss zudem das Kriterium beeinflussen und 3) Der Mediator muss auch unter Kontrolle des Prädiktors einen Einfluss auf das Kriterium haben. Man spricht von einer Mediation, wenn der Einfluss des Prädiktors auf das Kriterium im dritten Schritt kleiner ist als im ersten Schritt. Da es vor allem auf die Einflussgrößen im Vergleich ankommt, wurden die Regressionsanalysen ohne das Hinzuziehen von Kontrollvariablen berechnet.

Tabelle 22: Einfluss von sozialer Unterstützung auf die positive Stimmung (N = 176)

Schritt	Unabhängige Variablen	R	ΔR^2	ΔF	β im Schritt
1	Demographische Merkmale (Geschlecht, Hierarchieebene, Familienstand)	.22	4,8%	$F(5,181) = 1,82$; $p > .10$	
2	Zielinhalt (fünf Unterkategorien der beruflichen Ziele und sechs weitere Zielkategorien)	.27	2,2%	$F < 1$	
3	Soziale Unterstützung	.32	3,2%	$F(1,169) = 6,09$; $p < .05$	.20; $p < .05$

Anmerkung: Korrigiertes Delta R^2 war im ersten Schritt 2,2%, im zweiten Schritt -1,7% (R^2, nicht Delta R^2) und im dritten Schritt 1,2% (R^2, nicht Delta R^2).

In Hypothese C2b soll zudem geprüft werden, ob sich eine Partnerschaft mit vergleichsweise geringer sozialer Unterstützung positiver auf das SWB auswirkt als keine Partnerschaft. Diese Hypothese wurde mit Hilfe einfaktorieller Varianzanalysen geprüft. Als abhängige Variable wurde das SWB eingerechnet, als unabhängige Variable diente eine dreifach gestufte Variable zur sozialen Unterstützung. Diese bestand aus den Stufen keine Partnerschaft, Partnerschaft mit vergleichsweise geringer sozialer Unterstützung und Partnerschaft mit vergleichsweise hoher sozialer Unterstützung[70]. Abbildung 21 stellt die Ergebnisse dar. Sowohl die Lebenszufriedenheit ($F(2,220) =$ 12,29; $p < .001$) als auch die positive Stimmung ($F(2,220) = 9,35$; $p < .001$) nahmen die höchsten Werte an, wenn Vpn vergleichsweise stark von ihren Partnern unterstützt wurden[71]. Die Hypothese C2b bestätigte sich aber nur für die Lebenszufriedenheit. Diese war auch bei Vpn, die wenig Unterstützung erhielten, signifikant höher als bei Vpn ohne Partnerschaft. Die Stimmung unterschied sich dagegen nicht zwischen Personen in einer Partnerschaft mit geringer Unterstützung und Personen ohne Partnerschaft.

---

[70] Hohe und niedrige soziale Unterstützung wurde über die Variable „soziale Unterstützung" bestimmt. Hierbei wurden die Vpn mit Hilfe eines Mediansplitt in zwei gleich große Gruppen geteilt.

[71] Hinsichtlich der negativen Stimmung konnten keine signifikanten Unterschiede gefunden werden ($F(2,220) = 1,92$; $p > .14$).

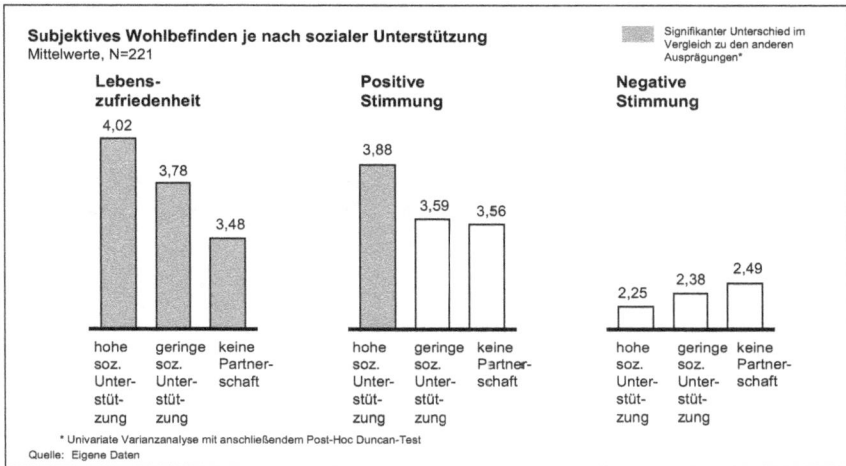

Abbildung 21: Subjektives Wohlbefinden in Abhängigkeit der sozialen Unterstützung durch den Partner

Soziale Unterstützung durch den Partner wirkt sich wie in Hypothese C2a ange-nommen positiv auf die Lebenszufriedenheit und die Stimmung aus. Gemäß Hypo-these C2b berichten hierbei Vpn, die durch den Partner vergleichsweise stark unter-stützt werden, über das höchste SWB. Vpn ohne Partner sind am unzufriedensten, auch im Vergleich zu Vpn, deren Partner sie relativ wenig unterstützen. Die Stim-mung unterscheidet sich dagegen nicht zwischen Personen ohne Partnerschaft und Personen deren Partner sie nur wenig unterstützen.

6.2.3.3. Der Einfluss sozialer Unterstützung auf den Berufserfolg

Gemäß Hypothese C3a wirkt sich soziale Unterstützung der beruflichen Ziele durch den Partner positiv auf den Berufserfolg aus. Es wurde eine Regressionsanalyse ge-rechnet, in die im ersten Schritt demographische Variablen kontrolliert (vgl. 6.1.4), im zweiten Schritt wieder die Zielinhalte (berufliche Ziele) und im dritten Schritt die so-ziale Unterstützung durch den Partner eingegeben wurde.

Weder der objektive noch der subjektive Berufserfolg wurden signifikant durch die soziale Unterstützung beeinflusst (ΔFs < 1).

In Hypothese C3b soll gezeigt werden, dass Personen, die keinen Partner haben, er-folgreicher sind als Personen mit Partnern, die nur geringe Unterstützung für die be-ruflichen Ziele aufbringen. Am erfolgreichsten sollten nach der Hypothese Personen mit einem Partner sein, der sie in hohem Maße in ihren beruflichen Zielen unterstützt.

Zur Überprüfung der Hypothese wurden, ähnlich wie in Kapitel 6.2.3.1, einfaktorielle Varianzanalysen gerechnet.

Die Hypothese bestätigte sich weder für den objektiven noch für den subjektiven Berufserfolg (siehe Anhang 3.3.2).

Das Ausmaß an sozialer Unterstützung der beruflichen Ziele durch den Partner beeinflusst den Berufserfolg entgegen Hypothese C3a und C3b in keiner Weise.

6.3. VERGLEICH MIT AUSGEWÄHLTEN BELA-E-DATEN

In diesem Kapitel wird eine ausgewählte Stichprobe der BELA-E-Daten (vgl. 5.1) mit den hier erhobenen Daten der Berater verglichen.

6.3.1. Methode

Im Folgenden werden die Determinanten des Berufserfolgs mit Hilfe der BELA-E-Daten noch einmal eingehender beleuchtet. Da die Stichprobe der Berater bezüglich des Berufserfolgs relativ homogen ist, werden hier zusätzlich Akademiker von der BELA-Erhebung als Vergleichsstichprobe genutzt. Ziel ist es, einen Vergleich zwischen „beruflich erfolgreichen" und „beruflich weniger erfolgreichen" Personen durchzuführen. Als Kriterium für den Berufserfolg wurde das Gehalt verwendet. Hierbei wurde die Gehaltsabstufung der BELA-Studie herangezogen (vgl. Abele, 2002c; Stief, 2001).

Die Berater, deren monatliches Einkommen bei mindestens 4100 EUR lag, gelten hierbei als beruflich sehr erfolgreich. Die Vergleichsgruppe der beruflich weniger erfolgreichen Akademiker wurde aus den BELA-Daten gewonnen. Es wurden Vpn ausgewählt, die bis zu 3000 EUR monatlich verdienten[72]. Um diese beiden Gruppen vergleichbar zu machen, wurden aus den BELA-Daten nur Vpn mit passendem Studienhintergrund ausgewählt, die in der freien Wirtschaft beschäftigt waren. Da das Studienfach nach den Ergebnissen von Abele und Mitarbeitern und anderen Autoren (z.B. Abele, 2002c; Abele & Stief, 2001; in Druck; Birkelbach, 1998) einen maßgeblichen Einfluss auf die Zielwahl und den Berufserfolg hat, wurde die Verteilung des Studienhintergrunds so weit wie möglich durch eine zufällige Stichprobenziehung angepasst. Da sich insgesamt aber sehr viel weniger Naturwissenschaftler unter den Vpn der BELA-Stichprobe befanden, konnte die prozentuale Verteilung nur angenähert werden, um die Stichprobengröße nicht zu klein werden zu lassen (siehe Anhang 4.1). Die zwei Gruppen unterschiedlichen Berufserfolgs werden im Folgenden „Berater" und „weniger erfolgreiche Akademiker" genannt.

---

[72] Ein solches Gehalt wurde in den bisherigen Studien als niedriges und mittleres Einkommen bezeichnet (Abele & Stief, in Druck). Hierbei wurden Vpn einbezogen, die sich in adäquaten oder inadäquaten Vollzeitbeschäftigungen, z.B. als Verkäufer befanden. Die Einschätzung der Adäquatheit einer Arbeitsstelle wurde durch das Projektteam der BELA-Studie vorgenommen.

Betrachtet werden einige Variablen, die gleichermaßen im BELA-Projekt sowie in der vorliegenden Arbeit erhoben wurden. Teilweise mussten kleinere Anpassungen vorgenommen werden, um die Daten vergleichbar zu machen.

Zielinhalt: Da die vorliegende Arbeit an das BELA-Projekt angelehnt wurde, waren die Zielkategorien nahezu identisch. Die dennoch bestehenden geringfügigen Unterschiede wurden durch Umordnung von Unterkategorien behoben. Bezüglich der beruflichen Ziele wurden die in dieser Arbeit eingesetzten Unterkategorien „Arbeitsplatzwechsel" und „Auslandsaufenthalt" der Unterkategorie „inhaltliche Entwicklung" zugeordnet. Zusätzlich wurde eine neue Unterkategorie „berufliche Orientierung" verwendet. Diese gehörte in den vorherigen Analysen der vorliegenden Arbeit zu der Unterkategorie „Karriere". In den anderen Kategorien wie z.B. „Familie" oder „Freizeit", gab es im BELA-Projekt zusätzliche Unterkategorien. Diese wurden bestehenden Unterkategorien der vorliegenden Arbeit zugeordnet[73]. Die Vpn des BELA-Projektes durften beliebig viele Ziele angeben. Um die Ergebnisse vergleichbar zu machen, wurden in die Berechnungen allerdings nur drei Ziele der ausgewählten Stichprobe einbezogen[74].

Bei der Lern- und Ergebniszielorientierung gab es keine Unterschiede in der Erhebungsmethode. Die Daten konnten ohne Veränderung in den Vergleich einbezogen werden.

Zielmerkmale: Die Konkretheit der Ziele wurde zwar in beiden Studien erhoben, die Kategorisierungen unterschieden sich aber, so dass hier kein Vergleich angestellt werden konnte.

Lebenszufriedenheit: Wie in der vorliegenden Arbeit wurde auch im BELA-Projekt die Lebenszufriedenheit nach Diener et al. (1985) erhoben und konnte somit verglichen werden.

---

73 Im BELA-Projekt gab es eine zusätzliche Unterkategorie „Kinder", die hier der Kategorie „Familie" zugeordnet wurde. Gleichermaßen wurden alle „Freizeit-Unterkategorien" des BELA-Projekts zusammengezogen. Die Unterkategorie „sonstige materielle Ziele" wurde außerdem der Unterkategorie „Finanzen" zugeordnet. Die in dieser Arbeit zusätzlich eingeführte Kategorie „Lifestyle" wurde der Kategorie „Vereinbarkeit von Familie und Freizeit" zugerechnet.

74 Die Vpn sollten in der BELA-Befragung die zwei wichtigsten Ziele aller genannten Ziele benennen. Diese wurden auch hier in den Vergleich einbezogen. Als drittes Ziel wurde das Ziel eingerechnet, das chronologisch als nächstes genannt wurde. Das chronologische Vorgehen für die Gewinnung des dritten Zieles kann damit gerechtfertigt werden, dass 85% der Vpn ihr wichtigstes und zweitwichtigstes Ziel auch unter den drei zuerst genannten Zielen sahen. Zudem lag die durchschnittliche Anzahl genannter Ziele im BELA-Projekt bei M = 3,00 (Abele et. al. 2001).

6.3.2. Vergleich der Stichproben

Die ausgewählte Stichprobe der weniger erfolgreichen Akademiker umfasste 88 Vpn, 37 Frauen und 51 Männer[75]. Nahezu die Hälfte der Vpn waren damit Frauen (siehe Anhang 4.1), das Durchschnittsalter betrug 30 Jahre und zwei Drittel der Vpn befanden sich in festen Beziehungen oder waren verheiratet.

Die weniger erfolgreichen Akademiker wichen in einigen Dimensionen von den Beratern ab (siehe Anhang 4.1). Unter den weniger erfolgreichen Akademikern waren deutlich mehr Frauen als in der Stichprobe der Berater und die Partner der weniger erfolgreichen Akademiker waren seltener berufstätig als die Partner der Berater. Tendenziell gab es unter den weniger erfolgreichen Akademikern mehr Singles als bei den Beratern.

Über die Hälfte der Berater verfügte über einen weiteren Abschluss wie z.B. eine Promotion, während nur 3% der weniger erfolgreichen Akademiker einen solchen aufwiesen. Die weniger erfolgreichen Akademiker verfügten mit durchschnittlich sechs Jahren über doppelt so viel Berufserfahrung wie die Berater.

Passend zu der Einteilung der beiden Vergleichsgruppen in beruflich erfolgreiche und beruflich weniger erfolgreiche Vpn beurteilten auch die Personen selbst ihren Berufserfolg. Die weniger erfolgreichen Akademiker schätzten sich im Vergleich zu den eigenen Studienkollegen als weniger erfolgreich (M = 3,15) ein als die Berater (M = 4,50; $t(316) = 14,61$; $p < .001$). Dieser Unterschied konnte sowohl bei Männern ($t(246) = 13,15$; $p < .001$) als auch bei Frauen ($t(68) = 5,30$; $p < .001$) gefunden werden.

Verglichen werden somit Akademiker einer Altersklasse mit ähnlichem Studienhintergrund, die eine völlig unterschiedliche Ausprägung in dem subjektiven und objektiven Berufserfolg aufweisen.

6.3.3. Vergleich der Zielinhalte

Im Folgenden werden die Unterschiede in Zielinhalt und Zielorientierung zwischen den beiden Gruppen dargestellt.

6.3.3.1. Zielinhalt

Berater nannten häufiger Lifestyle Ziele, also Ziele in denen es um die Vereinbarkeit von Beruf und Familie bzw. Freizeit geht ($chi^2(1; N = 927) = 5,13$; $p < .05$), aber sel-

---

[75] Die ausgewählte Stichprobe entsprach damit 7% der Grundgesamtheit von 1329 Vpn.

tener finanzielle Ziele (chi²(1; N = 927) = 5,36; p < .05) als die weniger erfolgreichen Akademiker. Alle anderen Oberkategorien wie Beruf, Familie, Freizeit und Selbstverwirklichung wurden dagegen in beiden Gruppen ähnlich häufig genannt[76] (siehe Abbildung 22).

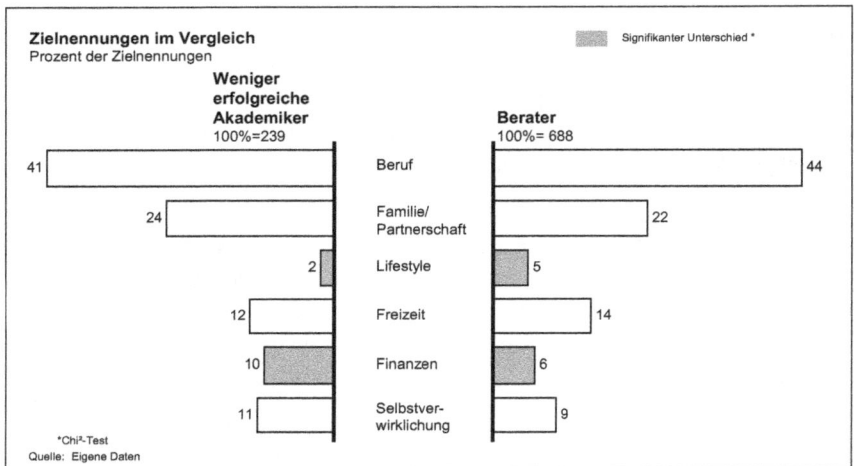

Abbildung 22: Vergleich der Zielnennungen der weniger erfolgreichen Akademiker und der Berater

Viel auffälliger wurden die Unterschiede bei der reinen Betrachtung der beruflichen Ziele. Zum einen fiel hier auf, dass die Berater insgesamt mehr berufliche Ziele angaben. 38% der Berater nannten zwei oder drei berufliche Ziele, wohingegen nur 25% der weniger erfolgreichen Akademiker zwei oder drei berufliche Ziele unter ihren wichtigsten drei Zielen hatten (chi²(1; N = 321) = 4,92; p < .05). Wie in Kapitel 6.1.1.1 beschrieben wiesen weibliche Berater mehr berufliche Ziele auf als männliche Berater. Dieser Unterschied konnte bei den weniger erfolgreichen Akademikern nicht gefunden werden (chi² < 1; siehe Abbildung 23).

---

[76] Berufliche Ziele: chi²(1; N = 927) = 1,36; p > .24; familiäre Ziele, Freizeitziele und Selbstverwirklichungsziele (chi² < 1).

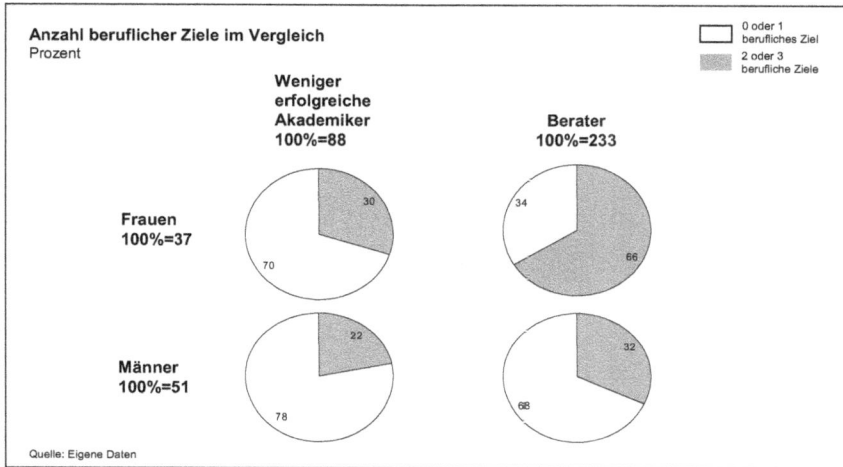

Abbildung 23: Vergleich der Anzahl beruflicher Ziele der weniger erfolgreichen Akademiker und der Berater

Inhaltlich gesehen bestanden die deutlichsten Unterschiede hinsichtlich Karrierezielen und den Zielen zur beruflichen Orientierung (siehe Abbildung 24). Die Berater nannten hierbei deutlich häufiger Karriereziele (chi²(1; N = 410) = 10,67; p < .001), wohingegen die weniger erfolgreichen Akademiker in höherem Maße Ziele zur beruflichen Orientierung nannten wie z.b. „berufliche Richtung konkretisieren" (chi²(1; N = 410) = 35,48; p < .001). Aber auch die Häufigkeit der restlichen beruflichen Zielkategorien unterschieden sich mit der Ausnahme der Ziele zur „inhaltlichen Entwicklung" und „beruflichen Erfüllung"[77] signifikant. Weniger erfolgreiche Akademiker nannten beispielsweise häufiger den Wunsch, sich selbständig machen zu wollen (chi²(1; N = 410) = 14,33; p < .001), und verfolgten mehr Leistungsziele (chi²(1; N = 410) = 24,24; p < .001) als die Berater. Berater gaben dagegen häufiger das Ziel der formalen Qualifizierung an (chi²(1; N = 410) = 9,98; p < .01).

---

77 Inhaltliche Entwicklung: chi²(1; N = 410) = 2,33; p > .12; berufliche Erfüllung: chi²(1; N = 410) = 2,24; p > .13.

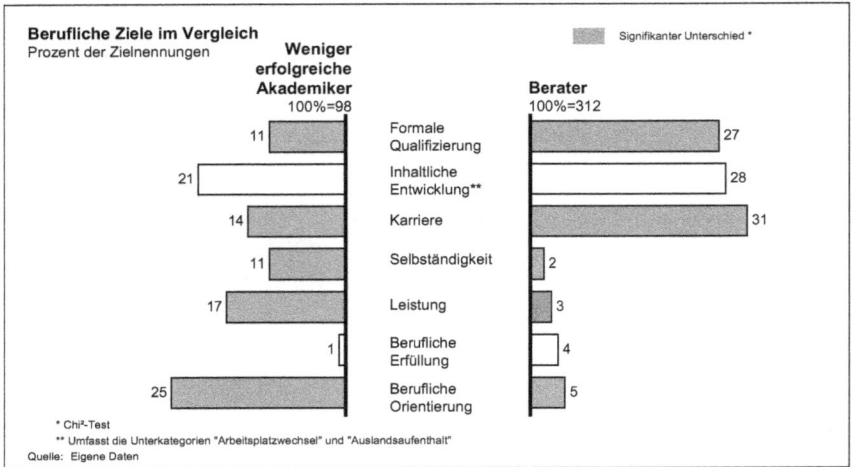

Abbildung 24: Vergleich der beruflichen Ziele der weniger erfolgreichen Akademiker und der Berater

6.3.3.2. Zielorientierung

Auch die Zielorientierung der Vpn wies signifikante Unterschiede auf (chi²(2; N = 289) = 33,75; p < .001; siehe Abbildung 25). Berater nannten in höherem Maße leistungsorientierte Ziele, weniger erfolgreiche Akademiker gaben demgegenüber einen deutlich höheren Anteil an lernorientierten Zielen an[78]. Wie in Kapitel 6.1.1.1 beschrieben passt dieser Effekt zu den Unterschieden in den Zielinhalten.

---

[78] Die Zielorientierung wurde sowohl im BELA-Projekt als auch in der vorliegenden Arbeit im Nachhinein durch einen Rater eingeschätzt. Unterschiede könnten also auch durch unterschiedliche Bewertungen zustande gekommen sein. Der Unterschied wird aber gering eingeschätzt, da die Bewertungskriterien gleich operationalisiert wurden und beide Ratings hohe Reliabilitäten aufwiesen (vgl. Stief, 2001).

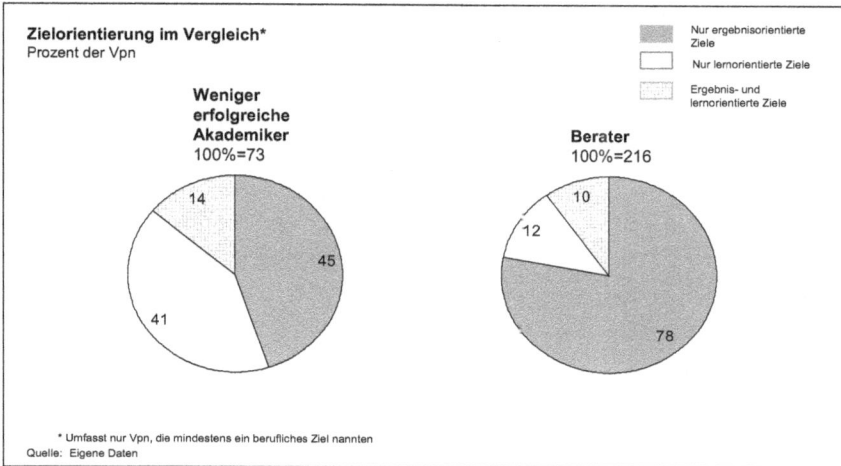

Abbildung 25: Vergleich der Zielorientierung der weniger erfolgreichen Akademiker und der Berater

6.3.4. Vergleich der Lebenszufriedenheit

Berater waren zufriedener (M = 3,81) als die weniger erfolgreichen Akademiker (M = 3,45; t(318) = 4,30; p < .001). Dieser Effekt wurde nicht durch den höheren Anteil gebundener Vpn unter den Beratern hervorgerufen[79]. Allerdings variierte dieser Effekt je nach Geschlecht: nur die männlichen Berater zeigten signifikant höhere Lebenszufriedenheit. Die weiblichen Berater unterschieden sich dagegen nicht signifikant von den weniger erfolgreichen Akademikerinnen (siehe Anhang 4.2).

Die Betrachtung der Vpn, die einen Partner haben, ergab einen weiteren interessanten Effekt. Der Unterschied in der Lebenszufriedenheit zwischen den Beratern und den weniger erfolgreichen Akademikern wurde nur bei Vpn signifikant, deren Partner berufstätig waren. War der Partner dagegen nicht berufstätig, so fiel die Lebenszufriedenheit zwar in beiden Gruppen niedriger aus, unterschied sich aber nicht signifikant voneinander (siehe

---

[79] Auch ein t-Test, der nur die Vpn in festen Partnerschaften berücksichtigte, ergab signifikant weniger Zufriedenheit bei den weniger erfolgreichen Akademikern (t(247) = 3,57; p < .001).

Tabelle 23). Insgesamt trat der bei den Beratern gefundene positive Effekt der Berufstätigkeit des Partners (Kapitel 6.1.2.1) bei den weniger erfolgreichen Akademikern nicht auf ($t < 1$).

Tabelle 23: Vergleich der Lebenszufriedenheit der weniger erfolgreichen Akademiker und der Berater für Personen in einer festen Partnerschaft (N = 248)

	Ausprägung	M	(SD)	Statistische Testung
Vpn mit berufstätigem Partner	BELA-Stichprobe	3,61	(0,68)	$t(194) = 3,22$; $p < .001$
	Berater-Stichprobe	3,93	(0,55)	
Vpn mit Partner, der nicht berufstätig ist	BELA-Stichprobe	3,44	(0,86)	$t(50) = 1,02$; $p > .31$
	Berater-Stichprobe	3,68	(0,75)	

Ein weiterer Unterschied wird sichtbar, wenn man die Korrelationen zwischen Zielinhalten und Lebenszufriedenheit vergleicht. Während die Lebenszufriedenheit bei den Beratern mit nahezu jeder beruflichen Zielunterkategorie wie z.b. „Karriereziele" signifikant korrelierte (vgl. Tabelle 23), hing bei den weniger erfolgreichen Akademikern nur die „berufliche Orientierung" signifikant negativ ($r = -.21$; $p < .05$) mit der Lebenszufriedenheit zusammen.

Große Unterschiede zwischen den weniger erfolgreichen Akademikern und den Beratern können bei der Auswahl der beruflichen Ziele festgestellt werden. Berater haben hierbei deutlich mehr Karriereziele, die weniger erfolgreichen Akademiker dagegen mehr Ziele zur beruflichen Orientierung. Weibliche Berater geben darüber hinaus häufiger zwei oder drei berufliche Ziele an im Vergleich zu den hier betrachteten weniger erfolgreichen Akademikerinnen, die wie die Männer beider Stichproben überwiegend kein oder ein berufliches Ziel nennen. Des Weiteren unterscheidet sich die Zielorientierung. Die Ziele der Berater sind zu 80%, die Ziele der weniger erfolgreichen Akademiker nur zu 45% rein ergebnisorientiert. Berater sind zudem signifikant zufriedener als die weniger erfolgreichen Akademiker. Während Zufriedenheit bei den Beratern mit nahezu jeder beruflichen Kategorie korreliert, hängt die Zufriedenheit der weniger erfolgreichen Akademiker kaum mit beruflichen Zielen zusammen. Auch die Berufstätigkeit des Partners hängt bei den weniger erfolgreichen Akademikern nicht mit der Lebenszufriedenheit zusammen, im Gegensatz zu den Ergebnissen der Berater-Stichprobe.

7. Abschließende Diskussion

In dem querschnittlich angelegten Design konnte gemäß dem BELA-Modell (Abele, 2002c) der Einfluss von Zielen auf das subjektive Wohlbefinden und den Berufserfolg nachgewiesen werden. Obwohl der Einfluss der Ziele auf den Berufserfolg insgesamt eher gering ausfällt, konnten hier dennoch einige der bereits bestehenden Befunde auch an der speziellen Stichprobe der Unternehmensberater repliziert werden. Die Zusammenhänge zwischen Zielen und dem Wohlbefinden wurden im Rahmen des BELA-Modells hier zum ersten Mal eingehender dargestellt. Zudem konnte in der vorliegenden Arbeit die Wirkung sozialer Unterstützung von Zielen als eine weitere Umweltvariable innerhalb des Modells gezeigt werden. Neben den Befunden zum BELA-Modell decken die Ergebnisse einige Spezifika der Stichprobe auf, die gerade auch im Vergleich zu einer Auswahl von weniger erfolgreichen Akademikern aus der BELA-Stichprobe deutlich werden.

Im Folgenden wird zunächst auf die Qualität der Studie und die Verallgemeinerbarkeit der Ergebnisse eingegangen. Darüber hinaus werden die Einflussfaktoren auf das SWB und den Berufserfolg zuerst separat diskutiert, anschließend in das Modell zur beruflichen Laufbahnentwicklung (BELA-M) eingeordnet und es werden Schlussfolgerungen gezogen. Am Ende werden praktische Empfehlungen abgeleitet.

7.1. QUALITÄT DER STUDIE

Da die Untersuchung querschnittlich angelegt ist, können insgesamt weniger eindeutige Aussagen über Wirkungsmechanismen getroffen werden, wie das bei einer Längsschnittuntersuchung der Fall wäre. Aus diesem Grund werden in der folgenden Interpretation teilweise unterschiedliche Wirkungszusammenhänge diskutiert.

Hinsichtlich der Stichprobe sollten zwei Aspekte angesprochen werden. Zum einen stellt sich die Frage, ob die Befragten repräsentativ für die Gesamtstichprobe sind. Die Rücklaufquote war mit 30% relativ gering, aber äquivalent zu den Rücklaufquoten anderer Befragungen innerhalb dieser Stichprobe. Hinsichtlich der demographischen Merkmale wie z.B. Geschlecht oder Studienfach bilden die Befragten die Gesamtstichprobe sehr gut ab. Einen wesentlichen Unterschied gibt es allerdings in der Verteilung der Jahresendbewertung, die als objektiver Berufserfolg in die Arbeit eingegangen ist. Hierin liegen die Befragten über der Gesamtstichprobe. Es muss hier also von einer leicht positiven Selektion im objektiven Berufserfolg ausgegangen werden. Das bewirkt außerdem eine relativ geringe Streuung des objektiven Berufserfolgs, die teilweise die Ergebnisse beeinflusst haben kann. Innerhalb der Beratung wurden nur die Ebenen bis zum Projektleiter einbezogen. Sicherlich wäre es auch interessant, darüber liegende Hierarchieebenen zu untersuchen. Des Weiteren stellt sich hinsichtlich der Stichprobe die Frage, inwieweit die Ergebnisse der Untersuchung Aussagen über beruflich erfolgreiche Personen im Allgemeinen zulassen. Die Arbeit in einer Unternehmensberatung weist eine Reihe von Spezifika auf, die bei diesen Überlegungen berücksichtigt werden sollte. Lange Arbeitszeiten oder auch die größtenteils von Montag bis Donnerstag verbrachten Tage in einem Hotel an einem anderen Ort könnten beispielsweise Einfluss auf die Ergebnisse genommen haben. Weitere Aspekte wie z.B. die Tatsache, dass jeder Berater auf Grund der regelmäßigen Beurteilungen weiß, wie er im Vergleich zu den Kollegen gesehen wird, oder die mit drei bis vier Jahren relativ geringe Verweildauer in der Beratungsfirma könnten besondere Planungsprozesse bedingen. Aber auch das Sabbatical-Jahr-Konzept ist ein Spezifikum, das Ergebnisse wie z.b. viele Ziele zur formalen Qualifizierung und Unterschiede in der Lebenszufriedenheit zwischen den Hierarchieebenen zur Folge hat.

Im Rahmen der erhobenen Variablen lohnt es sich, den Berufserfolg und die Zielmerkmale näher zu betrachten. Der hier erhobene objektive Berufserfolg beurteilt die Leistung einer Person in der Unternehmensberatung im Vergleich zu den übrigen Personen, die mit ihr auf einer Hierarchieebene stehen. Als solches bietet der objektive Berufserfolg auf Grund der standardisierten, einheitlichen Bewertungsprozesse innerhalb des Unternehmens ein valides und reliables Maß. Dies spiegelt sich auch in dem engen Zusammenhang der eigenen Einschätzung des Berufserfolgs im Vergleich zur Peergroup wieder. Damit stellt dieses Maß einen einheitlichen Vergleich sicher, den ein sonst üblicher Vergleich anhand von Gehalt oder Hierarchieebene (vgl. Abele et al., 2001) nicht leisten könnte. Wie schon angesprochen liegt das Problem dieser Variable in der fehlenden Streuung.

Die interne Konsistenz der Zielmerkmale ist v.a. hinsichtlich der Erreichbarkeit eher gering. Ergebnisse zu diesem Merkmal könnten daher verzerrt sein. Andere Autoren, die mit den identischen Items arbeiteten, berichten dagegen über höhere interne Konsistenzen (z.B. Brunstein, 1993; Maier, 1996).

7.2. WELCHE ZIELE VERHELFEN ZUM GLÜCK?

Einige der betrachteten Variablen beeinflussen das SWB positiv, andere zeigen dagegen keine Wirkung. Im Folgenden werden die wesentlichen Einflussfaktoren noch einmal zusammengefasst und interpretiert.

7.2.1. Variabeln mit positivem Einfluss auf das SWB

Der Zielinhalt, einige Zielmerkmale und die soziale Unterstützung der Ziele wirken sich positiv auf das Wohlbefinden aus. Darüber hinaus zeigen auch demographische Variabeln teilweise zu erwartende, aber auch unerwartete positive Effekte.

7.2.1.1. Zielinhalt

Alleine das Vorhandensein und Verfolgen von Zielen wirkt sich positiv auf das Wohlbefinden aus, oder in den Worten von Brickman & Coates (1987, p.227): „happy people know what they want and are doing it". Passend dazu sind Personen, denen es verhältnismäßig leicht fällt, ihre drei wichtigsten Ziele zu definieren, glücklicher als Personen, die Schwierigkeiten haben, ihre wichtigsten Ziele zu benennen.

Die offene Untersuchung im Rahmen der Hypothese A1a ergibt, dass das Wohlbefinden auch mit dem tatsächlichen Zielinhalt zusammenhängt, allerdings bei dieser Stichprobe nur mit dem Inhalt beruflicher Ziele. Dieses Ergebnis könnte die Relevanz beruflicher Belange für die befragte Stichprobe widerspiegeln (vgl. Cantor & Sanderson, 1999; Salmela-Aro & Nurmi, 1997). Im Gegensatz zu diesen Befunden hängen die beruflichen Ziele der weniger erfolgreichen Akademiker beispielsweise kaum mit der Lebenszufriedenheit zusammen. Obwohl die weniger erfolgreichen Akademiker berufliche Ziele in ähnlichem Umfang nennen, scheinen sie für Berater doch größere Bedeutung zu haben. Dieses Ergebnis passt auch zu anderen Befunden über gut ausgebildete, beruflich stark involvierte Personen mit hohem Einkommen. Demnach ist der Zusammenhang zwischen Arbeits- und Lebenszufriedenheit bei dieser Gruppe am größten (z.b. Bamundo & Kopelman, 1980; Steiner & Truxillo, 1989).

Im Einzelnen kann bei den Beratern der Wunsch nach einem Arbeitsplatzwechsel und nach beruflicher Erfüllung als negativ, das Ziel zur formalen Qualifizierung als leicht positiv mit der Zufriedenheit zusammenhängend gesehen werden. Wie lassen sich diese Zusammenhänge erklären? Der negative Effekt des Ziels zur beruflichen Erfüllung scheint ungewöhnlich. Es widerspricht den bisherigen Annahmen einiger Autoren, nach denen intrinsische Ziele wie z.B. Selbstverwirklichung, das Wohlbefinden fördern (z.B. Kasser & Ryan, 1993; Sheldon & Kasser, 1995). Eine mögliche Erklärung könnte eine weitere, hier nicht erhobene Variable, wie z.B. der Zielfortschritt sein (vgl. Brunstein, 1996; Maier, 1996). Da eher untere Hierarchiestufen abgefragt wurden, könnte es gut sein, dass Personen, die eine starkes Bedürfnis nach Selbstverwirklichung im Beruf haben, noch zu wenig Freiraum in den untersten Ebenen wahrnehmen. Der fehlende Fortschritt in den Zielen, könnte sich wiederum negativ auf die Zufriedenheit auswirken. Der Wunsch nach einem Arbeitsplatzwechsel könnte ein Ausdruck für Unzufriedenheit mit der Arbeit sein und sich daher im Sinne des genannten

Zusammenhangs zwischen Arbeits- und Lebenszufriedenheit negativ auf die Lebenszufriedenheit auswirken. Beide beschriebenen Effekte könnten aber auch zusammen
interpretiert werden. In diesem Fall könnte beispielsweise die Unzufriedenheit mit der
Arbeit den Wunsch nach Arbeitsplatzwechsel und beruflicher Erfüllung hervorrufen
und gleichzeitig zur Unzufriedenheit führen. Somit würde eine dritte Variable, in diesem Fall die Unzufriedenheit mit der Arbeit, die verschiedenen Zusammenhänge erklären. Um diese Wirkungszusammenhänge endgültig zu verstehen, müsste eine
längsschnittliche Betrachtung vorgenommen werden, die zusätzliche Variablen wie
z.B. die Arbeitszufriedenheit oder den Zielfortschritt einbezieht.

Zusammenfassend kann festgehalten werden, dass der Inhalt beruflicher Ziele eine besondere Bedeutung für die befragte Stichprobe der Unternehmensberater zu haben
scheinen. Wie aus der Interpretation ersichtlich, bleibt dennoch offen, ob die Relevanz
der Ziele der Grund für den Einfluss auf das SWB ist, oder ob vielleicht andere dahin-
terliegende Variablen wie z.B. die Unzufriedenheit mit der Arbeit oder auch der Zielfortschritt in den einzelnen Zielen (vgl. Brunstein, 1996; Maier, 1996) ebenfalls eine
wesentliche Rolle spielen.

7.2.1.2. Zielmerkmale

Gemäß Hypothesen A2a und A2b sind Personen, die leichte und erreichbare Ziele haben, zufriedener und besserer Stimmung als Personen, die über schwere und weniger
erreichbare Ziele verfügen.

Wie angenommen zeigt die Interaktion aus Entschlossenheit und Erreichbarkeit keinen
signifikanten Einfluss auf das SWB. Dieses Ergebnis wird auf die insgesamt sehr hohe
Entschlossenheit ($M = 3,95$) zurückgeführt, die durch die Beschränkung auf die drei
wichtigsten Ziele zu erwarten war.

7.2.1.3. Soziale Unterstützung

Werden die eigenen Ziele vom Partner unterstützt, wirkt sich das, wie in Hypothese
C2a angenommen, positiv auf das SWB aus. Die Unterstützung des Partners trägt gemäß Hypothese C1 außerdem dazu bei, dass die eigenen Ziele insgesamt als weniger
konfligierend wahrgenommen werden.

Der eindeutige Wirkungsmechanismus dieses Einflusses der Unterstützung sollte auf
Grund anderer Untersuchungsergebnisse allerdings hinterfragt werden (z.B. Sarason et
al., 1986; VonDras & Siegler, 1997). Es könnte gleichermaßen sein, dass zufriede
Personen eher in der Lage sind, soziale Unterstützung wahr- und anzunehmen. Dies
würde implizieren, dass bestimmte Personen per se mehr Unterstützung wahrnehmen
als andere Personen. Dieser Ansatz wird auch von anderen Autoren vertreten, die soziale Unterstützung eher im Sinne einer Eigenschaft („trait") auffassen (z.B. Sarason et
al., 1986). Die Eigenschaft, soziale Unterstützung wahr- und anzunehmen, wird bei-

spielsweise durch elterliche Fürsorge im jungen Alter geprägt und korreliert zudem hoch mit Extraversion (Sarason & Sarason, 1985). Wie so häufig in diesen Diskussionen ist eine Kombination von Persönlichkeitsfaktoren und situativen Einflüssen wahrscheinlich. Die Tatsache, dass sich in der vorliegenden Untersuchung die Höhe der wahrgenommenen Unterstützung über alle Vpn hinweg je nach Zielinhalt unterscheidet, spricht eher für den situativen Ansatz (vgl. auch Brunstein et al., 1996).

7.2.1.4. Demographische Einflussfaktoren

Personen, die einen Partner haben, sind zufriedener und glücklicher als Personen ohne Partner. Dieser Zusammenhang ist hinreichend nachgewiesen und konnte auch in der vorliegenden Untersuchung repliziert werden. Gemäß bestehender Untersuchungen (vgl. 2.2.3) ist die Partnerschaft auch in der vorliegenden Arbeit einer der stärksten Einflussfaktoren auf die Zufriedenheit und die Stimmung. Allerdings ist dieser Einfluss entgegen der Hypothese C2b bei der Stimmung abhängig davon, wie sehr der Partner die Ziele einer Person unterstützt. Fällt die Unterstützung geringer aus, so macht es keinen Unterschied für die Stimmung, ob eine Person in einer Partnerschaft ist oder nicht.

Insgesamt wirkt sich die Beziehung in jedem Fall noch positiver auf das SWB aus, wenn der Partner die Ziele der Person in hohem Maße unterstützt. Die Unterstützung fällt wiederum höher aus, wenn der Partner selbst auch berufstätig ist. Daher ist das SWB höher bei Personen, deren Partner selbst berufstätig sind. Eine mögliche Erklärung hierfür könnte sein, dass die berufstätigen Partner mehr Verständnis für die Arbeitszeiten und das hohe Engagement der Berater haben. Bei den weniger erfolgreichen Akademikern kann dieses Ergebnis interessanterweise nicht gefunden werden. Hier ist die Berufstätigkeit des Partners unerheblich für die Lebenszufriedenheit. Passend dazu wird eine größere Lebenszufriedenheit der Berater im Vergleich zu den weniger erfolgreichen Akademikern nur bei den Personen sichtbar, deren Partner berufstätig sind. Bei den Personen deren Partner nicht berufstätig sind, kann kein Unterschied in der Lebenszufriedenheit zwischen Beratern und weniger erfolgreichen Akademikern festgestellt werden. Es könnte daher sein, dass dieses Phänomen vor allem bei Personen auftritt, die sehr in den Beruf involviert sind und dem Partner hierfür mehr Verständnis abverlangen. In jedem Fall widerspricht dieser Befund den Forschungsergebnissen zu „dual-earner couples", also Partnern, die beide berufstätig sind. Solche Untersuchungen deuten eher auf einen negativen Effekt der Berufstätigkeit des Partners hin. Hammer, Allen & Grigsby (1997) berichten beispielsweise, dass sich der wahrgenommene Konflikt zwischen Familie und Arbeit eines berufstätigen Partners auch negativ auf die andere Person auswirkt. Zudem stellen Greenhaus, Parasuraman, Granrose, Rabinowitz & Beutell (1989) bei Männern, deren Partnerinnen überwiegend auf ihre eigene Karriere fokussiert sind, einen höheren Konflikt zwischen den Bereichen Arbeit und Familie fest. Häufig wird in der Öffentlichkeit bisher insgesamt eher die Problematik des Rollenkonflikts diskutiert und nicht über potentielle positive Einflüsse der Berufstätigkeit des Partners gesprochen (z.b. Reardon, Lenz, Sampson & Peterson, 2000). Es sollte daher in weiteren Untersuchungen geklärt werden, unter welchen Umständen die Berufstätigkeit des Partners positive oder negative Auswirkungen auf das Wohlbefinden hat. Es wäre beispielsweise interessant zu klären, ob die Karriereorientierung des Partners hierbei eine Rolle spielt. Es sollte ebenfalls betrachtet werden, ob dieser Zusammenhang sich je nach Berufsfeld unterscheidet. Wie bereits diskutiert (vgl. 6.1.7.1), scheint die Berufstätigkeit des Partners bei Personen mit Kindern keinen Einfluss auf das SWB zu haben. Es wäre interessant die Gründe hierfür genauer zu untersuchen. Allerdings sollte in diesem Fall auch das Wohlbefinden der Kinder berücksichtigt werden.

Darüber hinaus sind männliche Berater signifikant zufriedener als die weniger erfolgreichen männlichen Akademiker. Frauen unterscheiden sich dagegen nicht. Verschiedene Erklärungen sind hierfür denkbar. Das höhere Einkommen der Berater könnte ein möglicher Grund sein (Argyle, 1999). Da die geringere Zufriedenheit aber nur bei Männern gefunden wurde und die bisherigen Ergebnisse zum Einfluss von Einkommen auf die Zufriedenheit einen kurvlinearen Zusammenhang zeigen, der mit zunehmendem Gehalt abnimmt (vgl. 2.2.3), ist diese Erklärung weniger wahrscheinlich. Die Tatsache, dass dieser Unterschied nur bei Männern besteht, liefert noch einen anderen Anhaltspunkt. Betrachtet man die genannten Ziele, so scheint der Beruf in beiden Gruppen das vorherrschende Thema oder wie Stief (2001) es nennt, die wichtigste normative Entwicklungsanforderung zu sein. Die weniger erfolgreichen Akademiker bewältigen diese Anforderung, sowohl nach den objektiven Kriterien wie Gehalt als auch nach der eigenen Einschätzung weniger gut. Dies könnte wiederum der Grund für die geringere Lebenszufriedenheit sein. Wie oben bereits erwähnt, scheinen Frauen dagegen ein etwas anderes Karriereverständnis zu haben. Für sie spielt auch die Vereinbarkeit von Beruf und Familie eine Rolle, wenn sie ihre eigene Karriere bewerten. Das könnte der Grund dafür sein, dass sich die weniger erfolgreichen Akademikerinnen in ihrer Zufriedenheit nicht von den Beraterinnen unterscheiden.

7.2.2. Variablen ohne Einfluss auf das SWB

Die Zielorientierung, der Zielkonflikt und die Konkretheit haben keinen Einfluss auf das SWB. Im Folgenden werden mögliche Gründe erörtert und resultierende Forschungsfragen genannt.

7.2.2.1. Zielorientierung

Das SWB hängt, entgegen der Hypothese A1b, in keiner Weise mit der Zielorientierung der beruflichen Ziele zusammen. Dieses Ergebnis steht auch im Gegensatz zu Untersuchungen, die Zielorientierung eher im Sinne einer Persönlichkeitseigenschaft analysiert haben und einen negativen Einfluss reiner Ergebniszielorientierung vermuten ließen (z.B. Dykman, 1998). Ein direkter Vergleich der persönlichkeits- und zielbezogenen Orientierung sollte zur Aufklärung der tatsächlichen Zusammenhänge durchgeführt werden.

7.2.2.2. Konkretheit

Die Konkretheit der Ziele ist für das SWB, wie in Hypothese A2c angenommen, unerheblich. Man könnte vermuten, dass die externe Einschätzung der Konkretheit zuviel Interpretationsspielraum lässt und somit zu dem fehlenden Zusammenhang zwischen Konkretheit und SWB beiträgt (vgl. Stief, 2001). Aber auch wenn die Vpn selbst gefragt wurden, wie konkret sie ihre Ziele einschätzen, konnte bisher kein Zusammenhang zwischen der Konkretheit und dem SWB gefunden werden (Emmons, 1986).

7.2.2.3. Zielkonflikt

Gemäß Hypothese A3 haben multiple Ziele, also Ziele aus verschiedenen Lebensbereichen, die gleichzeitig verfolgt werden, keinen negativen Einfluss auf das SWB. Entgegen der Hypothese beeinträchtigt aber auch der Zielkonflikt weder die Zufriedenheit noch die Stimmung signifikant. Dies ist ein Befund, der nicht zu den Untersuchungsergebnissen anderer Autoren passt (vgl. 3.1.3). Wie lässt sich dieses Ergebnis erklären?

Einen Anhaltspunkt geben die generell niedrigen Zielkonfliktwerte. Es fällt auf, dass die Befragten insgesamt kaum Konflikte zwischen den Zielen verspüren (M = 2,21). Da nahezu alle Befragten neben beruflichen auch weitere Ziele angeben und bekannt ist, dass der Beruf häufig wenig Zeit lässt, um sich, vor allem unter der Woche, mit anderen Dingen zu beschäftigen, scheint der durchschnittliche Konfliktwert unerwartet niedrig. Demgegenüber finden andere Autoren gerade bei hoher Involviertheit und hohem Zeitaufwand für den Beruf einen großen Zielkonflikt zwischen Beruf und Familie (Adams et al., 1996; Hammer et al. 1997; Voydanoff, 1988; Voydanoff & Kelly, 1984). Eine Erklärung der hier abweichenden Ergebnisse könnte die in Kapitel 2.1.2.3 angesprochene Zielhierarchie sein. Wären berufliche Ziele in der Zielhierarchie weiter oben, so würde die gleichzeitige Verfolgung anderer Ziele weniger Zielkonflikt hervorrufen, da sie hierarchisch untergeordnet wären. Gegen diese Erklärung spricht allerdings die Tatsache, dass nur etwa ein Drittel der Befragten ein berufliches Ziel als wichtigstes Ziel einstuft. Zudem werden berufliche Ziele weniger entschlossen verfolgt als Selbstverwirklichungs-, Lifestyle- und familiäre Ziele. Eine weitere Möglichkeit wäre eine Kombination aus Zielhierarchie und Zeit. Eventuell werden berufliche Ziele kurzfristig als wichtiger empfunden und daher priorisiert. Im zweijährigen Zeithorizont werden sie dann wiederum als weniger wichtig eingeschätzt. Man könnte das auch „Etappen-Denken" nennen. Sätze wie "wenn ich erst einmal das nächste Projekt abgeschlossen habe, mache ich mehr Sport" kennzeichnen diese Art zu denken. Sport würde hier vermutlich auch als wichtiger eingestuft, ganz kurzfristig hat aber das berufliche Projekt höchste Priorität. Demnach würde kein Konflikt zwischen den beiden Zielen auftauchen, da man diese ja nacheinander verfolgen kann.

Die tatsächliche Ursache für den niedrigen Zielkonflikt und damit auch den fehlenden Einfluss des Zielkonflikts auf das SWB bleibt offen. Empfehlenswert wäre es daher, einen differenzierteren Konfliktwert, z.b. zeitlicher und psychischer Konflikt, zu erfassen (vgl. Greenhaus & Beutell, 1985). Carlson, Kacmar & Williams (2000) stellen in diesem Zusammenhang nur einen negativen Zusammenhang zwischen dem psychischen, aber nicht dem zeitlichen Konflikt mit der Lebenszufriedenheit fest. Es wäre interessant, das hier beschriebene „Etappen-Denken" weiter zu untersuchen, und etwaige positive Effekte wie z.b. den geringeren Zielkonflikt, aber auch negative Effekte wie z.b. den zeitlichen Aufschub wichtiger Ziele, aufzuzeigen.

7.3. WELCHE ZIELE BEGÜNSTIGEN DEN BERUFSERFOLG?

Der Berufserfolg wird weniger durch die persönlichen Ziele beeinflusst als das Wohlbefinden. Nur der Zielinhalt und die Zielschwierigkeit hängen signifikant mit dem Berufserfolg zusammen. Zielorientierung, sonstige Zielmerkmale, Zielkonflikt und soziale Unterstützung haben entgegen der Erwartung keine Wirkung auf den Berufserfolg.

7.3.1. Variablen mit Einfluss auf den Berufserfolg

Im Folgenden wird der Einfluss des Zielinhalts und der Zielschwierigkeit auf den Berufserfolg beschrieben und diskutiert.

7.3.1.1. Zielinhalt

Der Inhalt persönlicher Ziele hat, wie in Hypothese B1a postuliert, Auswirkungen auf den Berufserfolg. Da die Untersuchung sowohl positive als auch negative Einflüsse des Zielinhalts ergab, müssen die Zusammenhänge zwischen Zielinhalt und Berufserfolg aber differenzierter betrachtet werden. Karriereziele, also Ziele, die den eigenen Aufstieg thematisieren, weisen die wesentliche positive Wirkung auf. Passend dazu nennen die weniger erfolgreichen Akademiker einen deutlich geringeren Anteil an

Karrierezielen als die Berater. Bei den weniger erfolgreichen Akademikern dominieren dagegen Ziele, die der beruflichen Orientierung dienen. Weniger erfolgreiche Personen scheinen demnach im Gegensatz zu den Beratern keine klare Vorstellung bezüglich ihres beruflichen Werdegangs zu haben. Auch hier wären zwar wiederum andere Kausalzusammenhänge denkbar wie z.b., dass sich erfolgreiche Personen eher Karriereziele setzen als weniger erfolgreiche Personen. Da der Einfluss des Zielinhalts auf den Berufserfolg aber bereits in anderen, längsschnittlich angelegten Arbeiten nachgewiesen wurde (z.b. Abele & Stief, in Druck), wird dieser Kausalzusammenhang auch hier angenommen. Stief (2001) erhält ein ähnliches Ergebnis allerdings auch für den subjektiven Berufserfolg. Dies konnte in der vorliegenden Arbeit nicht gefunden werden. Es könnte sein, dass Berater Karriereziele nicht als Differenzierungsmerkmal empfinden und sich diese daher auch nicht auf die Einschätzung des eigenen Erfolgs im Vergleich zu den Kollegen auswirken.

Der subjektive Berufserfolg wird bei den Beratern dagegen von anderen beruflichen Zielen beeinflusst, und zwar negativ. So schätzen sich Personen mit dem Wunsch, den Arbeitsplatz zu wechseln, oder dem Ziel der beruflichen Erfüllung im Vergleich zu der Peergroup schlechter ein. Erstere sind auch objektiv gesehen weniger erfolgreich. Personen mit dem Ziel der beruflichen Erfüllung unterscheiden sich dagegen objektiv nicht. Das Ziel der beruflichen Erfüllung geht folglich mit der Unterschätzung der eigenen beruflichen Leistung einher. Beide Ziele führen, wie gezeigt wurde, auch zu geringerem SWB. Die Vermutung liegt nahe, dass es hier einen Zusammenhang zwischen der eigenen Einschätzung des Berufserfolgs und dem Wohlbefinden gibt. Oder es spielt wiederum eine weitere Variable wie z.B. die Unzufriedenheit mit der Arbeit oder fehlender Zielfortschritt hinein, die diese Zusammenhänge bedingt.

7.3.1.2. Zielschwierigkeit

Die Zielmerkmale haben auch unter Kontrolle des Zielinhalts einen tendenziellen Einfluss auf den objektiven und teilweise den subjektiven Berufserfolg. Anders als hypothetisiert (Hypothese B2a), wirken sich im Einzelnen schwierige Ziele signifikant negativ auf den Berufserfolg aus. Dieses Ergebnis widerspricht damit zunächst den grundlegenden Annahmen der Zielsetzungstheorie (z.B. Locke & Latham, 1990). Verschiedene Erklärungsansätze für diese Diskrepanz lassen sich anführen.

Einige Erkenntnisse der Zielsetzungstheorie weisen beispielsweise darauf hin, dass Zielschwierigkeit auch den Druck für die Person erhöhen kann. Die führt wiederum zur eingeschränkten Suche nach Lösungsstrategien und somit zu geringerer Leistung. Dies wird gerade bei komplexen Aufgaben, in denen die geeigneten Lösungsstrategien enorm wichtig sind, zum Problem (Earley et al., 1989; Locke, 1994). Berufliche persönliche Ziele wie z.b. „die Beförderung zum Projektleiter" sind in jedem Fall komplexer als die im Rahmen der Zielsetzungstheorie untersuchten Aufgabenziele wie z.b. „Anzahl gelöster Matheaufgaben in der Minute" (vgl. Wood et al., 1990). Außerdem können die zielführenden Aktivitäten bei persönlichen Zielen nicht so klar abgegrenzt und auf das Ergebnis bezogen werden. Daher könnte der Schwierigkeits-Leistungs-Zusammenhang aus der Zielsetzungstheorie sich bei persönlichen Zielen anders verhalten. Weitere Erklärungsmodelle ergeben sich durch die Frage, warum jemand ein Ziel als schwierig wahrnimmt. Zum einen könnte es an internalen Faktoren wie z.b. den eigenen Fähigkeiten liegen, die er als zu gering einschätzt. Somit wäre Schwierigkeit auch ein Ausdruck geringer Selbstwirksamkeitserwartung, deren negativer Effekt auf den Berufserfolg von Abele & Stief (in Druck) aufgezeigt wurde. In diesem Zusammenhang haben außerdem Wood et al. (1990) herausgefunden, dass Personen, die anfangen, an ihren Fähigkeiten zu zweifeln, oftmals zu unüberlegten Lösungsstrategien übergehen. Zum anderen könnte das Ziel auf Grund von externalen Faktoren wie z.b. zeitlichen Restriktionen oder fehlender Unterstützung als schwierig eingeschätzt werden. In diesem Fall wäre die Schwierigkeit auch ein Ausdruck der Erreichbarkeit. Daher könnte man diesen Faktor für den negativen Effekt verantwortlich machen. Dazu passt auch der relativ enge Zusammenhang zwischen Schwierigkeit und Erreichbarkeit.

In praxisorientierter Management-Literatur wird im Sinne des hier gefundenen Ergebnisses immer wieder betont, dass Ziele, die man Mitarbeitern setzt, nicht zu hoch sein sollten (z.b. Comelli & Rosenstiel, 1995; Steinmann & Schreyögg, 1993).

Weitere Untersuchungen zu persönlichen Zielen und der Zielschwierigkeit sollten zur Klärung der tatsächlichen Zusammenhänge durchgeführt werden.

7.3.2. Variablen ohne Einfluss auf den Berufserfolg

Ziele scheinen vergleichsweise weniger Vorhersagekraft auf den Berufserfolg zu haben. Woran könnte das liegen? Im Gegensatz zum Wohlbefinden, ist der Berufserfolg, v.a. der objektive Berufserfolg, eine Variable, die durch externe Faktoren wie z.B. Leistungsbeurteilung oder Gehalt, operationalisiert wird. Der Ziel-Leistungszusammenhang wird also stärker als der Ziel-SWB-Zusammenhang durch die Meinungen anderer Personen und zusätzliche, externe Faktoren beeinflusst wie z.B. Marktgegebenheiten beim Berufseinstieg, bearbeitete Projekte und Industrien (Gattiker & Larwood, 1990; Tharenou, 1999), Beziehung zum Vorgesetzten (Wayne et al., 1999), Vorhandensein von Mentoren (Chao, 1997), Herkunft (Hartmann, 2001; 2002), etc. (vgl. auch 2.3.2).

Damit könnte auch der Unterschied zwischen den hier gefundenen Ergebnissen und den Befunden der Zielsetzungstheorie, die eher die Leistung in einer konkreten Aufgabe betrachtet, erklärt werden. Vor allem der geringe Einfluss der Zielmerkmale sowie der sozialen Unterstützung lassen sich dadurch plausibilisieren.

Im Folgenden werden die Ergebnisse zu den Variablen ohne Einfluss auf den Berufserfolg diskutiert und sich ergebende Forschungsfragen gestellt.

7.3.2.1. Zielorientierung

Im Gegensatz zur Hypothese B2b, dass die Kombination aus Lern- und Ergebniszielorientierung mit Berufserfolg einhergeht, konnte hier nur eine tendenzielle Wirkung der reinen Ergebniszielorientierung auf den objektiven Berufserfolg gefunden werden. Die Untersuchungsergebnisse zeigen, dass Berater im Vergleich zu den weniger erfolgreichen Akademikern insgesamt signifikant häufiger rein ergebnisorientierte Ziele haben. Fasst man diese Ergebnisse als Differenzierungsmerkmal zwischen beruflich erfolgreichen und weniger erfolgreichen Personen auf, so widerspricht das den bisherigen Befunden zur Zielorientierung (vgl. 3.2.1.2), die eher von einem positiven Effekt einer Mischung aus Lern- und Ergebniszielorientierung oder reiner Lernzielorientierung als Erfolgsfaktor ausgehen. Ein möglicher Grund könnten die dahinter liegenden Zielinhalte sein, die nachgewiesener Maßen die Orientierung bestimmen. In diesem Fall wären es beispielsweise Karriereziele vs. Ziele zur beruflichen Orientierung, die den wesentlichen Unterschied zwischen den Beratern und den weniger erfolgreichen Akademikern ausmachen würden. Da die Zielinhalte in den meisten Arbeiten nicht mit abgefragt wurden, könnte das auch die Diskrepanz zu den bestehenden Untersuchungsergebnissen erklären. Insgesamt würde das bedeuten, dass der zielbezogenen Lern- oder Ergebnisorientierung weniger Bedeutung zukommt als eigentlich angenommen.

7.3.2.2. Zielmerkmale

Wie berichtet zeigt nur die Zielschwierigkeit einen signifikanten Einfluss auf den Berufserfolg, die sonstigen hier untersuchten Zielmerkmale Erreichbarkeit, Entschlossenheit und Konkretheit per se und in Kombination mit Schwierigkeit beeinflussen den Berufserfolg entgegen der Hypothesen B2b und B2c dagegen nicht.

Konkretheit zeigt beispielsweise den Grundlagen der Zielsetzungstheorie widersprechend keinen Einfluss auf den Berufserfolg. Man würde eigentlich vermuten, dass konkrete Ziele, die z.B. Zeit, Ort oder Menge beinhalten, klarer das Ergebnis vor Augen halten, daher erreichbarer und weniger schwierig sind. In der vorliegenden Untersuchung konnte aber kein Zusammenhang zwischen Schwierigkeit bzw. Erreichbarkeit und Konkretheit gefunden werden[80]. Darüber hinaus widerspricht das hier gefundene Ergebnis auch den angewandten Zielsetzungsmethoden in Unternehmen. Hier wird häufig mit „SMART"-Zielen gearbeitet (z.b. Sasse, 2000; Krusche, 1999), wobei das „S" für „spezifisch" steht. Eventuell muss man hier wieder zwischen konkreten Aufgaben, z.b. „Anzahl hergestellter Produkte pro Stunde" und allgemeineren beruflichen Ziele wie z.b. „nächste Hierarchiestufe erreichen", unterscheiden. Wie schon oben beschrieben, wirken bei letzteren in höherem Maße von der Person selbst nicht beeinflussbare Faktoren, die den direkten Zusammenhang zwischen Konkretheit und Erfolg schmälern könnten. Möglicherweise fließt außerdem die Art der Erhebung in das Ergebnis mit ein. Schließlich weiß man nicht, was genau eine Person meint, wenn sie beispielsweise das unkonkrete Ziel „Freunde" nennt. Es könnte ja sein, dass die Person dabei einen sehr konkreten Urlaub mit seinen Freunden im Kopf hat. Der Interpretationsspielraum der externen Einschätzung könnte somit ein weiterer Grund für das Ergebnis sein.

Zusammenfassend sollte die Konkretheit in Zukunft neben der externen Einschätzung auch durch direkte Fragen erhoben werden. Dies verringert den Interpretationsspielraum, der bei der externen Einschätzung besteht. Zudem wäre es lohnenswert, die genauen Zusammenhänge zwischen Konkretheit, Erreichbarkeit und Schwierigkeit bezogen auf persönliche Ziele und den Berufserfolg zu verstehen.

7.3.2.3. Zielkonflikt

Die Tatsache, dass jemand Konflikte zwischen verschiedenen Zielen hat, wirkt sich entgegen der Hypothese B3 nicht auf den Berufserfolg aus. Lediglich der Vergleich mit den Studienkollegen fällt tendenziell etwas schlechter aus, wenn Zielkonflikte bestehen. Auch multiple Ziele haben keinen Einfluss auf den Berufserfolg. Dies widerspricht den Ergebnissen von Abele und Mitarbeitern (z.B. Abele & Stief, in Druck), die bei Frauen einen negativen Einfluss multipler Ziele auf den Berufserfolg nachweisen. In der vorliegenden Arbeit wurde davon ausgegangen, dass sich multiple Ziele nur negativ auswirken, wenn sie auch als konfligierend wahrgenommen werden (vgl. Hypothese B3). Da der Zielkonflikt insgesamt sehr niedrig ausfiel, ist es schwierig, eine klare Aussage über die genauen Zusammenhänge zu machen (vgl. 7.2.2.3).

7.3.2.4. Soziale Unterstützung

Entgegen der Hypothese C3a ist der Berufserfolg unabhängig von der Unterstützung der beruflichen Ziele durch den Partner. Die Ergebnisse ähneln Maiers (1996) Befunden, der nicht einmal eine positive Wirkung der Unterstützung durch Kollegen auf den Zielfortschritt im Beruf feststellen konnte.

---

80 Entgegen diesen Ergebnissen konnten allerdings sowohl Emmons (1992) als auch Sheldon & Kasser (1998) einen Zusammenhang zwischen Konkretheit und Schwierigkeit nachweisen.

Zudem ist der Berufserfolg entgegen Hypothese C3b unabhängig von einer Partnerschaft und auch davon, ob der Partner selbst berufstätig ist. Dieser Befund widerspricht den Ergebnissen anderer Studien, nach denen verheiratete Manager erfolgreicher sind - gemessen am Gehalt - als unverheiratete Manager (z.B. Pfeffer & Ross, 1982; Theranou, 1999). Die Autoren nehmen hier an, dass Singles weniger Unterstützung bekommen und daher weniger erfolgreich sind. Keine klare Aussage gibt es dagegen über die Auswirkung der Berufstätigkeit des Partners auf den Berufserfolg. Während Pfeffer & Ross (1982) herausfinden, dass Manager, deren Frauen nicht arbeiten, erfolgreicher sind als Männer, deren Frauen selbst auch berufstätig sind, berichtet Theranou (1999) keinen Unterschied je nach Berufstätigkeit des Partners.

7.4. FOLGERUNGEN FÜR DAS MODELL DER BERUFLICHEN LAUF-BAHN-ENTWICKLUNG (BELA-M)

Die im vorherigen Kapitel separat dargestellten Teilergebnisse wurden im Rahmen des Modells zur beruflichen Laufbahnentwicklung (BELA-M; vgl. Abele, 2002c; vgl. Abbildung 5) generiert. Hierbei konzentriert sich die vorliegende Untersuchung im Wesentlichen auf einen Teilaspekt des BELA-Modells, nämlich den Einfluss von Zielen und deren Merkmalen auf das Handlungsergebnis. Die „Erwartung" wird hier dagegen nicht untersucht. Wie auch in der Erlanger Längsschnittstudie (z.B. Abele et al., 2001) werden in dieser Arbeit sowohl berufliche, als auch private Ziele abgefragt und somit der Aspekt der privaten Entwicklung in die Untersuchung der Laufbahnentwicklung einbezogen (vgl. Abele, 2002c). Im Folgenden werden die Untersuchungsergebnisse in das BELA-Modell eingeordnet und Schlussfolgerungen gezogen.

Einflüsse von Zielen auf das Handlungsergebnis

In Übereinstimmung mit den bisherigen Ergebnissen zum BELA-Modell konnte auch in der vorliegenden Untersuchung der Zusammenhang verschiedener Facetten persönlicher Ziele mit Handlungsergebnissen, dem SWB und dem Berufserfolg nachgewiesen werden (vgl. 7.2, 7.3).

Verschiedene Zielparameter beeinflussen, wie in durchgeführten Untersuchungen bereits bestätigt (z.B. Abele & Stief, in Druck; Stief 2001), den Berufserfolg. Der Berufserfolg wurde in vorherigen Untersuchungen als langfristiger Karriereerfolg verstanden. Obwohl der Berufserfolg in der vorliegenden Arbeit eher im Sinne eines kurzfristigen, aufgabenbezogenen Erfolges betrachtet wurde, konnten die Ergebnisse der Erlanger Längsschnittstudie repliziert werden. Der zusätzliche Vergleich mit einer

Auswahl an BELA-Daten erbrachte darüber hinaus auch die Bestätigung des Einflusses auf den langfristigen Karriereerfolg.

Erstmalig geht die vorliegende Untersuchung im Detail auf das SWB ein. Den vorliegenden Untersuchungsergebnissen nach haben Ziele sogar einen größeren Einfluss auf das SWB als auf den Berufserfolg (vgl. 7.3.2).

Bei der Betrachtung des Zusammenhangs zwischen Zielinhalt und SWB hat sich gezeigt, dass auch die Betrachtung der tatsächlich durchgeführten Handlungen sehr aufschlussreich wäre (vgl. 7.2.1.1). Dies könnte beispielsweise durch die Erhebung des Zielfortschritts erreicht werden (vgl. Abele, et al., 2001; Brunstein, 1993). Damit könnte die Frage geklärt werden, zu welchem Anteil ein Ziel an sich oder der Fortschritt in diesem Ziel das Wohlbefinden steigert.

Die Ergebnisse der Untersuchung zeigten, dass dem Zielinhalt insgesamt eine wesentliche Rolle zukommt. Neben dem direkten Einfluss des Zielinhalts auf das SWB und den Berufserfolg determiniert der Zielinhalt auch die Ausprägung der Zielmerkmale und anderer zielspezifischer Variablen wie z.b. der sozialen Unterstützung oder, wie hier auch gezeigt, der Zielorientierung. Daher sollten die Inhalte unbedingt bei der Interpretation der Wirkungsmechanismen von Zielen einbezogen werden. In der BELA-Längschnittstudie wird der Zielinhalt in die Untersuchung einbezogen, in den meisten Studien zu persönlichen Zielen wurde der Inhalt dagegen bisher nicht betrachtet (z.B. Brunstein, 1993; Emmons, 1986; Maier, 1996).

Die Betrachtung des Zielkonflikts im Zusammenhang mit multiplen Zielen stellt einen neuen Aspekt in der Untersuchung des Modells zur Laufbahnentwicklung dar. Hier wurden vorher nur multiple Ziele, also Ziele aus unterschiedlichen Lebensbereichen, betrachtet (Stief, 2001). Obwohl der Zielkonflikt in der vorliegenden Arbeit keinen Einfluss auf das SWB und den Berufserfolg zeigt, sollte er dennoch in Zukunft bei der Betrachtung von multiplen Zielen berücksichtigt werden. Ein Zusammenhang zwischen den Inhalten der multiplen Ziele und dem Zielkonflikt konnte schließlich festgestellt werden.

Einfluss von personalen Faktoren und Umweltbedingungen auf das Handlungsergebnis

Auch über die im Modell unterstellten Zusammenhänge zwischen personalen Faktoren und Umweltbedingungen konnte hier Aufschluss gegeben werden.

Hinsichtlich der personalen Variablen hat die vorliegende Arbeit v.a. im Hinblick auf die Berufstätigkeit des Partners neue Einsichten gebracht (vgl. 7.2.1.3). Da dieses Ergebnis nur hinsichtlich der Berater-Stichprobe gefunden wurde, liegt die Vermutung nahe, dass dies ein spezifisches Phänomen ist. Durch weiterführende Untersuchungen an unterschiedlichen Stichproben und in verschiedenen Lebensphasen im Rahmen des Modells könnten auch hier neue Beiträge für die „dual earner"- oder „dual career"-

Forschung geleistet werden. Hier sollten dann vor allem auch der Vergleich zwischen Männern und Frauen und zwischen Paaren mit und ohne Kindern gezogen werden.

Ein bisher im Rahmen des Modells noch kaum untersuchter Aspekt innerhalb der Umweltvariablen stellt die soziale Unterstützung der persönlichen Ziele dar. Hierbei wurde soziale Unterstützung als subjektiv wahrgenommene Umweltdeterminante verstanden. Gemäß den vorliegenden Untersuchungsergebnissen beeinflusst die soziale Unterstützung nur das SWB, hat dagegen keinen Einfluss auf den Berufserfolg. Interessant wäre es hier, im Rahmen des Modells zu untersuchen, welche Art der Unterstützung von welchen Personen auch den Berufserfolg fördern. Cutrona & Russell (1990) sind beispielsweise der Meinung, dass für jedes Ziel bzw. Problem die Unterstützung anderer Personengruppen hilfreich ist. Im Rahmen des Berufserfolgs wird hierbei v.a. die Unterstützung durch Kollegen und Vorgesetzte (z.b. Maier, 1996) oder Mentoren (vgl. Isaacson & Brown, 1997) untersucht. Neuerdings wird in diesem Zusammenhang auch der Nutzen von Netzwerken diskutiert, die gerade im beruflichen Bereich Unterstützung bieten (z.b. Buchhorn, 2003; Kaiser & Fargel, 2003). Im Rahmen des Modells wäre es weiterhin interessant, die Wirkung der Unterstützung auf die Erwartung und die Ziele zu untersuchen.

Wie bereits erwähnt, konnten teilweise nur geringe Zusammenhänge zwischen Zielen und Berufserfolg gefunden werden. Dieses Resultat verdeutlicht, wie wichtig zur weiteren Varianzaufklärung hier die Einbeziehung wesentlicher Umweltvariablen ist (vgl. 7.3.2). Externe Faktoren, wie beispielsweise die in Supers (z.B. 1990; 1992; 1994) Modell zur Laufbahnentwicklung beschriebene Sozialpolitik, die Wirtschaft, Gesellschaft und Arbeitsmarkt umfasst, aber auch selbst eingeschätzte Umweltdeterminanten (vgl. Abele, 2002c) sollten hier Gegenstand der Betrachtung sein.

Zusammenhang zwischen subjektivem Wohlbefinden und dem Berufserfolg

Nicht untersucht wurden in der vorliegenden Arbeit die Modell-Annahmen zum Zusammenhang zwischen den Kriteriumsvariablen Erfolg und Zufriedenheit (vgl. Abele, 2002c). Zwar könnte die geringere Zufriedenheit der hier untersuchten Auswahl an weniger erfolgreichen BELA-Vpn im Vergleich zu den Beratern ein Indiz für den Zusammenhang zwischen Berufserfolg und SWB sein, dies müsste aber in weiterführenden Untersuchungen näher betrachtet werden.

7.5. IMPLIKATIONEN FÜR DIE PRAXIS

Im Folgenden werden praktische Implikationen für Unternehmen, aber auch für Einzelpersonen diskutiert.

Mentorenprogramm

Die Wichtigkeit von Zielen zur optimalen Führung von Mitarbeitern ist mittlerweile unumstritten und Zielvereinbarungsgespräche oder ähnliche Instrumente werden in vielen Unternehmen eingesetzt (z.b. Carow, 2002b; Kuhl, 2000; Mosley, Schütz & Breyer, 2001; Müller, 1999; Steinmann & Schreyögg, 1993). Hierbei geht es allerdings um die Unternehmensziele, die auf einzelne Unternehmenseinheiten bis hin zu den Mitarbeitern übertragen werden. Seltener wird man dagegen umfassender über die Karriere- oder sonstigen beruflichen Ziele der Mitarbeiter sprechen (vgl. Kaschube, 1997). Nach den Ergebnissen der vorliegenden Arbeit beeinflussen Karriereziele den Berufserfolg signifikant. Der Berufserfolg könnte demnach durch Zielgespräche, die im Sinne von Coachinggesprächen geführt werden, positiv beeinflusst werden. Hierbei sollten die weiteren Karriereschritte thematisiert werden und mögliche andere berufliche Ziele der Person diskutiert werden. Zur Vermeidung des hier gefundenen negativen Effekts der Zielschwierigkeit sollten außerdem erreichbare Subziele definiert werden (vgl. auch Wood et al., 1990). Auch in anderen längsschnittlich angelegten Studien konnte ein positiver Einfluss von Karrierecoaching auf den Berufserfolg gefunden werden (Chao, 1997; Chao et al., 1992; Orpen, 1995). Allerdings sollte hier auch auf die Wahl des richtigen Coaches, bzw. Mentors geachtet werden. Die Passung zwischen Mentor und Mentee hat nachgewiesenermaßen einen Einfluss auf den Effekt des Coachings (Chao et al., 1992). Dies ist auch der Grund, warum informelle, also selbst gesuchte Mentoren mehr bewirken, als zugewiesene Mentoren (Chao et al., 1992). Hier ist die Passung zwischen Mentor und Mentee wahrscheinlicher.

Um ein Optimum an Hilfe und Unterstützung zu vermitteln, sollte das Gespräch mit einem unabhängigen Mentor, nicht aber mit dem Vorgesetzten geführt werden. Da es Ziele zu geben scheint wie z.B. Arbeitspatzwechsel, die einen negativen Zusammenhang mit dem Erfolg aufweisen, ist eine offene Diskussion der Ziele von Vorteil. Diese ist eher mit einer „unabhängigen" Person als mit dem disziplinarischen Vorgesetzten denkbar.

Ein solches Mentorenprogramm könnte sich aber nicht nur auf den Berufserfolg, sondern auch auf die Zufriedenheit der Mitarbeiter auswirken. Dieser Ansatz ginge dann noch stärker in die Richtung eines Coachinggesprächs. In der Managementliteratur wird dies auch als Individualcoaching beschrieben (z.B. Carow, 2002a). Sowohl das Wissen um eigene Ziele als auch die tatsächlichen Zielinhalte wirken sich, wie hier gezeigt, positiv aus. Gerade in Positionen, in denen sehr viel und mit hohem Druck gearbeitet wird, neigen Personen dazu, in „Etappen" zu denken. Aussagen wie „wenn ich die nächste Hierarchiestufe erreicht habe, dann nehme ich mir mehr Zeit für die Freunde" sind bei diesen Personen keine Seltenheit. Dieses „Etappen-Denken" verhindert auch, dass sich Personen über bestimmte Ziele überhaupt Gedanken machen. Ein institutionalisiertes Coachingprogramm wäre daher extrem hilfreich, um diese Prozesse anzustoßen.

Einbindung des Partners

Die Untersuchung hat auch gezeigt, wie wichtig die Einbindung des Partners in eigene Zielüberlegungen für das Wohlbefinden ist. Allein die Tatsache, dass der Partner die Ziele kennt, geht mit Wohlbefinden einher. Manche Unternehmen versuchen daher schon, die Partner auch an dem beruflichen Leben teilhaben zu lassen, indem sie beispielsweise zu Firmenveranstaltungen oder Tagen der offenen Tür eingeladen werden. Natürlich lässt sich darüber diskutieren, inwieweit das Familien- und Berufsleben vermischt werden sollte. Wie hier gezeigt scheinen berufliche Ziele gerade in dieser Lebensphase eine wesentliche Rolle zu spielen. Diesen Bereich komplett aus dem Bereich Familie auszuschließen wäre von diesem Standpunkt aus gesehen wenig sinnvoll.

Qualifizierung als Personalmarketing -Instrument

Einige Firmen, v.a.Unternehmensberatungen, bieten den Mitarbeitern bereits die Möglichkeit, eine Auszeit zu nehmen, um eine weitere Qualifikation wie z.B. einen Master oder Doktor, zu erlangen. Für junge Akademiker scheint dies sehr attraktiv. Als Indiz dafür wird der positive Einfluss solcher Vorhaben auf die Zufriedenheit gewertet, der in beiden Stichproben gefunden werden konnte. Dies wäre somit ein klarer Wettbewerbsvorteil im Kampf um Fachkräfte, an denen es, wie allseits prognostiziert, bald mangeln wird.

Rekrutierung und Bindung von Frauen

Wie beschrieben, scheinen die Frauen in der Unternehmensberatung besonders beruflich fokussiert zu sein, sowohl im Vergleich zu den männlichen Kollegen als auch im Vergleich zu anderen Akademikerinnen. Für potentielle Bewerberinnen, die in geringerem Maße diese klare Karriereorientierung haben, könnte dies ein „abschreckendes" Signal sein. Daher ist es gerade in der Ansprache von Frauen wichtig klar zu machen, dass es verschiedene Ausrichtungen gibt. Der wesentliche Hebel, um mehr Frauen für die Beratung zu interessieren, sind aber flexiblere Arbeitszeitmodelle. Dies ist in der Beratung besonders schwierig, da nur Projektarbeit geleistet wird und diese schwieriger planbar ist als beispielsweise das Tagesgeschäft eines Industrieunternehmens. Zudem werden die Projekte bei dem Klienten vor Ort durchgeführt. Mögliche Modelle

wären z.b. der Wechsel von der Beraterrolle in andere Rollen wie z.b. einer Experten-
rolle, in denen die Frau an einem Ort bleibt und bei verschiedenen Teams tageweise
als Expertin eingesetzt wird. Aber auch eine Halbtagstätigkeit als Beraterin ist denkbar. Dies würde sicherlich ein Umdenken und eine Umstrukturierung der bestehenden
Projektabläufe bedeuten, sollte aber dennoch möglich sein.

Der kritischeren Selbsteinschätzung bei erfolgreichen Frauen, über die hier auch an
anderer Stelle berichtet wurde, kann mit Mentorenprogrammen entgegengewirkt werden (Reis, 1998). Diese scheinen für die Karriereentwicklung von Frauen sogar hilf-
reicher zu sein als für Männer. Besonders wirksam scheinen hierbei weibliche Mentoren zu sein, die als Rollenvorbilder dienen (Beck, 1989; Hansman, 1998).

Literaturverzeichnis

Abele, A.E. (1997). Der Karrierehürdenlauf von Frauen - Chancen und Stolpersteine. *Report Psychologie, 22*, 302-308.

Abele, A.E. (1998). Berufskarrieren von Frauen - Möglichkeiten, Probleme, psychologische Beratung. In W. Gross (Hrsg.), *Karriere 2000. Hoffnungen - Chancen - Perspektiven - Probleme - Risiken* (S. 99-125). Bonn: Deutscher Psychologen Verlag.

Abele, A.E. (2000). Gender gaps in early career development of university graduates. Why are women less successsfull than men? *European Bulletin of Social Psychology, 12*, 22-37.

Abele, A.E. (2002a). Arzt oder Ärztin sein heute - zwischen Erwartung und Realität. In U. Brandenburg, B. Leeners, A. Petermann-Meyer, A. Schwarte, C. Dohmen & M. Neiss (Hrsg.). *Psychosomatische Gynäkologie und Geburtshilfe. Beiträge der Jahrestagung 2001 der DGPFG*. Gießen: Psychosozial-Verlag.

Abele, A.E. (2002b). Geschlechtsdifferenz in der beruflichen Karriereentwicklung. Warum sind Frauen weniger erfolgreich als Männer? In B. Keller & A. Michau (Hrsg.), *Frauen machen Karriere in Wissenschaft, Wirtschaft und Politik. Chancen nutzen, Barrieren überwinden* (S. 11-25). Baden-Baden: Nomos.

Abele, A.E. (2002c). Ein Modell und empirische Befunde zu beruflicher Laufbahnentwicklung unter besonderer Berücksichtigung des Geschlechtsvergleichs. *Psychologische Rundschau, 53*, 109-118.

Abele, A.E. (2002d). Psychologie der Geschlechtsunterschiede - Theorien und Befunde. In G. Wanke (Hrsg.), *Über das Verhältnis der Geschlechter. Fünf Vorträge.* (S. 9-20). Erlangen: Universitätsbund Erlangen-Nürnberg e.V.

Abele, A.E., Albert, P. & Stief, M. (2001). *Messinstrumente und erste Ergebnisse der dritten Erhebungswelle.* Bericht 10 des Projekts BELA-E. Universität Erlangen.

Abele, A.E., Andrä, M. & Schute, M. (1999a). Wer hat nach dem Hochschulexamen schnell eine Stelle? Erste Ergebnisse der Erlanger Längsschnittstudie (BELA-E). *Zeitschrift für Arbeits- und Organisationspsychologie, 43*, 95-101.

Abele-Brehm, A.E. & Brehm, W. (1986). Zur Konzeptualisierung und Messung von Befindlichkeit: Die Entwicklung der „Befindlichkeitsskalen" (BFS). *Diagnostica, 32*, 209-228.

Abele, A.E. & Krüsken, J. (2000). *Studienabschluss, Ziele, berufliche und private Perspektiven bei Mathematikerinnen und Mathematikern aus Diplom- und Lehramtsstu-*

diengängen im Vergleich. Bericht 3 des Projekts „Frauen in der Mathematik". Universität Erlangen.

Abele, A.E. & Nitzsche, U. (2002). Der Schereneffekt bei der beruflichen Entwicklung von Ärztinnen und Ärzten. *Deutsche Medizinische Wochenschrift, 127,* 2057-2062.

Abele, A.E., Schute, M. & Andrä, M. (1999b). Ingenieurin versus Pädagoge: Berufliche Werthaltungen nach Beendigung des Studiums. *Zeitschrift für Pädagogische Psychologie, 13,* S. 84-99.

Abele, A.E. & Stief, M. (2001). Prädiktoren von Akademikererwerbslosigkeit: Ergebnisse der Erlanger Längsschnittstudie zur beruflichen Laufbahnentwicklung von Hochschulabsolventinnen und-absolventen im Vergleich (BELA-E). In J. Zempel, J. Bacher & K. Moser (Hrsg.), *Erwerbslosigkeit. Ursachen, Auswrikungen und Interventionen. Psychologie sozialer Ungleichheit, Band 12* (S. 61-82). Opladen: Leske & Budrich.

Abele, A.E. & Stief, M. (in Druck). Die Prognose des Berufserfolgs von Hochschulabsolvierenden. Befunde zur ersten und zweiten Erhebungswelle der Erlanger Längsschnittstudie BELA-E. *Zeitschrift für Arbeits- und Organisationspsychologie.*

Abele, A.E., Stief, M. & Krüsken, J. (2002). Persönliche Ziele von Mathematikern beim Berufseinstieg: Ein Vergleich offener und geschlossener Erhebungsmethoden. *Zeitschrift für Pädagogische Psychologie, 16,* 193-205.

Accenture (2002). *Frauen und Macht.* Heruntergeladen am 11. Juli 2003 von der Accenture-Webseite:
http://www.accenture.de/index2.html?/0erweite/0sitemap/index.jsp

Adams, G.A., King, L.A. & King, D.W. (1996). Relationships of job and family involvement, family social support, and work-family conflict with job and life satisfaction. *Journal of Applied Psychology, 81,* 411-420.

Aiken, L.S. & West, S.G. (1991). *Multiple Regression: Testing and interpreting interactions.* Newbury Park, CA: Sage Publications.

Albert, P. (2002). Die Auswirkung von Sozialer Unterstützung auf die Berufsentwicklung *von Jungakademikern und Jungakademikerinnen unter geschlechtsvergleichender Perspektive.* Unveröff. Diplomarbeit, Universität Erlangen-Nürnberg.

Ames, C. & Archer, J. (1988). Achievement goals in the classroom: Students' learning strategies and motivation process. *Journal of Educational Psychology, 80,* 260-267.

Antonucci, T.C. (1985). Social support: Theoretical advances, recent findings and pressing issues. In I.G. Sarason & B.R. Sarason (Eds.), *Social support: Theory, research and applications* (pp. 21-38). Dordrecht: Martinus Nijhoff.

Archer, J. (1994). Achievement goals as a measure of motivation in university students. *Contemporary Educational Psychology, 19,* 430-446.

Argyle, M. (1999). Causes and correlates of happiness. In D. Kahneman, E. Diener & N. Schwarz (Eds.), *Well-being: The foundation of hedonic psychology* (pp. 353-373). New York: Russel Sage Foundation.

Aryee, S., Chay, Y.W. & Tan, H.H. (1994). An examination of the antecedents of subjective career success among managerial employees in Singapore. *Human Relations, 47*, 487-509.

Aryee, S., Luk, V., Leung, A. & Lo, S. (1999), Roles stressors, interrole conflict, and well-being: The moderating influence of spousal support and coping behaviors among employed parents in Hong Kong. *Journal of Vocational Behavior, 54*, 259-278.

Atkinson, J.W. (1957). Motivational determinants of risk-taking behavior. *Psychological Review, 64*, 359-372.

Austin, J. T., & Vancouver, J. B. (1996). Goal constructs in psychology: Structure, process, and content. *Psychological Bulletin, 120*, 338-375.

Baker, L.A., Cesa, I.L., Gatz, M. & Grodsky, A. (1992). Genetic and environmental influences on positive and negative affect: Support for a two-factor theory. *Psychology and Aging, 7*, 158-163.

Baltes, P.B., Baltes, M.M., Freund, A.M. & Lang, F. (1999). *The measurement of selection, optimization, and compensation (SOC) by self report: Technical report 1999.* Berlin: Max Planck Institute for Human Development.

Baltes, B.B. & Dickson, M.W. (2001). Using life-span models in industrial-organizational psychology: The theory of selective optimization with compensation. *Applied Development Science, 5*, 51-62.

Bamundo, P.J. & Kopelman, R.E. (1980). Occupation, age and urbanization as moderators of the relationship between job and life satisfaction. *Journal of Vocational Behavior, 17*, 106-123.

Bandura, A (1986). *Social foundations of thought and action: A social cognitive theory.* Englewood Cliffs, NJ: Prentice-Hall.

Bandura, A. (1989). Self-regulation of motivation and action through internal standards and goal systems. In L.A. Pervin (Ed.), *Goal concepts in personality and social psychology* (pp. 19-85). Hillsdale, NJ: Erlbaum.

Baron, R.M. & Kenny, D.A. (1986). The moderator-mediator variable distinction in social psychological research: Cenceptual, strategic and statistical considerations. *Journal of Personality and Social Psychology, 51*, 1173-1182.

Barrera, Jr., M., Sandler, I.N. & Ramsay, T.B. (1981). Preliminary development of a scale of social support: Studies on college students. *American Journal of Community Psychology, 9*, 435-447.

Barron, K.E. & Harackiewicz, J.M. (2001). Achievement goals and optimal motivation: Testing multiple goal models. *Journal of Personality and Social Psychology, 80*, 706-722.

Beck, L. (1989). Mentorships: Benefits and effects on career development. *Gifted Child Quartlery, 33*, 22-28.

Becker, G. (1975): *Human Capital. A theoretical and emirical analysis with special reference to education*. New York, London: Columbia University Press.

Becker, P. (1991). Theoretische Grundlagen. In A.E. Abele & P. Becker (Hrsg.), *Wohlbefinden. Theorie - Empirie - Diagnostik* (zweite Auflage, S. 13-50). Weinheim: Juventa.

Beehr, T.A., Jex, S.M., Stacy, B.A. & Murray, M.A. (2000). Work stressors and co-worker support as predictors of individual strain and job performance. *Journal of Organizational Behavior, 21*, 391-405.

Bierach, B. (2002). Ran ans Eingemachte. *Wirtschaftswoche, 25*, 116-118.

Birkelbach, K.W. (1998). *Berufserfolg und Familiengründung. Lebensläufe zwischen institutionellen Bedingungen und individueller Konstruktion*. Opladen: Westdeutscher Verlag.

Bommer, W.H., Johnson, J.L., Rich, G.A., Podsakoff, P.M. & MacKenzie, S.B. (1995). On the interchangeability of objective and subjective measures of employee performance: A meta-analysis. *Personnel Psychology, 48*, 587-605.

Brickman, P. & Coates, D. (1987). Commitment and mental health. In P. Brickmann (Ed.), *Comitment, conflict and caring* (pp. 222-309). Englewood Cliffs, NJ: Prentice-Hall.

Brunstein, J.C. (1993). Personal goals and subjective well-being: A longitudinal study. *Journal of Personality and Social Psychology, 65*, 1061-1070.

Brunstein, J.C. (1995). Persönliche Anliegen und subjektives Wohlbefinden. In K. Pawlik (Hrsg.), *Bericht über den 39. Kongreß der Deutschen Gesellschaft für Psychologie* (S. 256-260). Göttingen: Hogrefe.

Brunstein, J.C. (1999). Persönliche Ziele und subjektves Wohlbefinden bei älteren Menschen. *Zeitschrift für Differentielle und Diagnostische Psychologie, 20,* 58-71.

Brunstein, J.C., Dangelmayer, G. & Schultheiss, O.C. (1996). Personal goals and social support in close relationships: Effects on relationship mood amd marital satisfaction. *Journal of Personality and Social Psychology, 71,* 1006-1019.

Brunstein, J.C. & Maier, G.W. (1996). Persönliche Ziele: Ein Überblick zum Stand der Forschung. *Psychologische Rundschau, 47,* 146-160.

Brunstein, J.C., Lautenschlager, U., Nawroth, B., Pöhlmann, K. & Schultheiss, O.C. (1995). Persönliche Anliegen, soziale Motive und emotionales Wohlbefinden. *Zeitschrift für Differentielle und Diagnostische Psychologie, 16,* 1-10.

Brunstein, J.C. & Schultheiss, O.C. (1996). *Persönliche Ziele, soziale Motive und Dimensionen des affektiven Erlebens.* Abschlussbericht zum DFG-Projekt (BR 1056/2-1). Universität Erlangen.

Brunstein, J.C., Schultheiss, O.C. & Grässman, R. (1998). Personal goals and emotional well-being: The moderating role of motive dispositions. *Journal of Personality and Social Psychology, 75,* 494-508.

Brunstein, J.C., Schultheiss, O.C. & Maier, G.W. (1999). The pursuit of personal goals: A motivational approach to well-being and life adjustment. In J. Brandtstädter & R. M. Lerner (Eds.), *Action and self-development: Theory and research through the life span* (pp. 169-196). New York: Sage.

Buchhorn, E. (2003). Kontakte für die Karriere. *Manager Magazin, 4,* 160-168.

Cantor, N. (1994). Life task problem solving. Situational affordances and personal needs. *Personality and Social Psychology Bulletin 20,* 235-243.

Cantor, N. & Fleeson, W. (1991). Life tasks and self-regulatory processes. *Advances in Motivation and Achievement, 7,* 327-369.

Cantor, N. & Langston, C.A. (1989). Ups and downs of life tasks in a life transition. In L. A. Pervin (Ed.), *Goal concepts in personality and social psychology* (pp.87-126). Hillsdale, NJ: Erlbaum.

Cantor, N. & Sanderson, C.A. (1999). Life task participation and well-being: The importance of taking part in daily life. In D. Kahneman, E. Diener & N. Schwarz (Eds.), *Well-being: The foundation of hedonic psychology* (pp. 230-243). New York: Russel Saga Foundation.

Cantor, N. & Zirkel, S. (1990). In L. Pervin (Ed.), *Handbook of personality: Theory and research* (pp.135-164). New York: Guilford.

Carow, B. (2002a). Persönlichkeit und Zielfindung. In H.J. Joka (Hrsg.), *Führungskräfte Handbuch* (S. 3-19). Heidelberg: Springer.

Carow, B. (2002b). Zielvereinbarungen - auch nur ein manipulierendes Führungsinstrument? In H.J., Joka (Hrsg.), *Führungskräfte Handbuch* (S.189-205). Heidelberg: Springer.

Carlson, D.S., Kacmar, K.M. & Williams, L.J. (2000). Construction and initial validation of multidimensional measure of work-family conflict. *Journal of Vocational Behavior, 56*, 249-276.

Carver, C.S. (1996). Some ways in whic goals differ and some implications of those differences. In P.M. Gollwitzer & A. Bargh (Eds.), *The psychology of action: Linking cognition and motivation to behavior* (pp.645-672). New York: Guilford.

Carver, C.S. & Scheier, M.F. (1990). Origins and functions of positive and negative affect: A control-process view. *Psychological Review, 97*, 19-35.

Cervone, D., Jiwani, N. & Wood, R. (1991). Goal setting and the differential influence of self-regulatory process on complex decision making performance. *Journal of Personality and Social Psychology, 61*, 257-266.

Chao, G.T. (1997). Mentoring phasis and outcomes. *Journal of Vocational Behavior, 51*, 15-28.

Chao, G.T. Walz, P.M. & Gardner, P.D. (1992). Formal and informal mentorships: A comparison on mentoring functions and contras with nonmentored counterparts. *Personnel Psychological, 45*, 619-636.

Chenevert, D. & Tremblay, M. (1998). Predictors of hierarchical success for male and female canadian managers. *Serie Scientifique 98s-10*. Heruntergeladen am 18. September 2003 von der CIRANO („Centre for Interuniversity Research and Analysis on Organizations") - Webseite : http://www.cirano.qc.ca/pdf/publication/98s-10.pdf

Clark, A.E. & Oswald, A.J. (2002). A simple statistical method for measuring how life events affect happiness. *International Journal of Epidemiology, 31*, 1139-1144.

Cobb, S. (1976). Social support as a moderator of life stress. *Psychosomatic Medicine, 38*, 300-314.

Cohen, J. & Cohen, P. (1983). *Applied multiple regression/correlation analysis for the behavioral sciences* (2nd ed.). Hillsdale, NJ: Lawrence Erbaum.

Cohen, S. & Wills, T.A. (1985). Stress, social support, and the buffering hypothesis. *Psychological Bulletin, 98*, 310-357.

Comelli, G. & Rosenstiel, L.v. (1995). *Führung durch Motivation: Mitarbeiter für Organisationsziele gewinnen. Innovatives Personalmanagement, Band 5.* München: C.H. Beck.

Costa P.T. & McCrae R.R. (1980). Influence of extraversion and neuroticism on subjective well-being: Happy and unhappy people. *Journal of Personality and Social Psychology, 38,* 668-678.

Costa, P.T. & McCrae, R.R. (1992). Four ways five factors are basic. *Personality and Individual Differences, 13,* 653-665.

Crites, J.O. (1969). *Vocational psychology: The study of vocational behavior and development.* New York: McGraw-Hill.

Cronbach, L. (1987). Statistical tests for moderator variables: Flaws in analyses recently proposed. *Psychological Bulletin, 102,* 414-417.

Csikszentmihalyi, M. (2002). *Flow: Das Geheimnis des Glücks* (10. Aufl.). Stuttgart: Klett-Cotta.

Cutrona, C.E. & Russell, D.W. (1990). Type of social support and specific stress: toward a theory of optimal matching. In I.G. Sarason, B.R. Sarason & G.R. Pierce (Eds.), *Social support: An interactional view - issues in social support research* (pp. 319-394). New York: Wiley.

Dalai Lama XIV (1999). *Das Buch der Menschlichkeit, Eine neue Ethik für unsere Zeit.* Bergisch Gladbach: Gustav Lübbe Verlag.

DeNeve, K.M. & Cooper, H. (1998). The happy personality: A meta-analysis of 137 personality traits and subjective well-being. *Psychological Bulletin, 124,* 197-229.

Dienel, C. (2002). Frauenkarriere im europäischen Vergleich. In B. Keller & A. Michau (Hrsg.), *Frauen machen Karriere in Wissenschaft, Wirtschaft und Politik. Chancen nutzen, Barrieren überwinden* (S. 17-30). Baden-Baden: Nomos.

Diener, E. (1984). Subjective well-being. *Psychological Bulletin, 95,* 542-575.

Diener, E. & Diener, R. (2000). *New directions in subjective well-being research: The cutting edge.* Heruntergeladen am 7. Mai 2003 von der University of Illinois at Urbana-Champaign-Webseite:
http:// s.psych.uiuc.edu/~ediener/hottopic/new_directions.html

Diener, E., Diener, M. & Diener, C. (1995). Factors predicting the subjective well-being of nations. *Journal of Personality and Social Psychology, 69,* 851-864.

Diener, E. & Emmons, R.A. (1984). The independence of positive and negative Affect. *Journal of Personality and Social Psychology, 47*, 1105-1117.

Diener, E. & Emmons, R.A., Larsen, R.J. & Griffen, S. (1985). The satisfaction with life scale. *Journal of Personality and Social Psychology, 49*, 71-75.

Diener, E. & Fujita, F. (1995). Resources, personal strivings, and subjective well-being: a nomothetic and idiographic approach. *Journal of Personality and Social Psychology, 68*, 926-935.

Diener, E. & Lucas, R.E. (1999). Personality and subjective well-being. In D. Kahneman, E. Diener & N. Schwarz (Eds.), *Well-being: The foundation of hedonic psychology* (pp. 213-229). New York: Russel Saga Foundation.

Diener, E. & Lucas, R.E. (2000). Subjective emotional well-being. In M. Lewis & J.M. Haviland (Eds.), *Handbook of emotions* (pp. 325-337). New York: Guilford.

Diener, E. & Oishi, S. (2000). Money an hapiness: Income and subjective well-being across nations. In E. Diener & E. M. Suh (Eds.), *Culture and subjective well-being.* Cambridge, MA: MIT Press.

Diener, E., Sandvik, E., Seidlitz, L. & Diener, M. (1993). The relationship between income and subjective well-being: Relative or absolute? *Social Indicators Research, 28*, 195-223.

Diener, E., Smith, H. & Fujita, F. (1995). The personality structure of affect. *Journal of Personality and Social Psychology, 69*, 130-141.

Diener, E. & Suh, E.M. (2000). Measuring subjective well-being to compare the quality of life of cultures. In E. Diener & E.M. Suh (Eds.), *Culture and subjective well-being.* Cambridge, MA: MIT Press.

Diener, E., Suh, E.M., Lucas, R.E. & Smith, H.L. (1999). Subjective well-being: Three decades of progress. *Psychological Bulletin, 125*, 276-302.

Diener, E., Suh, E. M. & Oishi, S. (1997). *Recent findings on subjective well-being.* Webseite der am 8. August 2003 von der University of Illinois at Urbana-Champaign: http://www.psych.uiuc.edu/~ediener/hottopic/paper1.html

Donovan, J.J. & Radosevich, D.J. (1998). The moderating role of goal commitment on the goal difficulty - performance relationship: A meta-analytic review and critical reanalysis. *Journal of Applied Psychology, 83*, 308-315.

Dunkel-Schetter, C. & Bennett, T.L. (1990). Differentiating the cognitive and behavioral aspects of social support. In I.G. Sarason, B.R. Sarason & G.R. Pierce (Eds.), *Social support: An interactional view - issues in social support research* (pp. 267-296). New York: Wiley.

Dweck, C.S. (1992). The study of goals in Psychology. *Psychological Science, 3*, 165-167.

Dweck, C.S. (2000). Self-Theories: *Their role in motivation, personality and development.* Philadelphia, PA: Psychology Press.

Dweck, C.S. & Leggett, E.L. (1988). A social-cognitive approach to motivation and personality. *Psychological Review, 95*, 256-273.

Dweck, C.S. & Licht, B.G. (1980). Learned helplessness and intellectual achievement. In J. Garber & M.E. Seligman (Eds.), *Human helplessness* (pp.197-221). New York: Academic Press.

Dworschak, M. (2003). Geld oder Leben. *Spiegel, 14.* Heruntergeladen am 15. Juli 2003 unter http://premium-link.net

Dykman, B.M. (1998). Integrating cognitive and motivational factors in depression: Initial tests of a goal-orientation approach. *Journal of Personality and Social Psychology, 74*, 139-158.

Earley, P.C., Connolli, T. & Ekergren, G. (1989) Goals, strategy development and task performance: Some limits on the efficacy of goal setting. *Journal of Applied Psychology, 74*, 23-33.

Elliott, A.J. & Dweck, C.S. (1988). Goals: An approach to motivation and achievement. *Journal of Personality and Social Psychology, 54*, 5-12.

Elliott, A.J. & Sheldon, K.M. (1997). Avoidance achievement motivtion: A personal goal analysis. *Journal of Personality and Social Psychology, 74*, 171-185.

Emmons, R.A. (1986). Personal strivings: An approach to personality and subjective well-being. *Journal of Personality and Social Psychology, 5*, 1058-1068.

Emmons, R.A. (1989). The personal striving approach to personality. In L.A. Pervin (Ed.), *Goal concepts in personality and social psychology* (pp. 87-126). Hillsdale, NJ: Erlbaum.

Emmons, R.A. (1991). Personal strivings daily life events and physical well-being. *Journal of Personality, 59*, 453-472.

Emmons, R.A. (1992). Abstract versus concrete goals: Personal striving level, physical illness, and psychological well-being. *Journal of Personality and Social Psychology, 62*, 292-300.

Emmons, R.A. (1996). Striving and feeling. In P. Gollwitzer & J. Bargh (Eds.), *The psychology of action* (pp. 313-337). New York: Guilford Press.

Emmons, R.A. (1997). Motives and life goals. In R. Hogan, J.A. Johnson & K. Briggs (Eds.), *Handbook of Personality Psychology* (pp.485-512). San Diego, CA: Academic Press.

Emmons, R.A., Cheung, C. & Tehrani, K. (1994). Assessing spirituality through personal goals: implications for research on religion and subjective well-being. *Social Indicators Research, 45*, 391-422.

Emmons, R.A. & King, L.A. (1988). Conflict among personal strivings: Immediate and longterm implications for psychological and physical well-being. *Journal of Personality and Social Psychology, 54*, 1040-1048.

Emmons, R.A. & McAdams, D.P. (1991). Personal strivings and motive dispositions: Exploring the links. *Personality and Social Psychology Bulletin, 17*, 648-654.

Fahrenberg, J., Myrtek, M., Schumacher, J. & Brähler, E. (2000). *Fragebogen zur Lebenszufriedenheit (FLZ)*. Göttingen: Hogrefe.

Farr, J.L., Hofmann, D.A. & Ringenbach, K.L. (1993). Goal orientation and action control theory: Implications for industrial and organizational psychology. In C.L. Cooper & I.T. Robertson, *In international review of industrial and organizational psychology* (pp. 193-232). New York: Wiley.

Ferrer-I-Carbonell, A. (2002). Income and well-being: An empirical analysis of the comparison income effect. *Tinbergen Institute Discussion Paper TI2002-019/3*. Heruntergeladen am 13. August 2003 von der Webseite des Tinbergen Instituts der Erasmus Universität Rotterdam: http://www.tinbergen.nl/discussionpapers/02019.pdf

Fisher, C.D. (2000). Mood and emotions while working: Missing pieces of job satisfaction? *Journal of Organizational Behavior, 21*, 185-202.

Freund, A.M. & Baltes, P.B. (1998). Selection, optimization, and compensation as strategies of life management: Correlations with subjective indicators of successful aging. *Psychology and Aging, 13*, 531-543.

Freund, A.M. & Baltes, P.B. (2002). Life-management strategies of selection, optimization, and compensation: Measurement by self-report and construct validity. *Journal of Personality and Social Psychology, 4*, 642-662.

Frey, B.S. & Stutzer, A. (2002). The economics of happiness. *World Economics, 3*, 25-41.

Frieze, I.H., Whitley, B.E., Jr., Hanusa, B.H. & McHugh, M.C. (1982). Assessing the theoretical models for sex differences in causal attributions for success and failure. *Sex Roles, 8*, 333-344.

Frone, M.R., Yardley, J.K. & Markel, K.S. (1997). Developing and testing an integrative model of the work-family interface. *Journal of Vocational Behavior, 50*, 145-167.

Gardner, J. & Oswald, A. (2001). *Does money buy happiness? A longitudinal study using data on windfalls.* Heruntergeladen am 13. August 2003 von der RePEc („Research Papers in Economics")-Webseite: http://repec.org/res2002/Gardner.pdf

Gattiker, U.E. & Larwood, L. (1990). Predictors for career achievement in the corporate hierarchy. *Human Relations, 43*, 703-726.

Gerdtham, U.-G. & Johannesson, M. (1997). The relationship between happiness, health and socio-economic factors: Results based on Swedish micro data. *Working Paper Series in Economics and Finance No. 207.* Heruntergeladen am 13. August 2003 von der S-WoPEc („Scandinavian Working Papers in Economics")-Webseite: http://swopec.hhs.se/hastef/papers/hastef0207.pdf.zip

Glaser, D.N., Tatum, B.C., Nebeker, D.M., Sorenson, R.C. & Aiello, J.R. (1999). Workload and social support: effects on performance and stress. *Human Performance, 12*, 155-176.

Gollwitzer, P.M. (1987). The implementation of identity intentions: A motivational-volitional perspective on symbolic self-completion. In F. Halisch & J. Kuhl (Eds.), *Motivation, intention and volition* (pp. 349-369). Berlin: Springer.

Gollwitzer, P.M. (1991). *Abwägen und Planen.* Göttingen: Hogrefe.

Gollwitzer, P.M. (1995). Zielbegriffe und -theorien in der heutigen Psychologie. In K. Pawlik (Hrsg.), *Bericht über den 39. Kongreß der Deutschen Gesellschaft für Psychologie* (S. 256-260). Göttingen: Hogrefe.

Gove, W.R., Style, C.B. & Hughes, M. (1990). The effect of marriage on the wellbeing of adults: A heoretical analysis. *Journal of Family Issues, 11*, 4-35.

Greenhaus, J.H. & Beutell, N.J. (1985). Sources of conflict between work and family roles. *Academy of Management Review, 10*, 76-88.

Greenhaus, J. H., Parasuraman, S., Granrose, C. S., Rabinowitz, S. & Beutell, N. J. (1989). Sources of work-family conflict among two-career couples. *Journal of Vocational Behavior, 34*, 133-153.

Die großen Unternehmensberatungen im Überblick (2001). *Junge Karriere, 5,* 60-65.

Halisch, F & Geppert, U. (1998). *Motives, personal goals, and life satisfaction in old age: First results from the munich twin study (GOLD)*. Thessaloniki, Greece: Paper, presented at the 6th Workshop on Achievement and Task Motivation (WATM)/ Earli-Sig: Motivation and Emotion.

Hammer, L.B., Allen, E. & Gigsby, T.D. (1997). Work-familiy conflict in dual-earner couples: Within individual and crossover effects of work and family. *Journal of Vocational Behavior, 50,* 185-203.

Hansman, C.A. (1998). Mentoring an women's career development. In L.L. Bierema (Ed.), *Women's career development across the lifespan: Insights and strategies for women, organizations, and adult educators* (pp. 63-72). San Francisco: Jossey-Bass.

Harlow, R.E. & Cantor, N. (1995). To whom do people turn when things go poorly? Task orientation and functional social contacts. *Journal of Personality and Social Psychology, 69,* 329-340.

Hartmann, M. (2001). Klassenspezifischer Habitus oder exklusive Bildungstitel als soziales Selektionskriterium? Die Besetzung von Spitzenpositionen in der Wirtschaft. In B. Krais (Hrsg.), *An der Spitze* (S. 157-208). Konstanz: UVK Verlagsgesellschaft.

Hartmann, M. (2002). *Der Mythos von den Leistungseliten - Spitzenkarrieren und soziale Herkunft in Wirtschaft, Politik, Justiz und Wissenschaft.* Frankfurt: Campus Verlag.

Heckhausen, H. (1987a). Intentionsgeleitetes Handeln und seine Fehler. In H. Heckhausen, P.M. Gollwitzer & F.E. Weinert (Hrsg.), *Jenseits des Rubikon: Der Wille in den Humanwissenschaften* (S. 143-175). Berlin: Springer.

Heckhausen, H. (1987b). Perspektiven einer Psychologie des Wollens. In H. Heckhausen, P.M. Gollwitzer & F.E. Weinert (Hrsg.), *Jenseits des Rubikon: Der Wille in den Humanwissenschaften* (S. 121-142). Berlin: Springer.

Heckhausen, H. (1989). *Motivation und Handeln* (2. Aufl.). Berlin: Springer.

Heckhausen, H. & Kuhl, J. (1985). From wishes to action: The dead ends and short cuts on the long way to action. In M. Frese & J. Sabini (Eds.), *Goal directed behavior: The concept of action in psychology* (pp. 134-160). Hillsdale, NJ: Erlbaum.

Helliwell, J.F. (2002). How's life? Combining individual and national variables to explain subjective well-being. *Working Paper 9065.* Heruntergeladen am 13.8.2003 von der Webseite des National Bureau of Economic Research: http://www.nber.org/papers/w9065.pdf

Hobfoll, S.E. & Stephens, M.A. (1990). Social support during extreme stress: Consequences and intervention. In I.G. Sarason, B.R. Sarason & G.R. Pierce (Eds.), *Social support: An interactional view - issues in social support research* (pp. 454-481). New York: Wiley.

Hoff, E.-H. & Ewers, E. (2002). Handlungsebene, Zielkonflikte und Identität. Zur Integration von Berufs- und Privatleben. In M. Moldaschl (Hrsg.), *Neue Arbeit-Neue Wissenschaft der Arbeit* (S. 221-248). Heidelberg: Asanger.

Hoff, E.-H., Grote, S. & Wahl, A. (2002). Erfolg in den Berufsverläufen von Frauen und Männern. *Wirtschaftspsychologie, 1*, 56-63.

Hollenbeck, J.R., Williams, C.R. & Klein, H.J. (1989). An Empirical Examination of the Antecedents of Commitment to difficult goals. *Journal of Applied Psychology, 74*, 18-21.

House, J.S. (1981). *Work Stress and Social Support*. Reading, MA: Adison-Wesley.

Isaacson, L.E. & Brown, D. (1997). *Career information, career counseling, and career development* (6th ed.). Boston: Allyn & Bacon.

Jex, S.M. (1998). *Stress and job performance: Theory, research, and implications for managerial practice*. Thousand Oaks, CA: Sage Publications.

Judge, T.A., Cable, D.M., Boudreau, J.W. & Bretz, R.D. (1995). An empirical investigation of the predictors of executive career success. *Personnel Psychology, 48*, 485-519.

Judge, T.A., Erez, A. & Bono, J.E. (1998). The power of being positive: The relationship between positive self-concept and job performance. *Human Performance, 11*, 167-187.

Judge, T.A., Higgins, C., Thoresen, C.J. & Barrick, M.R. (1999). The Big Five personality traits, general mental ability, and career success across the life span. *Personnel Psychology, 52*, 621-652.

Kahn, R.L. & Byosiere, P. (1992). Stress in organizations. In M.D. Dunnette & L.M. Hough (Eds.), *Handbook of Industrial and Organizational Psychology* (3rd ed., pp. 572-650). Palo Alto, CA: Consulting Psychologists Press.

Kahneman, D. (1999). Objektive Happiness. In D. Kahneman, E. Diener & N. Schwarz (Eds.), *Well-being: The foundation of hedonic psychology* (pp. 3-25). New York: Russel Saga Foundation.

Kaiser, S. & Fargel, Y. (2003). Nutzen von Karrierenetzwerken. *Personalwirtschaft, 9,* 40-45.

Kanfer, R. & Ackerman, P.L. (1989). Motivation and cognitive abilities: An integrative/aptitude-treatment interaction approach to skill acquisition. *Journal of Applied Psychology, 74,* 657-690.

Kaschube (1997). Ziele von Führungsnachwuchskräften - die Sicht der Organisation und des Individuums. In L.v. Rosenstiel & T. Lang-von Wins (1997), *Perspektiven der Karriere,* (S.13-42). Stuttgart: Schäffer-Peschel Verlag.

Kasser, T. & Ryan, R.M. (1993). A dark side of the American dream: Correlates of financial success and central life aspiration. *Journal of Personality and Social Psychology, 55,* 293-301.

Kasser, T. & Ryan, R.M. (1996). Further examination the American dream: Differential correlates of intrinsic and extrinsic goals. *Personality and Social Psychology bulletin, 22,* 280-287.

Kaufmann, G.M. & Beehr, T.A. (1986). Interactions between job stressors and social support: Some counterintuitive results. *Journal of Applied Psychology, 71,* 522-526.

Kernan, M.C. & Lord, R.G. (1990). Effects of valence, expectancies, and goal-performance discrepancies in single and multiple goal environments. *Journal of Applied Psychology, 75,* 194-203.

Kerr, B.A. & Nicpon, M.F. (2002). *Gender and Giftedness.* Heruntergeladen am 14. Juli 2003 von der Webseite der Arizona State University, College of Education: http://courses.ed.asu.edu/kerr/gender_gift.rtf.

Klein, H.J., Whitener, E.M. & Ilgen, D.R. (1990). The role of goal specificity in the goal setting process. *Motivation and Emotion, 14,* 179-193.

Kleinbeck, U. & Schmidt, K.-H. (1996). Die Wirkung von Zielsetzungen auf das Handeln. In J. Kuhl & H. Heckhausen (Hrsg.), *Motivation, Volition und Handlung. Enzyklopädie der Psychologie (Serie IV, Band 4,* S.875-907). Göttingen: Hogrefe.

Klinger, E. (1975). Consequences of commitment to and disengagement from incentives. *Psychological Review, 82,* 1-25.

Klinger, E. (1987). Current concerns and disengagement from incentives. In F. Halisch & J. Kuhl (Eds.), *Motivation, intention and volition* (pp. 337-347). Berlin: Springer.

Klinger, E., Barta, S.G. & Maxeiner, M.E. (1980) Motivational correlates of thought content frequency and commitment. *Journal of Personality and Social Psychology, 39*, 1222-1237.

Kossek, E.E. & Ozeki, C. (1998). Work-family conflict, policies, and the job-life satisfaction relationship: A review and directions for organizational behavior-human resources research. *Journal of Applied Psychology, 83*, 139-149.

Krohne, H.W., Egloff, B., Kohlmann, C.-W. & Tausch, A. (1996). Untersuchungen mit einer deutschen Version der „Positiven und Negativen Affect Schedule" (PANAS). *Diagnostica, 42*, 139-156.

Krusche, H (1999). *Der Frosch auf der Butter* (2. Aufl.). Düsseldorf: Econ Verlag.

Kuhl, A. (2000). *Motivation und Ziele, Anreize und Führung.* Berlin: Duncker und Humblot.

Lakey, B., McCabe, K.M., Fisicaro, S. & Drew, J. (1996). Environmental and personal determinants of support perceptions: Three generalizability studies. *Journal of Personality and Social Psychology, 70*, 1270-1280.

Larsen, R.J., Diener, E. & Emmons, R.A. (1984). An Evaluation of subjective well-being measures. *Social Indicators Research, 17,* 1-17.

Larsen, R.J. & Frederickson, B.L. (1999). Measurement issues in emotion research. In D. Kahneman, E. Diener & N. Schwarz (Eds.), *Well-being: The foundation of hedonic psychology* (pp. 40-60). New York: Russel Saga Foundation.

Leavy, R.L. (1983). Social support and psychological disorder: A review. *Journal of Community Psychology, 1*, 3-21.

Lecci, L., Okun, M. & Karoly, P. (1994). Life regrets and current goals as predictors of psychological adjustment. *Journal of Personality and Social Psychology, 66*, 731-741.

Lee, T.W., Locke, E.A. & Latham, G.P. (1989). Goal setting theory and job performance. In A. Pervin (Ed.), *Goal concepts in personality and social psychology* (pp. 291-326). Hillsdale, NJ: Lawrence Erlbaum Associates.

Lent, R.W., Brown, S.D. & Hackett, G. (1994). Toward a unifying social cognitive theory of career and academic interest, choice, and performance. *Journal of Vocational Behavior, 45*, 79-122.

Little, B.R. (1983). Personal projects: A rationale and a method for investigation. *Environment and Behavior, 15*, 273-309.

Little, B.R. (1989). Personal projects analysis. Trivial pursuits, magnificent obsessions and the search for coherence. In D.M. Buss & N. Cantor (Eds.), *Personality psychology: Recent trends and emerging directions* (pp. 15-31). New York: Springer.

Little, B.R. (1993). Personal projects and the distributed self: Aspects of a conative psychology. In J. Suls (Ed.), *Psychological Perspectives on the Self* (*Vol. 4*, pp.157-181). Hillsdale, NJ: Lawrence Erlbaum Associates.

Little, B.R. (1999). Personal projects and social ecology. In J. Brandtstädter & R. M. Lerner (Eds.), *Action and self-development: Theory and research through the life span* (pp. 197-221). New York: Sage.

Locke, E.A. (1994). Goal setting and productivity under capitalism and socialism. In Z. Zaleski (Ed.), *Psychology of future orientation* (pp. 141-156). Lublin: University of Lublin.

Locke, E.A (1997). The motivation to work: What we know. In M.L. Maehr & P.R. Pintrich (Eds.), *Advances in motivation and achievement (Volume 10*, pp. 375-412). Greenwich: JAI Press.

Locke, E.A. & Latham, G.P. (1984). *Goal setting: A motivational technique that works!* Englewood Cliffs, NJ: Prentice Hall.

Locke, E.A. & Latham, G.P. (1990). *A theory of goal setting and task performance.* Englewood Cliffs, NJ. Prentice Hall.

Locke, E.A., Shaw, K.N., Saari, L.M. & Latham, G.P. (1981). Goal setting and task performance. *Psychological Bulletin, 90*, 125-152.

Locke, E.A., Smith K.G., Erez, M., Chah, D.-O. & Schaffer, A. (1994). The effects of intra-individual goal conflict on performance. *Journal of Management, 20*, 67-91.

Loher, B.T., Noe, R. A., Moeller, N.L. & Fitzgerald, M.P. (1985). A meta-analysis of the relation of job characteristics to job satisfaction. *Journal of Applied Psychology, 70*, 280-289.

Lucas, R.E., Clark, A.E., Georgellis, Y. & Diener, E. (2002). Unemployment alters the set-point for life satisfaction. *Working Paper No. 2002-17*. Heruntergeladen am 13. August 2003 von der DELTA („Département et Laboratoire d'Economie Théorique et Appliquée")-Webseite: http://www.delta.ens.fr/abstracts/wp200217.pdf

Lucas, R. E., Diener, E., & Suh, E. (1996). Discriminant validity of well-being measures. *Journal of Personality and Social Psychology, 71*, 616- 628.

Magnus, K., Diener, E., Fujita, F. & Pavot, W. (1993). Extraversion, and neuroticism as predictors of objective life events: A longitudinal analysis. *Journal of Personality and Social Psychology, 65,* 1046-1053.

Maier, G.W. (1996). *Persönliche Ziele im Unternehmen: Ergebnisse einer Längsschnittstudie bei Berufseinsteigern.* München: Ludwig-Maximilians-Universität.

Mayring, P. (1991). Die Erfassung subjektiven Wohlbefindens. In A.E. Abele & P. Becker (Hrsg.), *Wohlbefinden. Theorie - Empirie - Diagnostik* (2. Aufl., S. 13-50). Weinheim: Juventa.

McClelland, D.C (1987). *Human Motivation.* Cambridge, MA: Cambridge University Press.

McClelland, D.C., Koester R. & Weinberger, J. (1989). How do self-attributed and implicit motives differ? *Psychological Review, 96,* 690-702.

Mento, A.J., Cartledge, N.D. & Locke, E.A. (1980). Maryland vs. Michigan vs. Minnesota: Another look at the relationship of expectancy and goal difficulty to task performance. *Organizational Behavior and Human Performance, 25,* 419-440.

Mento, A.J., Steel, R.P. & Karren, R.J. (1987) A meta-analytic study of the effects of goal setting on task performance: 1966-1984. *Organizational Behaviour and Human Decision Processes, 39,* 52-83.

Messner, R. (2003). *Philosophie.* Heruntergeladen am 24. Juli unter http://www.reinhold-messner.de

Morris, W.N. (1999). The mood system. In D. Kahneman, E. Diener & N. Schwarz (Eds.), *Well-being: The foundation of hedonic psychology* (pp. 169-189). New York: Russel Saga Foundation.

Mosley, H., Schütz, H. & Breyer, N. (2001). *Management by objectives in European public employment sercvices.* Discussion Paper FSI01-203. Berlin: Wissenschaftszentrum für Sozialforschung.

Mount, M.K., Barrick, M.R. & Stewart, G.L. (1998). Personality predictors of performance in jobs involving interaction with others. *Human Performance, 11,* 145-166.

Müller, M. (1999). Zielorientiertes Management- Management by Objectives. In D. v. Eckardstein, H. Kasper & W. Myerhofer (Hrsg.), *Management - Theorien - Führung - Veränderung* (S. 271-283). Stuttgart: Schäffer-Poeschel.

Myers, D.G. (1999). Close relationships and quality of life. In D. Kahneman, E. Diener & N. Schwarz (Eds.), *Well-being: The foundation of hedonic psychology* (pp. 374-391). New York: Russel Saga Foundation.

Namazie, C. & Sanfey, P. (1998). *Happiness in transition: The case of Kyrgyzstan.* Heruntergeladen am 13. August 2003 von der RePEc („Research Papers in Economics")-Webseite: http://ftp.ukc.ac.uk/pub/ejr/RePEc/ukc/ukcedp/9808.pdf

Nelson, D.L. & Quick, J.C. (1991). Social support and newcomer adjustment in organizations: Attachment theory at work? *Journal of Organizational Behavior, 12,* 543-554.

Nicholls, J.G. (1984). Achievement motivation: Conceptions of ability, subjective experience, task choice, and performance. *Psychological Review, 91,* 328-346.

NFO Inftratest (2002). Frauen und Beruf. *Untersuchung der NFO Infratest Finanzforschung im Auftrag der Allianz.* Heruntergeladen am 24. Juli 2003 unter http://www.sueddeutsche.de/imperia/md/content/pdf/5.pdf

Olson, D.A. & Schultz, K.S. (1994). Gender differences in the dimensionality of social support. *Journal of Applied Social Psychology, 24,* 1221-1232.

Omodei, M.M. & Wearing, A.J. (1990). Need satisfaction and involvement in personal projects: Toward an integrative model of subjective well-being. *Journal of Personality and Social Psychology, 59,* 762-769.

Orpen, C. (1995). The effects of mentoring on employees' career success. *The Journal of Social Psychology, 135,* 667-668.

Osipow, S.H. & Fitzgerald, L.F. (1996). *Theories of Career Development* (4th ed.). Boston: Allyn and Bacon.

Oswald, A. (1997). Happiness and economic performance. *Economic Journal, 107,* 1815-1831.

Palys, T. & Little, B.R. (1983). Personal project systems and perceived life satisfaction. *Journal of Personality and Social Psychology, 44,* 1221-1230.

Paul, K. & Moser, K. (2001). Negatives psychisches Befinden als Wirkung und Ursache von Arbeitslosigkeit: Ergebnisse einer Metaanalyse. In J. Zempel, J. Bacher & K. Moser (Hrsg.), *Erwerbslosigkeit. Ursachen, Auswirkungen und Interventionen. Psychologie sozialer Ungleichheit (Band 12* , S. 83-110). Opladen: Leske & Budrich.

Peterson, D.R. (1989). Interpersonal goal conflict. In L.A. Pervin (Ed.), *Goal concepts in personality and social psychology* (pp. 327-361). Hillsdale, NJ: Erlbaum.

Pervin, L.A. (1989). Goal concepts in personality and social psychology: A historical introduction. In L. A. Pervin (Ed.), *Goal concepts in personality and social psychology* (pp. 1-17). Hillsdale, NJ: Erlbaum.

Pfeffer, J. & Ross, J. (1982). The effects of marriage and a working wife on occupational and wage success. *Administrative Science Quaterly, 27*, 66-80.

Pöhlmann, K. & Brunstein, J.C. (1997). GOALS: Ein Fragebogen zur Messung von Lebenszielen. *Diagnostica, 43*, 103-119.

Pomerantz, E. M., Saxon, J. L. & Oishi, S. (2000). The psychological tradeoffs of making it personally important: Implication for anxiety and depressive symptoms. *Journal of Personality and Social Psychology, 79*, 617-630.

Pychyl, T. A. & Little, B.R. (1998). Dimensional specificity in the prediction of subjective well-being: personal projects in pursuit of the PhD. *Social Indicators Research, 45*, 423-473.

Rahim, M.A. (1990). Moderating effects of hardiness and social support on the relationships of conflict and stress to job burnout and job performance. In M.A. Rahim (1990), *Theory and Research in Conflict Management*, (pp. 4-14). New York: Praeger Publishers.

Reardon, R., Lenz, J., Sampson, J. & Peterson, G. (2000). *Career development & planning: A comprehensive approach*. Pacific Grove, CA: Brooks/Cole.

Reis, S. (1998). *Work left undone: Choices and compromises of talented females*. Mansfield Center, CT: Creative Learning Press.

Renn, R.W., Danehower, C., Swiercz, P.M & Icenogle, M.L. (1999). Further examination of the measurement properties of Leifer & McGannon's (1986) goal acceptance and goal commitment scales. *Journal of Operational and Organizational Psychology, 72*, 107-113.

Roberson, L. (1989). Assessing personal work goals in the organizational setting. *Organizational Behavior and Human Decision Processes, 44*, 345-367.

Roberson, L. (1990). Prediction of job satisfaction from characteristics of personal work goals. *Journal of Organizational Behavior. 11*, 29-41.

Rosenbaum, J. E. (1984). *Career mobility in an corporate hierarchy.* Orlando, FL: Academic Press.

Rosenbaum, M. & Cohen, E. (1999). Equalitarian marriages, spousal support, resourcefulness, and psychological distress among Israeli working women. *Journal of Vocational Behavior, 54,* 102-113.

Rosenstiel, L. v. (1997). Die Karriere - ihr Licht und ihre Schatten. In L.v. Rosenstiel & T. Lang-von Wins (1997), *Perspektiven der Karriere,* (S.13-42). Stuttgart: Schäffer-Peschel Verlag.

Rosenstiel, L. v. (1998). Selektions- und Sozialisationseffekte beim Übergang vom Bildungs- ins Beschäftigungssystem: Ergebnisse einer Längsschnittstudie an jungen Akademikern. *Zeitschrift für Arbeits- und Organisationspsychologie, 33,* 21-32.

Rospenda, K. M., Halpert, J. & Richman, J.A. (1994). Effects of social support on medical students' performance. *Academic Medicine, 69,* 496-500.

Ross, M., Eyman, A. & Kishchuck, N. (1986). Determinants of subjective well-being. In J.M. Olson, C.P. Herman & M. Zana (Eds.), *Relative Deprivation and Social Comparison* (pp.78-103). Hillsdale, NJ: Erlbaum.

Ruehlman, L.S. & Wolchik, S.A. (1988). Personal goals and interpersonal support and hidrance as factors in psychological distress and well-being. *Journal of Personality and Social Psychology, 55,* 293-301.

Ryan, R.M. & Deci, E.L. (2001). Intrinsic and extrinsic motivations: Classic definitions and new directions. *Contemporary Educational Psychology, 25,* 54-67.

Salgado, J.F. (1998). Big Five personality dimensions and job performance in army and civil occupations: A European perspective. *Human Performance, 11,* 271-288.

Salmela-Aro, K. & Nurmi, J.-E. (1997). Goal contents, well-being, and life context during transition to university: A longitudinal study. *International Journal of Behavioral Development, 20,* 471-491.

Sarason, B.R., Pierce, G.R. & Sarason, I.G. (1990a). Social support: The sense of acceptance and the role of relationships. In I.G. Sarason, B.R. Sarason, & G.R. Pierce (Eds.). *Social support: An interactional view - issues in social support research* (pp. 97-128). New York: Wiley.

Sarason, I.G. & Sarason, B.R. (1985). Social support - insights from assessment and experimentation. In I.G. Sarason & B.R. Sarason (Eds.), *Social support: Theory, research and applications* (pp. 21-38). Dordrecht: Martinus Nijhoff.

Sarason, B.R., Sarason, I.G. & Pierce, G.R. (1990b). Traditional views of social support and their impact on assessment. In I. G. Sarason, B. R. Sarason, & G. R. Pierce

(Eds.). *Social support: An interactional view - issues in social support research* (pp. 9-25). New York: Wiley.

Sarason, I.G., Sarason, B.R. & Shearin, E.N. (1986). Social Support as an individual difference variable: its stability, origins, and rational aspects. *Journal of Personality and Social Psychology, 50*, 845-855.

Sasse, M. (2002). Neuroleading: Konfliktbearbeitung mit NLP. In C. Obermann (Hrsg.), *Trainingspraxis* (S. 245-280). Stuttgart: Schäffer-Poeschel Verlag.

Searle, B., Bright, J.E. & Bochner, S. (2001). Helping People to sort it out: The role of social support in the job strain model. *Work & Stress, 15*, 328-346.

Scheck, C.L., Knicke, A.J. & Davy, J.A. (1997). Testing mediating processes between work stressors and subjective well-being. *Journal of Vocational Behavior, 50*, 96-123.

Schmidt, F.L. , Ones, D.S. & Hunter, J.E. (1992). Personnel selection. *Annual Review of Psychology, 43*, 627-670.

Schmidt, K.-H. & Kleinbeck, U. (1999). Funktionsgrundlagen der Leistungswirkungen von Zielen bei der Arbeit. In M. Jerusalem & R. Pekruse (Hrsg.), *Emotion, Motivation und Leistung* (S.291-304). Göttingen: Hogrefe.

Schwarz, N. & Strack, F. (1999). Reports of subjective well-being: Judgmental processes and their methodological implications. In D. Kahneman, E. Diener & N. Schwarz (Eds.), *Well-being: The foundation of hedonic psychology* (pp. 61-84). New York: Russel Saga Foundation.

Schwarz, N., Strack, F. & Mai, H.P. (1991). Assimilation and contrast effects in part-whole question sequences: A conversational logic analysis. *Public Opinion Quarterly, 55*, 3-23.

Schwenkmezger, P. (1991). Persönlichkeit und Wohlbefinden. In A.E. Abele & P. Becker (Hrsg.), *Wohlbefinden. Theorie - Empirie - Diagnostik* (2. Aufl., S. 13-50). Weinheim: Juventa.

Searle, B., Bright, J.E. & Bochner, S. (2001). Helping people to sort it out: The role of social support in the Job strain model. *Work and Stress, 15*, 328-346.

Sheldon, K.M. & Kasser, T. (1995). Coherence and congruence: Two aspects of personality integration. *Journal of Personality and Social Psychology, 68*, 531-543.

Sheldon, K. M. & Kasser, T. (1998). Pursuing personal goals: Skills enable progress but not all progress is beneficial. *Personality and Social Psychology Bulletin, 24*, 1319-1331.

Sohn, D. (1982). Sex differences in achievement self-attributions: An effect-size analysis. *Sex Roles, 8*, 345-357.

Statistisches Bundesamt (2002). *Statistisches Jahrbuch.* Heruntergeladen am 8. August 2003 von der Webseite des Statistische Bundesamtes Deutschland: http://www.destatis.de/download/jahrbuch/stjb_6.pdf

Steiner, D.D. & Truxillo, D.M. 1989. An improved test of the disaggregation hypothesis of job and life satisfaction. *Journal of Occupational Psychology, 62*, 33-39.

Steinmann, H. & Schreyögg, G. (1993). *Management* (3. Aufl.). Wiesbaden: Gabler.

Stief, M. (2001). *Selbstwirksamkeitserwartung, Ziele und Berufserfolg: Eine Längschnittstudie.* Aachen: Shaker Verlag.

Stief, M., Renner, O. & Abele, A.E. (2002). *Zur Definition und Messung von Berufserfolg.* Working Paper. Universität Erlangen.

Strack, F., Schwarz, N., Chassein, B., Kern, D. & Wagner, D. (1990). The salience of comparison standards and the activation of social norms: Consequences for judgments of happiness and their communication. *British Journal of Social Psychology, 29*, 303-314.

Stutzer, A. & Frey, B.S. (2003). Does marriage make people happy, or do happy people get married. *Working Paper No. 143.* Heruntergeladen am 8. August 2003 von der Webseite der Universität Zürich: http://www.iew.unizh.ch/home/stutzer/#wp

Suh, E., Diener E. & Fujita, F. (1996). Events and subjective well-being: Only recent events matter. *Journal of Personality and Social Psychology, 70*, 1091-1102.

Sujan, H., Barton, A.W. & Kumar, N. (1994). Learning orientation, working smart, and effective selling. *Journal of Marketing, 58*, 39-52.

Super, D.E. (1990). A life-span, life-space approach to career development. In D. Brown & L. Brooks (Eds.), *Career choice and development* (2nd ed., pp. 197-261). San Francisco: Jossey-Bass.

Super, D.E. (1992). Toward a comprehensive theory of career development. In D.H. Montross & C.J. Shinkman (Eds.), *Career Development: Theory and Practice* (pp. 35-64). Springfield, IL: Thomas.

Super, D.E. (1994). Der Lebenszeit-, Lebensraumansatz der Laufbahnentwicklung. In D. Brown & L. Brooks (Eds.), *Karriere-Entwicklung* (S.211-280). Stuttgart: Klett-Cotta.

Tellegen, A., Lykken, D.T., Bouchard, T.J., Wilcox, K.J., Segal, N.L. & Rich, S. (1988). Personality similarity in twins reared apart and together. *Journal of Personality and Social Psychology, 54*, 1031.1039.

Tett, R.P., Jackson, D.N., Rothstein, M.G., & Reddon, J.R. (1999). Meta-analysis of bidirectional relations in personality-job performance research. *Human Performance, 12*, 1-29.

Tharenou, P. (1999). Is there a link between family structures and women's and men's managerial career advancement? *Journal of Organizational Behavior, 20*, 837-863.

Tubbs, M.E. (1986) Goal-setting: A meta-analytic examination of the empirical evidence. *Journal of Applied Psychology, 71*, 474-83.

Tubbs, M.E. (1993). Commitment as a moderator of the goal-performance relation: A case for clearer construct definition. *Journal of Applied Psychology, 78*, 86-97.

trendence (2002). *Das Absolventenbarometer, Deutsche Business Edition. Hauptbericht*. Berlin: trendence Institut für Personalmarketing.

Universum Communications (2001). *The Universum Graduate Survey. Deutsche Ausgabe.Wirtschaftswissenschaften. Nationale Ergebnisse*. Stockholm: Bromma Tryck.

Utman, C. (1997). Performance effects of motivational state: A meta-analysis. *Personality and Social Psychology Review, 1*, 170-182.

Van der Sluis, E.C. & Peiperl, M.A. (2000). An interactive approach for new careers : The role of learning opportunities and learning behavior. *Research Memorandum-2000-41*. Heruntergeladen am 13. August 2003 von der RePEc („Research Papers in Economics")-Webseite: ftp://zappa.ubvu.vu.nl/20000041.pdf

VandeWalle, D. (1997). Development and validation of a work domain goal orientation instrument. *Educational and Psychological Measurement, 57*, 995-1015.

VandeWalle, D., Brown, S.P., Cron, W.L. & Slocum, J.W. (1999). The influence of goal orientation and self-regulation tactics on sales performance: A longitudinal field test. *Journal of Applied Psychology, 84*, 249-259.

Viswesvarav, C., Sanchez, J.I. & Fisher, J. (1999). The role of social support in the process of work stress: A meta-analysis. *Journal of Vocational Behavior, 54*, 314-334.

VonDras, D.D. & Siegler, I.C. (1997). Stability in Extraversion and Aspects of Social Support. *Journal of Personalita and Social Psychology, 72*, 233-241.

Voydanoff, P. (1988). Work role characteristics, family structure demands, and work/family conflict. *Journal of Marriage and the Family, 50*, 749-761.

Voydanoff, P. & Kelly, R.F.(1984). Determinants of work-related family problems among employed parents. *Journal of Marriage and the Family, 46*, 881-892.

Warr, P. (1999). Well-being and the workplace. In D. Kahneman, E. Diener & N. Schwarz (Eds.), *Well-being: The foundation of hedonic psychology* (pp. 392-412). New York: Russel Saga Foundation.

Watson, D., Clark, L. A. & Tellegen, A. (1988). Development and validation of brief measures of positive and negative affect: The PANAS Scale. *Journal of Personality and Social Psychology, 54*, 1063-1070.

Watson, P., Hough, P. & Hayes, J. (1973). Career success: A new perspective. *British Journal of Guidance and Counselling, 1*, 67-79.

Wayne, S.J., Liden, R.C., Kraimer, M.L. & Graf, I.K. (1999). The role of human capital, motivation and supervisor sponsorship in predicting career success. *Journal of Organizational Behavior, 20*, 577-595.

Weinberger, J. & McClelland, D.C. (1990). Cognitive versus traditional motivational models: Irreconcilable or complementary ? In E.T. Higgins & R.M. Sorrentino (Eds.), *Handbook of motivation and cognition: Foundations of social behavior* (*Vol. 2*, pp. 562-597). New York: Guilford.

Wheeler, R.J., Munz, D.C. & Jain, A. (1990). Life Goals and general well-being. *Psychological Reports, 66*, 307-312.

Whitley, W., Dougherty, T. W. & Dreher, G. F. (1991). Relationship of career mentoring and socioeconomic origin to managers' and professionals' early career progress. *Academy of Management Journal, 34*, 331-351.

Wiese, B.S. (2000). *Berufliche und familiäre Zielstrukturen*. Münster: Waxmann.

Wiese, B.S., Freund, A.M. & Baltes, P.B. (2000). Selection, optimization, and compensation: An action-related approach to work and partnership. *Journal of Vocational Behavior,57*, 273-300.

Winnell, M. (1987). Personal goals: The key to self-direction in adulthood. In M.E. Ford & D.H. Ford (Eds.), *Humans as self-constructing living systems* (pp. 261-287). Hillsdale, NJ: Lawrence Erlbaum.

Winters, D. & Latham, G.P. (1996). The effect of learning versus outcome goals on a simple versus a complex task. *Group & Organization Management, 21*, 236-250.

Wofford, J.C., Goodwin, V.L. & Premack, S. (1992). Meta-Analysis of the antecedents of personal goal level and of the antecedents and consequences of goal commitment. *Journal of Management, 18*, 595-615.

Wood, R., Bandura, A & Baily, T. (1990). Mechanism governing organizational performance in complex decision-making environments. *Organizational Behavior and Human Decision Making Processes, 46*, 181-201.

Wright, P.M., O'Leary-Kelly, A.M., Cortina, J.M., Klein, H.J. & Hollenbeck, J.R. (1994). On the meaning and measurement of goal commitment. *Journal of Applied Psychology, 79*, 795-803.

Zapf, D. (1991). In A.E. Abele & P. Becker (Hrsg.). *Wohlbefinden. Theorie - Empirie - Diagnostik* (2. Aufl., S. 13-50). Weinheim: Juventa.

Anhang

1   Stichprobe: Demographische Merkmale und Ausbildung der Grundgesamtheit der befragten Berater

Merkmal	Ausprägung	%
Geschlecht	m	84%
	w	16%
Studium	Wirtschaftswissenschaften	53%
	Rechtswissenschaften	5%
	Naturwissenschaften/ Medizin/ Ingenieurwissenschaften (inkl. Wirtschaftsingenieur)	35%
	Sonstiges (inkl. Geisteswissenschaften)	7%
Hierarchieebene	Berater[a]	82%
	Projektleiter	18%
Statusb	Aktiv	80%
	Im Sabbatical-Jahr	20%
Weitere Abschlüsse	Promotion	34%
	MBA	32%

Anmerkung: [a] Berater im Sabbatical-Jahr und Seniorberater; [b] Aktiv: alle Berater, die zur Zeit der Befragung gearbeitet haben; im Sabbatical-Jahr: umfasst auch Berater, die zu Zeitpunkt der Befragung eine zwei bis drei-monatige Auszeit genommen hatten.

2   Deskriptive Ergebnisse

2.1   Zielinhalt

2.1.1   Korrelationen zwischen den Zielinhalten (N = 233)

Nr.	Zielkategorien	11	12	13	14	15	16	20	30	40	50	60
11	Formale Qualifizierung											
12	Inhaltliche Entwicklung	-.17**										
13	Auslands-aufenthalt											
14	Karriere		-.20**									
15	Arbeitsplatz-wechsel	-.17*			-.37**							
16	Berufliche Erfüllung	-.17**			-.21**							
20	Familie											
30	Lifestyle		-.14*				-.14*	-.16*				
40	Freizeit		-.14*	-.14*	-.14*			-.26**				
50	Finanzen				-.16*			-.22**	-.16*			
60	Selbstverwirklichung	-.18**		-.16*				-.22**				

Anmerkung: Es wurden nur signifikante Korrelationen berichtet, *p < .05; **p < .01

2.1.2   Demographische Unterschiede

2.1.2.1   Unterschiede in Zielinhalten je nach Studienhintergrund (N = 231)

	Wirtschafts-wissen-schaftler N (%)	Natur-wissen-schaftler N (%)	Juristen N (%)	Sonstige N (%)	Statistische Testung
Qualifizierungsziele	52(47)	16 (18)	3 (43)	11 (46)	chi²(3) =19,46; p < .001
Familiäre Ziele	59 (33)	59 (66)	1 (14)	16 (67)	chi²(3) =9,83; p < .05

Anmerkung: Es werden nur signifikante Ergebnisse dargestellt.

2.1.2.2   Unterschiede in Zielinhalten je nach Hierarchieebene (N = 232)

	Berater N (%)	Berater im Sabbatical-jahr N (%)	Senior-berater N (%)	Projekt-leiter N (%)	Statistische Tes-tung
Qualifizierungsziele	47 (71)	29 (63)	4 (5)	3 (9)	chi²(3) = 98,70; p < .001
Wunch nach Arbeitsplatz-wechsel	4 (6)	9 (20)	20 (23)	10 (29)	chi²(3) = 10,68; p < .05
Familiäre Ziele	29 (44)	31 (67)	52 (60)	25 (74)	chi²(3) = 10,50; p < .05

Anmerkung: Es werden nur signifikante Ergebnisse dargestellt.

2.1.2.3   Unterschiede in Zielinhalten je nach Alter (N = 218)

	Nennung	M	(SD)	Statistische Tes-tung
Qualifizierungsziele	Ja	28,02	(2,46)	t(217) = 7,14; p < .001
	Nein	30.76	(2,90)	
Wunch nach Arbeitsplatz-wechsel	Ja	31,00	(2,59)	t(217) = -2,96; p < .01
	Nein	29,45	(3,07)	
Finanzielle Ziele	Ja	31,06	(3,59)	t(217) = -2,76; p < .01
	Nein	29,50	(2,88)	

Anmerkung: Es werden nur signifikante Ergebnisse dargestellt.

2.1.2.4   Unterschiede in der Anzahl beruflicher Ziele je nach Hierarchieebene und Alter (N=233)

		0 oder 1 be-rufliches Ziel N (%)	2 oder 3 be-rufliche Ziele N (%)	Statistische Testung
Hierarchieebene	Berater	31 (47)	35 (53)	chi²(3) = 16,24; p < .01
	Berater im Sabbaticalj.	27 (59)	19 (41)	
	Seniorberater	60 (69)	27 (31)	
	Projektleiter	29 (85)	5 (15)	
Alter	M (SD)	30,37 (3,04)	28,63 (2,73)	t(217) = 4,26; p < .001

2.2 Zielmerkmale: Unterschiede je nach Familienstand (N = 219)

	Ohne feste Beziehung M (SD)	Feste Beziehung M (SD)	Verheiratet M (SD)	Statistische Testung
Entschlossenheit[a]	4,11 (0,46)	3,95 (0,47)	3,87 (0,49)	$F(2,218) = 3,89$; $p < .05$
Erreichbarkeit[a]	2,95 (0,64)	3,53 (0,74)	3,59 (0,69)	$F(2,218) = 6,43$; $p < .01$
Schwierigkeit[a, b]	3,20 (0,82)	3,13 (0,82)	2,87 (0,69)	$F(2,217) = 1,34$; $p > .26$
Konkretheit[c]	2,05 (0,41)	2,11 (0,54)	2,22 (0,45)	$F(2,218) = 3,40$; $p < .05$

Anmerkung: [a] Werte variieren von 1 „trifft gar nicht zu" bis 5 „trifft sehr zu". [b] N = 218. [c] Werte variieren von 1 „unkonkret" bis 3 „sehr konkret".

2.3 Subjektives Wohlbefinden

2.3.1 Lebenszufriedenheit: Unterschiede je nach Vorhandensein von Kindern und Berufstätigkeit des Partners bei Personen in einer festen Beziehung (N = 187)

	Berufstätigkeit des Partners	M	(SD)	Statistische Testung
Kinder vorhanden	ja	3,85	(0,33)	$t < 1$
	nein	3,88	(0,73)	
Keine Kinder vorhanden	ja	3,94	(0,57)	$t(157) = 2,76$;
	nein	3,55	(0,76)	$p < .01$

2.3.2 Subjektives Wohlbefinden: Unterschiede je nach Vorhandensein von Kindern und Zusammenleben mit dem Partner bei Personen in einer festen Beziehung (N = 187)

	Zusammenleben mit Partner [a]		Statistische Testung	Kinder		Statistische Testung
	ja M (SD)	nein M (SD)		ja M (SD)	nein M (SD)	
Lebenszufriedenheit	3,91 (0,57)	3,81 (0,66)	$t(186) = 1,21$; $p > .22$	3,86 (0,54)	3,89 (0,61)	$t < 1$
Positive Stimmung	3,73 (0,62)	3,78 (0,60)	$t < 1$	3,68 (0,60)	3,76 (0,63)	$t < 1$
Negative Stimmung	2,29 (0,66)	2,29 (0,71)	$t < 1$	2,49 (0,56)	2,26 (0,69)	$t(185) = 1,30$; $p > .19$

Anmerkung: [a] N = 186

2.3.3 Positive Stimmung: Unterschiede je nach Vorhandensein von Kindern und Berufstätigkeit des Partners bei Personen in einer festen Beziehung (N = 187)

	Berufstätigkeit des Partners	M	(SD)	Statistische Testung
Kinder vorhanden	ja	3,64	(0,42)	t < 1
	nein	3,72	(0,60)	
Keine Kinder vorhanden	ja	3,82	(0,61)	t(157) = 2,89;
	nein	3,39	(0,70)	p < .01

2.3.4 Negative Stimmung: Unterschiede je nach Vorhandensein von Kindern und Berufstätigkeit des Partners bei Personen in einer festen Beziehung (N = 187)

	Berufstätigkeit des Partners	M	(SD)	Statistische Testung
Kinder vorhanden	ja	2,27	(0,43)	t(26) = -1,87;
	nein	2,65	(0,64)	p > .07
Keine Kinder vorhanden	ja	2,22	(0,69)	t(157) = -2,01;
	nein	2,56	(0,63)	p < .05

2.4   Sonstige Variablen: Korrelationen zwischen Zielfindungs-Schwierigkeit und anderen Variablen (N = 233)

Variable		r
Zielinhalt		n.s.[a]
Zielmerkmale	Entschlossenheit	-.21**
	Erreichbarkeit	-.13
	Schwierigkeit[b]	.15*
	Konkretheit	.05
Zielkonflikt[b]		.03
Berufserfolg	Objektiver Berufserfolg[c]	.18**
	Subjektiver Berufserfolg[b, d]	n.s.[b]
SWB[b]	Lebenszufriedenheit	-.06
	Positive Stimmung	-.16*
	Negative Stimmung	.16*
Soziale Unterstützung[e]		-.14

Anmerkung: *p < .05; **p < .01. [a] Keine der Zielkategorien ergab eine signifikante Korrelation. [b] N = 232. [c] N = 216. [d] Weder der Vergleich mit der Peergroup noch der Vergleich mit den Studienkollegen ergab eine signifikante Korrelation. [e] Eingerechnet wurde wie gehabt nur die Unterstützung durch den Partner (N = 176).

3   Hypothesentestung

3.1   Einfluss von Zielen auf das subjektive Wohlbefinden

3.1.1   Zielinhalte

3.1.1.1   Einfluss von Zielinhalten auf die positiver Stimmung

Schritt	Unabhängige Variablen	R	Δ R²	Δ F	β im Schritt
1	**Demographische Merkmale**	.28	7,7%	F(6,225) = 3,14; p < .01	
2	**Zielinhalt: berufliche Ziele**	.31	1,6%	F < 1	
	Formale Qualifizierung				.00; n.s.
	Inhaltliche Entwicklung				-.07; n.s.
	Auslandsaufenthalt				-.08; n.s.
	Karriere				.00; n.s.
	Arbeitsplatzwechsel				-.08; n.s.
	Berufliche Erfüllung				.01; n.s.
3	**Zielinhalt: weitere Zielkategorien**	.31	0,4%	F < 1	
	Familie				.03; n.s.
	Lifestyle				.07; n.s.
	Freizeit				.00; n.s.
	Finanzen				-.02.;n.s.
	Selbstverwirklichung				.01; n.s.

3.1.1.2   Einfluss von Zielinhalten auf die negative Stimmung (N = 232)

Schritt	Unabhängige Variablen	R	Δ R²	Δ F	β im Schritt
1	**Demographische Merkmale**	.18	3 4%	F(6,225) = 1,31; p > .25	
2	**Zielinhalt: berufliche Ziele**	.25	3,0%	F(6,219) = 1,16; p > .33	
	Formale Qualifizierung				.16; n.s.
	Inhaltliche Entwicklung				-.01; n.s.
	Auslandsaufenthalt				.09; n.s.
	Karriere				.05; n.s.
	Arbeitsplatzwechsel				.11; n.s.
	Berufliche Erfüllung				.11; n.s.
3	**Zielinhalt: weitere Zielkategorien**	.26	0,4%	F < 1	
	Familie				-.04; n.s.
	Lifestyle				-.03; n.s.
	Freizeit				.00; n.s.
	Finanzen				-.03.;n.s.
	Selbstverwirklichung				.04; n.s.

3.1.2   Zielmerkmale

3.1.2.1   Einfluss von Zielmerkmalen auf die Lebenszufriedenheit (N = 231)

Schritt	Unabhängige Variablen	R	Δ R²	Δ F	β im Schritt
1	**Demographische Merkmale** (Geschlecht, Hierarchieebene, Studienfach)	.36	13,3%	F(6,224) = 5,71; p < .001	
2	**Zielinhalt** (fünf Unterkategorien der beruflichen Ziele und sechs weitere Zielkategorien)	.45	7,1%	F(11,213) = 1,73; p > .06	
3	**Zielmerkmale**	.56	11,2%	ΔF(4,209) = 8,53; p < .001	
4	**Interaktion Erreichbarkeit x Entschlossenheit**	.57	0,3%	ΔF < 1	.06; n.s.

3.1.2.2   Einfluss von Zielmerkmalen auf die negative Stimmung (N = 231)

Schritt	Unabhängige Variablen	R	ΔR^2	ΔF	β im Schritt
1	**Demographische Merkmale** (Geschlecht, Hierarchieebene, Studienfach)	.18	3,4%	$F(6,224) = 1,31$; $p > .25$	
2	**Zielinhalt** (fünf Unterkategorien der beruflichen Ziele und sechs weitere Zielkategorien)	.26	3,3%	$F < 1$	
3	**Zielmerkmale**	.37	6,8%	$\Delta F(4,209) = 4,13$; $p < .01$	
	Schwierigkeit				.23; $p < .01$
	Konkretheit				-.12; n.s.
	Erreichbarkeit				-.10; n.s.
	Entschlossenheit				.08; n.s.
4	**Interaktion Erreichbarkeit x Entschlossenheit**	.37	0,2%	$F < 1$	-.04; n.s.

3.2 Einfluss von Zielen auf den Berufserfolg

3.2.1 Zielinhalte

3.2.1.1 Einfluss von Zielinhalten auf den objektiven Berufserfolg (N = 214)

Schritt	Unabhängige Variablen	R	ΔR^2	ΔF	β im Schritt
1	**Demographische Merkmale**	.29.	8,5%	F(7,206) = 2,74; p < .05	
	Geschlecht				.06; n.s.
	Hierarchieebene				
	Berater				-.03; n.s.
	Berater im Sabbatical-Jahr				.02; n.s.
	Projektleiter				.27: p < .001
	Studienfach				
	Wirtschaftswissenschaften				.08; n.s.
	Jura				-.05; n.s.
	Naturwissenschaften				-.04; n.s.
2	**Zielinhalt: berufliche Ziele**	.38	6,0%	F(6,200) = 2,35; p < .05	
	Formale Qualifizierung				-.09; n.s.
	Inhaltliche Entwicklung				-.03; n.s.
	Auslandsaufenthalt				-.11; n.s.
	Karriere				.14; p > .07
	Arbeitsplatzwechsel				-.10; n.s.
	Berufliche Erfüllung				.03; n.s.
3	**Zielinhalt: weitere Zielkategorien**	.39	0,7%	F < 1	
	Familie				-.03; n.s.
	Lifestyle				.03; n.s.
	Freizeit				-.04; n.s.
	Finanzen				.06; n.s.
	Selbstverwirklichung				-.01; n.s.

3.2.1.2   Einfluss von Zielinhalten auf den subjektiven Berufserfolg („Vergleich mit der Peergroup"; N = 229)

Schritt	Unabhängige Variablen	R	ΔR^2	ΔF	β im Schritt
1	**Demographische Merkmale**	.21	4,2%	$F(7,221) =$ 1,38; $p > .21$	
	Geschlecht				.14; $p < .05$
	Hierarchieebene				
	Berater				-.08; n.s.
	Berater im Sabbatical-Jahr				.01; n.s.
	Projektleiter				.08: n.s.
	Studienfach				
	Wirtschaftswissenschaften				.08; n.s.
	Jura				-.03; n.s.
	Naturwissenschaften				.07; n.s.
2	**Zielinhalt: berufliche Ziele**	.39	10,4%	$F(6,215) =$ 4,35; $p < .001$	
	Formale Qualifizierung				-.16; n.s.
	Inhaltliche Entwicklung				-.02; n.s.
	Auslandsaufenthalt				-.08; n.s.
	Karriere				-.07; n.s.
	Arbeitsplatzwechsel				-.31; $p < .001$
	Berufliche Erfüllung				-.22; $p < .01$
3	**Zielinhalt: weitere Zielkategorien**	.39	1%	$F < 1$	
	Familie				-.10; n.s.
	Lifestyle				.00; n.s.
	Freizeit				-.05; n.s.
	Finanzen				-.03; n.s.
	Selbstverwirklichung				.02; n.s.

3.2.1.3 Einfluss von Zielinhalten auf den subjektiven Berufserfolg („Vergleich mit den Studienkollegen"; N = 230)

Schritt	Unabhängige Variablen	R	Δ R²	Δ F	β im Schritt
1	**Demographische Merkmale**	.27	7,4%	$F(7,222) = 2,52$; $p < .05$	
	Geschlecht				.12; n.s.
	Hierarchieebene				
	Berater				.08; n.s.
	Berater im Sabbatical-Jahr				.09; n.s.
	Projektleiter				-.09: n.s.
	Studienfach				
	Wirtschaftswissenschaften				-.01; n.s.
	Jura				-.04; n.s.
	Naturwissenschaften				.22; n.s.
2	**Zielinhalt: berufliche Ziele**	.38	3,4%	$F(18,211) = 1,36$; $p > .23$	
	Formale Qualifizierung				.05; n.s.
	Inhaltliche Entwicklung				-.12; n.s.
	Auslandsaufenthalt				-.01; n.s.
	Karriere				.09; n.s.
	Arbeitsplatzwechsel				.09; n.s.
	Berufliche Erfüllung				.00; n.s.
3	**Zielinhalt: weitere Zielkategorien**	.39	3,7%	$F(18/195) = 1,80$; $p > .11$	
	Familie				.03; n.s.
	Lifestyle				.02; n.s.
	Freizeit				-.18; $p < .05$
	Finanzen				-.01; n.s.
	Selbstverwirklichung				-.11; n.s.

3.2.2　Zielmerkmale: Einfluss von Zielmerkmalen beruflicher Ziele auf den objektiven Berufs-erfolg
(N = 198)

Schritt	Unabhängige Variablen	R	ΔR^2	ΔF	β im Schritt
1	**Demographische Merkmale** (Geschlecht, Hierarchieebene, Studienfach)	.31	9,8%	$F(7,190) = 2,94$; $p < .01$	
2	**Zielinhalt** (fünf Unterkategorien der beruflichen Ziele)	.40	6,4%	$F(6,184) = 2,34$; $p < .05$	
2	**Zielmerkmale**	.45	3,8%	$F(4,180) = 2,16$; $p > .07$	
	Entschlossenheit				-.08; n.s.
	Schwierigkeit				-.14; $p < .05$
	Konkretheit				.07; n.s.
	Erreichbarkeit				.08; n.s.
4	**Interaktionen**	.45	0,2%	$F < 1$	
	Erreichbarkeit x Entschlossenheit				.00; n.s.
	Konkretheit x Schwierigkeit				-.04; n.s.

3.3　Einfluss von sozialer Unterstützung auf den Berufserfolg

3.3.1　Zusammenhang zwischen der Berufstätigkeit des Partners, der sozialen Unterstützung und dem SWB: Testung des mediierenden Einflusses der sozialen Unterstützung (N = 187)

3.3.1.1　Einfluss der Berufstätigkeit des Partners auf die soziale Unterstützung

Schritt	Unabhängige Variablen	R	ΔR^2	ΔF	β im Schritt
1	**Berufstätigkeit des Partners**	.24	5,8%	$F(1,186) = 11,37$; $p < .01$	-.24

3.3.1.2　Einfluss der Berufstätigkeit des Partners auf die Lebenszufriedenheit

Schritt	Unabhängige Variablen	R	ΔR^2	ΔF	β im Schritt
1	**Berufstätigkeit des Partners**	.16	2,7%	$F(1,185) = 5,07$; $p < .05$	-.16

3.3.1.3　Einfluss der sozialen Unterstützung und der Berufstätigkeit des Partners auf die Lebenszufriedenheit

Schritt	Unabhängige Variablen	R	ΔR^2	ΔF	β im Schritt
1	**Soziale Unterstützung**	.26	6,6%	$F(2,184) = 6,47$; $p < .01$	.20
	Berufstätigkeit des Partners				-.11

3.3.1.4   Einfluss der Berufstätigkeit des Partners auf die positive Stimmung

Schritt	Unabhängige Variablen	R	ΔR^2	ΔF	β im Schritt
1	Berufstätigkeit des Partners	.17	3.0%	$F(1,185) = 5,75;$ $p < .05$	-.17

3.3.1.5   Einfluss der sozialen Unterstützung und der Berufstätigkeit des Partners auf die positive Stimmung

Schritt	Unabhängige Variablen	R	ΔR^2	ΔF	β im Schritt
1	Soziale Unterstützung	.24	6,0%	$F(2,184) = 5,83;$ $p < .01$	.18
	Berufstätigkeit des Partners				-.13

3.3.1.6   Einfluss der Berufstätigkeit des Partners auf die negative Stimmung

Schritt	Unabhängige Variablen	R	ΔR^2	ΔF	β im Schritt
1	Berufstätigkeit des Partners	.21	4,4%	$F(1,185) = 8,53;$ $p < .01$	.21

3.3.1.7   Einfluss der sozialen Unterstützung und der Berufstätigkeit des Partners auf die negative Stimmung

Schritt	Unabhängige Variablen	R	ΔR^2	ΔF	β im Schritt
1	Soziale Unterstützung	.22	4,8%	$F(2,184) = 4,60;$ $p < .05$	.-.06
	Berufstätigkeit des Partners				.19

3.3.2   Unterschiede im Berufserfolg in Abhängigkeit der sozialen Unterstützung beruflicher Ziele

	Ausprägung soziale Unterstützung	M	(SD)	Statistische Testung
Objektiver Berufserfolg (N = 205)	hoch	3,45	(0,61)	$F_{(2,200)} = 1,39$; $p > .25$
	gering	3,51	(0,57)	
	keine Partnerschaft	3,30	(0,59)	
Subjektiver Berufserfolg: Vgl. mit der Peergroup (N = 220)	hoch	3,41	(0,79)	$F < 1$
	gering	3,33	(0,70)	
	keine Partnerschaft	3,29	(0,73)	
Subjektiver Berufserfolg: Vgl. mit den Studienkollegen (N = 221)	hoch	4,49	(0,64)	$F_{(2,213)} = 1,11$; $p > .33$
	gering	4,44	(0,70)	
	keine Partnerschaft	4,63	(0,59)	

4 Vergleich mit den BELA-E-Daten

4.1 Stichprobe: Vergleich demographischer Merkmale und bisheriger Berufslaufbahn zwischen den weniger erfolgreichen Akademikern und den Beratern (N = 484)

Merkmal	Ausprägung	BELA (%)[a]	Berater N (%)[b]	Statistische Testung
Alter (M ,SD)	Jahre	30,25 (1,87)	29,74 (3,04)	t(468) = -1,48 p > .14
Familienstand	in keiner festen Beziehung	26 (29%)	45 (19%)	chi²(1) =3,88; p < .05
	in fester Beziehung (inkl. verheirateten Vpn)	62 (71%)	188 (81%)	
Kinder		10 (11%)	36 (12%)	chi² < 1
Zusammenleben mit Partner[b]		41 (67%)	134 (72%)	chi² < 1
Berufstätigkeit des Partners[b]		42 (69%)	155 (82%)	chi²(1, N = 249) = 5,15 p < .05
	davon Vollzeit	*36 (86%)*	*134[a] (86%)*	chi² < 1
	davon Teilzeit	*6 (14%)*	*19 (12%)*	
Studienhintergrund	Wirtschaftswissenschaften	44 (50%)	111 (48%)	chi²(3, N = 319) =8,06; p < .05
	Rechtswissenschaften	9 (10%)	7 (3%)	
	Naturwissenschaften	26 (30%)	89 (39%)	
	Sonstige (inkl. Geisteswissenschaften)[c]	9 (10%)	24 (10%)	
Weitere Abschlüsse	Promotion, MBA oder Sonstige	3 (3%)	125 (54%)	chi²(1; N = 321) =67,25; p < .001
Berufserfahrung (M, SD)	Jahre	6,35[d] (1,15)	3,37 (2,28)	t(441) = -10,76; p < .001

Anmerkung: [a] Zwei Vpn, deren Partner arbeiteten führten nicht an, ob diese Vollzeit oder Teilzeit arbeiteten. Daher addieren sich die Zahlen nicht zu 100%. [b] Die Prozentzahlen beziehen sich nur auf die Vpn in fester Partnerschaft.
[c] Diese Kategorie umfasst bei den BELA Daten auch die Ingenieure, wohingegen Ingenieure bei der Stichprobe der Berater zu Naturwissenschaftlern zählen. [d] Bei den Juristen startet die Berufserfahrung nach dem ersten Staats-examen.

4.2   Lebenszufriedenheit: Vergleich der weniger erfolgreichen Akademiker mit den Beratern je nach Geschlecht (N = 482)

	Ausprägung	M	(SD)	Statistische Testung
Männer	BELA-Stichprobe	3,40	(0,76)	t(246) = 4,05;
	Berater-Stichprobe	3,82	(0,65)	p < .001
Frauen	BELA-Stichprobe	3,51	(0,73)	t(70) = 1,28;
	Berater-Stichprobe	3,72	(0,63)	p > .20

www.ingramcontent.com/pod-product-compliance
Lightning Source LLC
Chambersburg PA
CBHW022314280326
41932CB00010B/1092